吴式颖　李明德

丛书总主编

外国教育通史

导论卷

导　论

吴式颖　王保星

著

GENERAL HISTORY OF
FOREIGN EDUCATION

北京师范大学出版集团
BEIJING NORMAL UNIVERSITY PUBLISHING GROUP
北京师范大学出版社

图书在版编目(CIP)数据

外国教育通史 : 全二十一卷 : 套装 / 吴式颖, 李
明德总主编. -- 北京 : 北京师范大学出版社, 2025.1.
ISBN 978-7-303-30486-8

Ⅰ. G519

中国国家版本馆 CIP 数据核字第 20251WL437 号

WAIGUO JIAOYU TONGSHI: QUAN ERSHIYI JUAN: TAOZHUANG

出版发行 : 北京师范大学出版社 https://www.bnupg.com
　　　　　北京市西城区新街口外大街 12-3 号
　　　　　邮政编码 : 100088

印　　刷 : 北京盛通印刷股份有限公司
经　　销 : 全国新华书店
开　　本 : 787mm×1092mm　1/16
印　　张 : 684
字　　数 : 9000 千字
版　　次 : 2025 年 1 月第 1 版
印　　次 : 2025 年 1 月第 1 次印刷
定　　价 : 4988.00 元(全二十一卷)

策划编辑 : 陈红艳　鲍红玉　　　　　责任编辑 : 李春生
美术编辑 : 焦　丽　　　　　　　　　装帧设计 : 焦　丽
责任校对 : 丁念慈　　　　　　　　　责任印制 : 马　洁

编委会

前　言

　　倘若对过去的重大事件逐一寻根究底，过去的一切会使我们特别注意到将来。

——波里比阿①

　　这是我们时代的使命和工作，同样也是每一个时代的使命和工作：对于已有的科学加以把握，使它成为我们自己所有，然后进一步予以发展，并提高到一个更高的水平。

——黑格尔②

　　本丛书以辩证唯物主义和历史唯物主义的思想观点和方法论为指导，并借鉴相关学科的最新研究成果，梳理与呈现外国教育产生、发展和演变的历史过程，分析与评鉴各历史时期的重要教育思想成果和教育实践成就，阐释与揭示各历史时期推动不同国家和地区教育发展与变化的诸多因素及其作用机制，归纳与探讨人类教育发展的客观规律与发展趋势，以为我国教育理论建设和教育实践进步提供有益的启示与借鉴。

---

　　① ［美］L.S. 斯诺夫里阿诺斯：《全球通史——1500 年以前的世界》，吴象婴、梁赤民译，51页，上海，上海社会科学院出版社，1988。

　　② ［德］黑格尔：《哲学史讲演录》第 1 卷，贺麟、王太庆译，9 页，北京，商务印书馆，1959。

本丛书追索人类发展的远古时代和古代东方文明中教育的起源，阐述不同时期人类教育实践状况以及对教育实践的反思与总结成果，在力求客观呈现人类教育发展过程的基础上，归纳与展示作为人类重要活动的教育的内涵、类型及其深层本质。通观外国教育的历史发展过程，我们不能不惊叹 18 世纪法国启蒙思想家和教育家卢梭（Jean-Jacques Rousseau，1712—1778）从"自然的教育""人的教育""事物的教育"三方面对教育精髓的深刻洞察和继往开来的恒久意义。

目　录 | Contents

第一章

人类教育起源与原始社会的教育

　　教育是人类特有的有意识、有目的的社会活动，其基本职能是传递社会生产和生活的经验与知识，培养人的教育智慧和教育素养，促使自然人发展成为社会人，从而保证人类种族繁衍和人类文明延续，不断提高人类的繁荣与发展水平。人类教育的历史实践表明，教育是人类社会特有的社会活动。教育随着人类社会的产生而产生，随着人类社会的发展而发展。教育既属于永恒范畴，又是历史现象，人类教育思想和教育实践有着漫长的发展和演变史。作为《外国教育通史》第一卷《原始社会与古代东方的教育》首先就原始社会与人类教育的起源，原始社会生产、家庭、宗教、禁忌与教育，原始社会教育的发展及特点等问题做了专门探讨，这将直接有助于完整地理解人类教育发展的历史进程。

第一节　人类起源与人类教育起源

　　自古以来，有关人类自身的起源问题就是人们特别关注的问题之一。古生物学家、考古学家和人类学家认为，人类在地球上至少存在了 250 万年。

在史前时期，石制工具和骨制工具的制造、火的使用、器皿烧制、动物驯化、农作物种植等，极大地改善了人类的生活状况，提高了人类的生产水平。语言的出现，尤其是书面语言的使用，标志着人类历史的开端。

作为人类社会的第一个阶段，原始社会的教育自然成为人类社会最早的教育。针对原始社会的社会形态、生产技术、生产方式、社会组织以及教育体系等所开展的研究，又多以对人类起源问题的研究为基础。人类起源与人类教育起源既是人类教育研究的基本问题，又是人类教育历史研究的基础问题。

关于人类教育历史的探讨与梳理需要对人类教育起源问题作出回答，而人类教育起源问题又与人类起源问题存在密切关联。关于人类教育起源问题的各种争论，实际上都不同程度地涉及对人类起源问题的认识。概括关于人类起源问题的回答，主要的代表性观点有三种。

人类起源的生物进化说：人类起源的生物进化说的主要依据是科学家对生物进化过程的研究成果和现存生物的验证结论。1859 年，英国著名生物学家达尔文在其《物种起源》一书中提出"生物进化"学说，认为世界上一切生物都是由低级到高级、由简单到复杂不断进化的。1871 年，他又出版了《人类的由来及性选择》一书，明确指出人类同所有的哺乳动物一样，都是由等级较低的祖先演变而来的。人类和黑猩猩、巨猿、大猩猩等曾经有过共同的祖先——古猿，而这个祖先又是从更低级的类型演化而来的。古人类学家也从比较解剖学的角度分析出人类与现代类人猿（长臂猿、大猩猩、黑猩猩）之间的数百个共同点和不同点，说明人类与现代类人猿存在亲缘关系，并拥有共同的祖先。

人类起源的上帝创造说：公元前 6 世纪至公元 1 世纪，古犹太人在《希伯来圣经》（后称《圣经·旧约全书》）中，提出人类起源的上帝创造说，主张"上帝造人"，上帝在创造万物的同时也创造了人。该主张在西方社会产生了较大影响，不过也一直需要应对科学发展所带来的挑战。18 世纪，瑞典博物学家林耐（Carl von Linné，1707—1778，亦译林奈）在其《自然系统》（1735 年）一书中即将人与猿猴、狐猴、蝙蝠一同放在"灵长目"中，并按照肤色及其他体征对人类实施分类。① 19 世纪中叶，基于地质学新成就和考古学新发现，英国地质学家赖尔（Charles Lyell，1797—1875）提出人类在地球上存在的时间比公认的圣经年代学所说的年代要长得多。②同年，英国科学家赫胥黎（Thomas Henry Huxley，1825—1895）依据有关解剖学证据提出，在身体与大脑方面，人与某些猿猴的差异比猿猴间的差异还要小些。因此，他将人类列为灵长目的第一科。③ 1871 年，达尔文在《人类的由来及性选择》一书中指出人类的诞生地可能在非洲，人类始祖是一种与大猩猩和黑猩猩关系最为密切的猿类。④他的这一推论已被现代考古学家的发现与研究所证明。但是，他未能完全正确地阐明人类进化的机制与历程。面对现代科学发展的冲击，一些神学家和宗教团体反对人类起源于动物的观点，认为这一主张把人类贬低到一般动物的水平，将人类身体和灵魂的起源都归结于动物是对"人类源于上帝创造"这一高贵起源的否定。人类起源的上帝创造说的影响延续至现代，20 世纪 20 年代，美国田纳西州明令禁止在普通学校和高等学校讲授进化论观点。⑤

人类起源的劳动创造说：人类起源的劳动创造说以恩格斯的"劳动创造人本身"观点为依据，主张劳动不仅是人类生活的基本条件，还创造了人，人类起源于自身的劳动。1876 年，在《劳动在从猿到人的转变中的作用》一文中，

---

① ［英］W. C. 丹皮尔：《科学史及其与哲学和宗教的关系》（上册），李珩译，264 页，北京，商务印书馆，1975。

② ［英］W. C. 丹皮尔：《科学史及其与哲学和宗教的关系》（下册），李珩译，367 页，北京，商务印书馆，1975。

③ 同上书，382 页。

④ ［肯尼亚］理查德·利基：《人类的起源》，吴汝康、吴新智、林圣龙译，1~2 页，上海，上海科学技术出版社，2007。

⑤ ［英］赫·乔·韦尔斯：《世界史纲：生物和人类的简明史》，吴文藻等译，68 页，北京，人民出版社，1982。

恩格斯将人的形成过程划分为"攀树的猿群""正在形成中的人"和"完全形成的人"三个阶段，并把从"攀树的猿群"到"完全形成的人"这一过渡时期即"正在形成中的人"这一发展阶段称为"人类的童年"。处于童年时期的人类还不会制造工具，但已经能够利用天然工具如石块、木棒等从事简单的劳动。正是这种简单的劳动促成了"正在形成中的人"的手、脑、各种感觉器官、语言、思维和社会性的发展。

恩格斯写道："首先是劳动，然后是语言和劳动一起，成了两个最主要的推动力，在它们的影响下，猿脑就逐渐地过渡到人脑；后者和前者虽然十分相似，但是要大得多和完善得多。随着脑的进一步的发育，脑的最密切的工具，即感觉器官，也进一步发育起来。正如语言的逐渐发展必然伴随有听觉器官的相应完善化一样，脑的发育也总是伴随有所有感觉器官的完善化……脑和为它服务的感官、越来越清楚的意识以及抽象能力和推理能力的发展，又反作用于劳动和语言，为这二者的进一步发展不断提供新的推动力。"①

恩格斯强调，"正在形成中的人"的劳动还不是真正意义上的劳动，真正的"劳动是从制造工具开始的"，"任何一只猿手都不曾制造哪怕是一把最粗笨的石刀"。②显然，工具的制造是从猿到人转变过程中发生的质变，是"正在形成中的人"的手、脑、各种感觉器官与意识长期进化的结果。恩格斯特别强调，真正的劳动是人类自觉性和能动性的生产性活动。他指出："……人离开动物越远，他们对自然界的影响就越带有经过事先思考的、有计划的、以事先知道的一定目标为取向的行为的特征。"只有人才能在自然界打上自己"意志的印记"，"动物仅仅利用外部自然界，简单地通过自身的存在在自然界中引起变化；而人则通过他所作出的改变来使自然界为自己的目的服务，来支配自然界。这便是人同其他动物的最终的本质的差别，而造成这一差别的又是

---

① 《马克思恩格斯文集》第9卷，554页，北京，人民出版社，2009。

② 同上书，555、551页。

劳动"。①"根据唯物主义观点，历史中的决定性因素，归根结底是直接生活的生产和再生产。但是，生产本身又有两种。　方面是生活资料即食物、衣服、住房以及为此所必需的工具的生产；另一方面是人自身的生产，即种的繁衍。"②他认为，一定历史时代和一定地区的人们生活于其下的社会制度是受劳动发展阶段和家庭发展阶段制约的。

恩格斯的以上论述对我们认识教育起源、教育思想的产生和教育活动的开展具有重要的指导意义，这是显而易见的。20世纪以来，科学界对人类问题的研究成果与恩格斯的论断也是完全一致的。特别是在20世纪60年代以后，人类学家对人类远古祖先遗骨、遗物的发现与研究取得了丰硕成果，生物化学家和分子遗传学家的参与更推进了有关人类起源时间的探讨。当代世界著名的体质人类学家和古生物学家理查德·利基（Richard Leakey，1944—2022）在其被列入《科学大师佳作系列》的著作《人类的起源》中详细地介绍了这些成果，勾画出人类起源与进化的轨迹。后期出版的一些历史著作对这一问题也多有考察与论述。

关于人类教育起源问题，代表性观点也主要有三种。

教育的生物起源说：作为教育的生物起源说的主要代表，法国哲学家、社会学家利托尔诺（Chars Letourneau，1831—1902，也译雷徒诺）在《各人种的教育演化》一书中提出，教育是超越人类社会范围的，教育同样存在于动物界。大猫教小猫捕鼠，老鸭教小鸭游水，即属教育。利托尔诺断言，动物生存竞争的本能即为教育的基础，动物基于生存和繁衍的本能而将多为自身固有的"知识"和"技巧"传授给幼小动物。教育的生物起源说的另一位代表、英国教育家沛西·能（Thomas Percy Nunn，1870—1944）则更为明确地提出："教育从它的起源来说，是一个生物学的过程，不仅一切人类社会有教育，不管

---

① 《马克思恩格斯文集》第9卷，558~559页，北京，人民出版社，2009。
② 《马克思恩格斯文集》第4卷，15~16页，北京，人民出版社，2009。

这个社会如何原始，甚至在高等动物中也有低级形式的教育。我之所以把教育称之为生物学的过程，意思就是说，教育是与种族需要相应的、种族生活天生的，而不是获得的表现形式；教育既无待周密的考虑使它产生，也无需科学予以指导，它是扎根于本能的不可避免的行为。"①

教育的模仿起源说：主要代表人物为美国教育家孟禄（Paul Monroe，1869—1947）。孟禄在其《教育史教科书》（1918年）第一章"原始教育"中，从心理学角度对人类教育的产生进行了说明，认为原始社会的教育始于无意识的模仿，真正的教育产生于无意识的模仿转变成为有意识的活动。在原始社会，教育目的、方法、实践和理论无不表现出模仿的性质。沛西·能在《教育原理》（1920年）中专设"模仿"一章，集中论述了教育起源与模仿的关系，强调人的有意识模仿系从无意识的"模仿趋势"发展而来。"模仿趋势"不仅存在于早期的人类，也普遍存在于动物界。

教育的劳动起源说：苏联教育学者麦定斯基（Е. Н. Медынский，1885—1957，旧译米定斯基）等依据恩格斯在其《家庭、私有制和国家的起源》和《劳动在从猿到人的转变中的作用》等著作中所提出的相关观点，提出教育的劳动起源说。他们认为，只有当人认识到劳动工具和劳动手段的必要性并学会使用它们时，只有当人面临着制作劳动工具和劳动手段的任务时，在人类社会中才会产生老一辈向晚一辈传授劳动经验、知识和技巧的需要。为了使年青一代在同大自然的斗争中不至于牺牲，也为了使人不变成野兽，便产生了进行教育的必要性。"只有从恩格斯的'劳动创造人本身'这个著名原则出发，才能了解教育的起源。教育也是在劳动过程中产生出来的。"②

关于教育起源问题的不同见解和争论，在不同程度上受到"进化论"观点

---

① ［英］培西·能：《教育原理》，王承绪、赵端瑛译，36页，北京，人民教育出版社，2005。
② ［苏］米定斯基：《世界教育史》，叶文雄译，5页，北京，生活·读书·新知三联书店，1950。

的影响。各种关于教育起源问题的基本主张表明，关于教育起源问题的代表性主张抛弃了人类起源的上帝创造说，已经将人类自身进化作为前提和基础。不过，关于教育起源问题的相关学说与主张并没有终结人们关于教育起源问题的探索。围绕劳动在教育起源中的地位、教育的生物起源说等问题，国内学者所开展的相关研究与讨论将持续下去。

第二节　原始社会的教育

人类社会形成后，经历了漫长的原始社会发展阶段。19 世纪美国民族学家和历史学家摩尔根（L. H. Morgan，1818—1881）在其 1877 年出版的《古代社会，或人类从蒙昧时代经过野蛮时代到文明时代的发展过程的研究》一书中，将原始社会分为"蒙昧时代"和"野蛮时代"，对原始社会人类的社会历史做了深入研究。马克思和恩格斯对摩尔根的研究结论曾作出高度评价，认为其发现和恢复了人类文明史的史前基础。恩格斯在 1844 年出版的《家庭、私有制和国家的起源》中采用摩尔根的分期法，将原始社会分为"蒙昧时代"和"野蛮时代"，每个时代又分为低级、中级、高级三个阶段，在考察各个阶段生产劳动、婚姻制度及其发展机制的基础上，揭示了原始社会发生、发展和解体的历史过程，指示了社会发展的方向。十月革命后，教育史学家麦定斯基、戈兰特（Е. Я. Голант，1888—1971，旧译哥兰塔）和沙巴耶娃（М. Ф. Шабаева，1905—1983）等依据马克思主义唯物史观，对原始社会的教育发展做过较为深入的探讨。20 世纪八九十年代之后，国内教育史学者在撰写出版的外国教育通史类著作中，也就原始社会的教育展开了较为集中、深入的探讨。

在教育实践方面，在原始社会的人们满足自身种族繁衍、生产生活开展以及文化延续需要的过程中，教育逐步产生并发展成为一项专门的社会活动。

原始社会早期的种族繁衍，主要是为了满足种族自然延续的需要。而伴随着原始人本身的进化和社会物质生产方式的变革，族内通婚为族外通婚所取代，种族文化延续的迫切性日益突出，原始人的亲代对子代的教育活动日益成为种族自然延续特别是文化延续的重要手段。

在教育思想方面，原始社会教育思想已涉及人性论（以超自然力量和神话说明人的智愚和人性善恶的起源）、人生观（通过神话进行选择人生道路的教育）、儿童观（在印第安人与因纽特人中，父母很少打孩子，与文明社会对儿童的体罚形成鲜明对比）和人才观（原始人进行教育时，在思想观念中已有把年轻人培养成什么样的人的"模板"，他们创造了各种教育方法和"成年礼"的制度，向儿童传授有关自然现象、部落的历史传统和先人的伟绩、氏族成员的权利与义务的知识，进行行为规范的教育，传授生产劳动知识与技能，开展体育活动和音乐、舞蹈等美育活动，对新一代人的成长与发展已有相当全面的要求）等教育思想的永恒课题，这些可以理解为原始社会教育认识的主要成就。这些教育思想成果的获得是以 19 世纪 70 年代以来，各国学者对那些由于各种原因尚处于原始社会不同发展阶段的部落所做的考察与研究为基础的。这些关于原始社会教育思想认识成果的获得，帮助我们把上述教育思想重要课题的萌生追溯到久远的史前时期。从而说明，文明社会中有文字记载的教育思想并不是突然和偶然出现的，而是人类在原始社会中长期孕育的教育思想胚胎演化、成长的结果。

原始社会的教育发展表现出以下一些特点。

原始社会的教育是与生产和生活紧密联系的，是一种适应生活与生产需要，并在生活与生产实践中进行的教育。在这种教育中，人们通过生产和生活中的言传身教向儿童传授各种经验和习俗，儿童是在生产和生活以及各种环境中学习的。

在原始社会中，教育是一个引入社会成员与继承文化传统和习俗的过程，儿童成为继承文化传统的重要因素。就此而言，原始社会的教育是一种使儿童继承文化传统、适应文化传统和习俗的教育，是一种重视儿童的服从和模仿的教育，是一种重视文化传统保存的教育。

原始社会的教育方法主要是通过模仿和重复既定的动作来获得对事物的认识，教育方法的模仿性质决定了人们无须也不可能对传统和习俗做任何改变或怀疑。就此而言，原始社会的教育基本上都强调一致性和传承，而排斥个别性和创新。

原始社会的教育内容主要包括生产知识和经验、社会行为规范、氏族禁忌、部落习俗和传统以及与宗教有关的音乐教育和舞蹈教育等。

受原始文化"泛灵论"的影响，敬畏神灵和膜拜神灵的活动逐渐成为原始社会教育的重要活动，进而形成了人类社会最初的宗教教育。在原始社会中，宗教教育在人们的生活中占有重要地位。

由于原始社会的前农耕社会的重血亲、无定居、无组织、无等级的特征，其教育早期也是具有平等性、无阶级性的；进入农耕社会特别是进入部落社会后，轻血亲、有定居、有组织、有等级的特征明显，教育的各个方面也发生较大变化。不过，受部落社会和组织发展阶段和条件的限制，有的家庭教育的影响大于部落组织的教育，儿童的成长是家庭教育的重要内容；有的部落组织的教育的影响大于家庭教育，"成年礼"教育逐渐占有重要地位。原始社会教育逐步出现多样和分化的特征。

随着原始社会教育的分化，出于对儿童将来准备承担成年人职责的期望，通过一定的"成年礼"仪式来考察处于青春期的儿童成为原始社会后期教育的重要内容。同时，伴随着"成年礼"教育制度的逐步形成，也奠定了学校产生的基础，为教育机构的出现提供了重要条件。

总之，原始社会的教育是人类社会初级的教育，是一种适应环境和生活的教育。原始社会的教育目的就是通过各种固定的仪式或活动教育人们适应周围物质的或非物质的环境，服从神灵、保存和继承传统的文化和习俗，使个体成为原始文化和传统的继承者。原始社会的教育内容和方法都是为了适应生活和教育目的而设置的。由于原始社会发展阶段的不同，其教育也表现出不同阶段和时期的特点。

第二章

东方文明古国的教育

　　人类历史发展的上古时期，在西亚的两河流域、北非的尼罗河流域、南亚的印度河及其支流旁遮普河所流淌过的平原地区和我们祖先生存、繁衍的黄河流域与长江流域，在金石并用时期特别是进入青铜时代以后，人类的社会生活发生了急剧变化：生产水平提高，财富日益增多；无论在农业还是畜牧业中，男子的劳动都占有越来越重要的地位。在婚姻制度方面，对偶婚制为一夫一妻制（对有权势的人物来说则是一夫多妻制）取代，母系氏族制已为父系氏族制取代。在农业和手工业分工、商品生产和交换发展的基础上，原始社会开始解体，私有制、奴隶制出现了。国家作为阶级统治的工具取代氏族议事机构，人类迈入了文明时代的门槛。文字作为人类记事和超越时空的交际工具，也被发明出来并日趋完善，成为文明的重要因素。在社会分裂为阶级的同时，体力劳动和脑力劳动分离，原始社会全体成员享受的民主、平等的教育不复存在，文化知识、正式教育（学校教育）为少数统治者所独占。

第一节　美索不达米亚文明与两河流域古国的教育

两河流域文明最早始于公元前 4500 年左右定居于两河流域的苏美尔人所创造的苏美尔文明。大约在公元前 3500—前 2000 年，在两河流域就曾由苏美尔人建立了奴隶制城邦国家、早期王朝、阿卡德王国和乌尔第三王朝的统治（其中，阿卡德王国由接受苏美尔人影响的塞姆人、阿卡德城邦王萨尔贡所建），为美索不达米亚文明奠定了基础。苏美尔人不仅率先发展了农业灌溉和犁耕技术、冶金术，学会了利用风力推动帆船，并发明了车轮，而且创造了楔形文字（最早出现在公元前 3000 年）。他们在数学、天文学和文学艺术方面也有许多发现与创造，并且开创了西亚古代国家重视立法的传统。乌尔第三王朝时期颁布的《乌尔纳姆法典》是世界上第一部成文法典。苏美尔人的宗教具有多神性和拟人性。在城邦发展阶段，每个城邦都有自己的保护神，城市中最主要的建筑便是塔庙，塔庙的最高祭司同时也是城邦首领。苏美尔人还崇拜太阳神夏马西，风雨神恩利勒，女神伊西塔、南沙，等等。他们认为文字和知识是由名为那布（Nabu）的神创造的，是神赐给人类的礼物。苏美尔人不主张追求极乐的、永恒的后世，他们在世界观上只信今生、不信来世。他们认为内尔格勒神是瘟神，同时又认为所有的神既能赐福，也能降祸。在苏美尔人的宗教中，"有一种主导思想，认为人类创造出来就是为了侍奉神明的，不仅崇拜他们，而且供养他们。这种观念在著名的创世与洪水史诗中得到反映，这些史诗成为后来《圣经·旧约全书》中希伯来故事的轮廓"①。苏美尔人用自己的文字把商业文书、法律条文、政令、宗教著作和文学作品都写在用黏土做成的泥片上，被称为泥板书。他们对儿童进行读、写教育和知识

① ［美］爱德华·麦克诺尔·伯恩斯、菲利普·李·拉尔夫：《世界文明史》第 1 卷，罗经国等译，74 页，北京，商务印书馆，1987。

传授，也以泥板书为教科书。苏美尔人把掌握文字书写技能的人称为文士，他们的教育亦被称为文士教育。由于神庙（塔庙）在城邦国家中的崇高地位，僧侣既是传达神意和主持宗教事务的人物，又是世俗事务的管理者和经营者。高级僧侣大都具有较高的文化水平，在一些神庙中还有比较充实的图书资料（泥板书），并有观象台等设备。学者们认为，苏美尔人最早的学校多半设于神庙之中。随着政治、经济的发展和对知书善写的文士的需要的增加，始单设文士学校。20世纪30年代，法国考古学家帕拉在两河流域的马里城发掘出一所被估计为公元前3500年左右的学校。考古学家在乌尔、尼普尔、西帕尔等城市的古迹里也发现了许多古代校舍的遗址。

　　苏美尔人的学校一般称为"埃都巴"（苏美尔语为edubba，阿卡德语为bitt-upp），原意为"泥板屋"，其职责在于为王室和神庙培养书吏或书记员。依据位置，大体上可将苏美尔学校分为三类：一类学校邻近皇宫，似乎是宫廷或政府机关设立的；一类学校设在寺庙中，为寺庙学校；一类学校校舍紧邻文士住所，似乎是文士个人设立的。考古资料还显示，在一个月30天的学校生活中，24天用于学习，3天放假，3天用于开展宗教活动。学校管理者被称为"学校的父亲"，校长被称为"乌米亚"，学生则被称为"学校的儿子"。学校在教学中已实施分科教学，且在管理中实施必要的惩罚。在教学中注重记忆和背诵，强调正确书写的重要性。

　　在漫长的教育实践中，苏美尔人逐步积累起关于教育实践问题的思想性认识。苏美尔人的教育思想集中体现在泥板书所载的神话、史诗、寓言故事、法律条文之中。一些出土的泥板书记载了古美索不达米亚学校的日常生活、学生家庭作业和课堂练习等内容，一些与教育、教学有关的泥板书中则直接反映了苏美尔人的教育、教学主张，具体包括教育地位与作用、教育目的、教育内容与方法、教师观等。苏美尔人的教育思想可以说是世界上最早的有文字记载的教育思想。在教育地位与作用上，苏美尔人重视教育在社会生活与生产实践中的作用，将教育视为个人获得智慧、知识与技能的重要手段和培养人性的重要途径。在教育目的上，注重通过教育培养处理王室和神庙事务的书吏。与苏美尔人的多神教信仰相一致，教育还致力于培养恩(最高男祭司、城邦首领)、恩·萨尔(最高女祭司)、苏卡尔(官僚)、萨格苏尔(地方官员)、持杯者(又译献杯者，低级官员)和文士(又译书吏)，以及格尔·萨布(商人首领)、图格·迪(法官)和帕·苏尔(军官)等。苏美尔人的教育内容表现出明确的阶段性与实用性：基础阶段的教育内容主要是读、写、算教育；高级阶段的教育内容主要是专门知识和技能，具体包括宗教文书及规范礼仪、天文学、数学、占卜术、法律、军事体育、医学及其他专门学科内容，表现出鲜明的实用性特征。在教学方法上，重视发挥纪律与体罚在教育教学实践中的作用，重视死记硬背和机械抄写，赋予书写以神圣的意义，将书写视为与神沟通的方式，并决定着个人的命运。在教师观上，苏美尔人赋予教师职业以崇高的社会地位，将教师视为智慧与知识的化身，是人间的神，是塑造人的人。教师承担着塑造个人高尚的道德品质的使命，担负着培养个人健全的身体素质的责任。教师需要对知识实施系统的加工和改造，通过深入研究实现知识的整体化和系统化、知识的创造与改进。随着苏美尔文明走向衰落，教师自身的职业意识和责任感渐趋淡漠，教师的社会地位也随之下降。

苏美尔人的乌尔第三王朝灭亡后，两河流域先后兴起由阿摩利人建立的古巴比伦王国(公元前 1894—前 689 年，其中公元前 1894—前 1595 年为第一王朝，后又建立第二、第三和第四王朝，公元前 689 年第四王朝为亚述帝国所灭)，由亚述人建立的亚述王国和亚述帝国(约公元前 1400 年—前 1077 年为亚述王国繁荣时期，公元前 935—前 612 年为亚述帝国时期)，由迦勒底人建立的新巴比伦王国(公元前 626—前 538 年，又称迦勒底王国)。这些国家不仅传承了苏美尔人开创的美索不达米亚文明，进一步扩大了它的影响，而且在法律、天文学和文学方面有所发明创造。例如，古巴比伦在其第六代国王汉谟拉比(Hammurapi，约公元前1792—前1750年在位)统治时期，制定了世界上第一部比较完整的成文法典——《汉谟拉比法典》；新巴比伦制定了空前精细的计时体系，设7天为一星期，分一天为12时辰(每时辰为120分钟)；亚述在公元前7世纪中叶建立了亚洲第一个图书馆(其馆藏现存大英博物馆)，还建造了被希腊人列为世界七大奇迹之一的"空中花园"，等等。古巴比伦王国、亚述王国和亚述帝国、新巴比伦王国的教育与苏美尔人的教育既有共性，也有各自的特点。

古巴比伦王国时期，学校教育分阶段实施，并获得进一步发展。与苏美尔人的教育注重实用相类似，古巴比伦人的教育也以追求现实福祉为第一要务，教育思想与教育实践均表现出鲜明的功利实用色彩。在学生的学习过程中，注重向其传授有关祭祀仪式、祷文书写的知识和技能，注重培养学生从事农业、商业、钱庄经营的能力。古巴比伦人的教育分为两个阶段实施：第一阶段主要进行读、写、算基础知识教育和基本技能训练，学习内容主要包括词汇表、谚语、对话、诗歌和其他文学作品等，男女儿童均可入学受教育；第二阶段主要开展宗教、法律、数学、医学、商业、军事、行政等专业教育，还重视向学生传授神启文、祈祷文和咒语。为适应日益细化的社会职业分工和日益发达的商业贸易的需要，巴比伦王国的职业教育也得到一定程度的发展。职业教育一般由各行业公会组织，以"师徒制"形式实施，以培养各类职业技术工人和职业书写者。

在继承苏美尔人和古巴比伦王国教育思想和实践的基础上，亚述王国和亚述帝国重视教育发展。已出土文献资料显示，这一时期学校安排了较为丰富的学习内容。举凡语言、文学、天文历法、典章制度、道德规范、祭祀、射箭、驾车、骑马、掷枪等知识和技能，均为学生学习内容。

作为古代西亚地区最为著名的军事帝国，亚述所取得的教育成就中水平最高且最具特色者当数其军事教育。亚述的军事教育主要包括军事战术训练、武器制造技术教育以及军事思想与心理教育。军事战术训练主要是关于战车、骑兵、步兵、工兵编组、组合进行战斗的战略战术；武器制造技术教育主要包括各种兵器、围城工具冶炼制造的教育训练；军事思想与心理教育主要包括勇敢精神教育、纪律教育以及爱国主义教育。从亚述常备军的军种分类中，我们可以明显地看出亚述军事教育和训练内容的复杂性和多样性特征。

另外，宗教教育也是亚述教育的重要内容之一。亚述的宗教教育以亚述大神为主，所有的制度、规章、法令都禀告亚述大神，并根据其旨意而制定。征税、作战也都出于神意。亚述君主本身就是神，一般被视为太阳神沙玛什的化身。由此，神的意志实质上就是亚述君主的意旨。

基于适应统治的需要，亚述帝国还注重为学生提供苏美尔语、巴比伦语、阿拉米亚语、赫梯语、埃兰语、乌拉尔图语等语言的教育。

相较于苏美尔人和古巴比伦王国的教育思想，亚述的教育思想表现出强烈的黩武和实用色彩。在教育目的上，亚述的教育注重祭司、僧侣、文士和军人的培养，其中祭司、僧侣、文士教育均以服从、服务于军事斗争需要为最高目的。文士不仅要具备处理一般行政事务的能力，还要承担征募兵员、新兵操练以及战场作战等职责。亚述将教育视为实现国家强盛的重要手段，重视发展军事和体育教育，并辅之以道德教育和知识教育。在教育内容上，军事和体育教育主要学习跑步、游泳、射箭、击剑和驾车技能；知识教育主要学习语言、占卜、算术、几何、神学、医学、法学、天文学知识；道德教育则注重养成学生的忠诚、勇敢、奉献、敬畏、友爱、克制、正义等品质。在教育和教学方法上，不同于苏美尔人的机械记诵，亚述强调集体训练与个别指导的结合、集体教育与个别教育的结合。

亚述的教育思想被新巴比伦王国继承，并被犹太人接受与传播，对于犹太教及基督教的教育思想的形成与发展产生了不可忽视的影响。

第二节　古埃及文明与古埃及教育

公元前 3500 年左右，古埃及逐渐向文明社会迈进。古埃及在其存在的近 3000 年间不仅创造了较高水平的物质文明，而且缔造了灿烂的精神文明，对世界文明的发展产生了巨大影响。古埃及在公元前 3000 年左右就发明了象形文字，为人们的交流与沟通提供了工具，也为教育的发展提供了条件。

在长期的历史发展中，古埃及宗教由多神教演化为一神教。公元前 3000 年左右，古埃及出现人形神，并形成多神崇拜。随着古埃及的统一，太阳神阿芒-赖神成为最高的神，"创世说"和"转世说"形成并流传开来。中王国时期以后，"天国"和"来世"概念相互影响，"来世说"得到强化。阿芒-赖神被认为是古埃及国家和民族的保护神，"是公道、正义、诚实和维持普天下道德规范的神"①。为神化自己以及巩固其统治地位，古埃及的历代法老都宣称自己是太阳神的后裔，许多神庙都是为太阳神建造的。古埃及人相信灵魂不死，因此要把死者遗体制成木乃伊保存起来，葬入坟墓。著名的金字塔便是古埃及法老们的陵墓。

古埃及宗教思想在直接影响社会及民众生活的同时，还对古埃及神庙建设、祭祀仪式与内容确定、金字塔建造和木乃伊制作、丧葬风俗和"亡灵书"的写作等产生了直接影响。

古埃及的政治哲学包含在大约于公元前 2050 年写成的《一个能言农民的恳求》中。该文主张君主为了臣民的利益施行仁政、主持正义，要亲孤儿、惜寡妇，并应秉公裁断、惩处有当，促进人民安居乐业。在天文学方面，以星象观测为基础，古埃及人制定出各种历法，如世界上最早的太阳历（苏美尔人

---

① ［美］爱德华·麦克诺尔·伯恩斯、菲利普·李·拉尔夫：《世界文明史》第 1 卷，罗经国等译，44～45 页，北京，商务印书馆，1987。

发明的是太阴历），还绘制了天体图，能够区分行星和恒星。随着天文学知识的积累，古埃及人还创造出"年""季""月""日""时""30年""十万年""永恒"等概念，极大地方便了人们的社会生产与生活实践。此外，古埃及人还在数学、建筑、医学、文学、艺术等领域取得突出成就。这些成就既是古埃及文明的重要体现，也为古埃及教育发展提供了重要基础。

古埃及人十分重视教育，他们创办了世界上最早的宫廷学校，其教育体现出鲜明的阶级性。在古埃及教育体系中，法老掌握最高决策权。中王国时期，设立了宫廷学校、职官学校、寺庙学校和文士学校。宫廷学校主要教育皇室子弟和高级朝臣子弟，重视开展政治教育和道德教育。职官学校为具有职业教育性质的学校，用于培养司马官员、司档官员、书记员和抄写员等人才。寺庙学校一般设于寺庙之中，用于培养一般官员、僧职人员、高级祭司以及为皇家修筑宫殿、陵墓、寺庙的专业人员。文士学校为古埃及设置数量最多的一类学校，分为基础教育和专业教育两个阶段，基础教育阶段主要学习书写、阅读和简单计算，专业教育阶段则主要学习建筑、天文和医学专业知识。

古埃及教育重视培养僧侣和文士，他们既是知识的掌握者和教育、教学过程的中心人物，也是教育的培养目标。海立欧普立斯大寺是一所藏书丰富、教学水平很高的学府，其教学和研究工作一直延续到公元前4世纪中叶。因此，古希腊的一些学者，包括哲学家、教育家柏拉图（Plato，前427—前347）都曾到这里游学。

在古埃及教育实践活动中，也产生了一系列关于教育的理念和观点，形成了古埃及教育思想，体现在人性观与教育、知识观与教育、道德教育、教学激励与考核等教育问题的具体理解上。古埃及教育思想还体现在宗教作品、神话故事和各种体裁的文学作品特别是教谕性的作品之中，一些记载僧侣和文士言行的纸草卷成为后人研究古埃及教育思想的依据。柏拉图在其著作《理想国》《法律篇》中都曾议及古埃及的教育观和教育经验，从中体现出古埃及教育思想对他的影响。我国教育史学家滕大春先生在评论古埃及教育时指出："古埃及曾居于世界教育史的先锋地位。"①这一评价应该不仅指古埃及的教育实践，对古埃及教育思想来说也是很恰当的。

约公元前3000—前2000年，腓尼基人在地中海东岸的狭长地带建立了以西顿(今赛达)和推罗(今苏尔)为代表的城邦国家。作为古代西亚活跃的商业群体，腓尼基人基于满足商业活动与对外交往的需要，从公元前2000年左右开始，逐渐创造发展出2套字母表：一套是受楔形文字影响而创造的乌加里特字母表，乌加里特字母为楔形辅音音素文字，即没有元音的字母文字，共29个字母；另一套为南方受古埃及象形文字启示而创造的毕布罗斯(一译比布诺斯)字母表，共22个辅音字母。公元前13世纪，毕布罗斯字母表逐渐取代乌加里特字母表，成为腓尼基的统一字母表。

就历史渊源而言，腓尼基字母源于埃及象形文字。埃及第一王朝时期已经形成较为成熟的象形文字，并一直沿用至公元5世纪。这为闪米特人发明腓尼基字母提供了先决条件。

就直接继承而言，腓尼基字母表直接来自迦南字母表。腓尼基人自称迦南人，迦南人的祖先为闪米特人，闪米特人又作为古犹太人后裔使用古希伯来语，并曾侨居埃及。正是侨居埃及的闪米特人，在改造埃及象形文字的基础上发明了简约的腓尼基字母。

就历史影响而言，在西方，腓尼基字母表后传入希腊，希腊人遂在腓尼基字母表的基础上增加了元音字母，构成了希腊字母表，后又由希腊字母表派生出拉丁字母表和斯拉夫字母表，成为现代欧洲国家字母文字的来源。在东方，腓尼基的毕布罗斯字母表派生出阿拉美亚语字母，并进而演化出印度、阿拉伯、希伯来、波斯等字母以及维吾尔、蒙古和满文字母等。由此可见，

---

① 滕大春主编：《外国教育通史》第1卷，61页，济南，山东教育出版社，2005。

古代东方的腓尼基字母表在成功架构起东西方文化交流的桥梁，助推人类早期东西方文化交流实践活动，促进西方文字诞生，实现人类古代文明与文化的产生、发展、交流、融合与演化等方面发挥了极为重要的历史作用。

第三节　古波斯文明与古波斯教育

古波斯在阿契美尼德王朝（公元前 550—前 330 年）国王居鲁士二世（Cyrus Ⅱ the Great，约公元前 559—前 529 年在位）至大流士一世（Darius Ⅰ the Great，公元前 522—前 486 年在位）统治时期，建成了一个地跨亚、非、欧三洲的奴隶制帝国，其行政管理体制与实践为马其顿国王亚历山大创建帝国和罗马帝国的统治提供了可资借鉴的经验。阿契美尼德王朝亡于马其顿国王亚历山大之手，后帕提亚人和萨珊人相继建立了帕提亚王朝（公元前 247—224 年）和萨珊王朝（224—651 年）。651 年，萨珊王朝终结于阿拉伯人的征服和占领。

历经三个王朝的统治，古波斯社会表现出这样一些基本特点：血缘、亲族关系在国家和地方管理事务中占有重要地位，社会各阶层等级森严、差别突出。这直接导致教育的等级性。农民、牧民以及其他下层家庭子弟难以受到正规的学校教育，而上层及富贵家庭子弟除学习基本的读书和写字外，还可以接受骑马、射箭和作战技能的训练。

波斯帝国奉行宽容的宗教政策，使古波斯教育也表现出鲜明的宗教色彩。波斯帝国在征服各地时，一般都允许当地人民保持自己的习俗、宗教和法律，这种宽容政策促进了古波斯文化与美索不达米亚、叙利亚-巴勒斯坦沿海诸古国以及古埃及文化的融合。古波斯人创立的琐罗亚斯德教和由该教衍生的密特拉教和摩尼教，对希伯来人的犹太教教义的最后形成和基督教神学理论的产生都产生了影响。琐罗亚斯德教于南北朝时传入我国，唐太宗贞观五年

(631年)在长安建寺，被称为祆教、拜火教或波斯教。它也传入印度，印度至今仍有少数琐罗亚斯德教的信徒。可见，古波斯宗教思想对西方和东方都有影响。萨珊王朝统治时期的文教政策也促进了东西文化的交融。琼迪-沙普尔学园是萨珊王朝统治时期最著名的高等学府和学术研究中心，学生来自世界各地。学者和学生在这里可以研习琐罗亚斯德教的神学理论、古印度和古希腊的文化、希腊化时代埃及和叙利亚的思想，接受医学训练。琼迪-沙普尔学园的教学与研究工作一直延续至阿拉伯帝国的倭马亚王朝(661—750年)统治时期，伊斯兰教徒首先是在这里熟悉了古典文化。学园及其校友还将一批印度、波斯、叙利亚及希腊文字的著作译成阿拉伯文，流传各地。

古波斯教育思想主要体现在琐罗亚斯德教的经典《阿维斯塔》和菲尔多西的史诗《列王纪》(又称《王书》)中，涉及人性论、儿童教育、军事教育与体育、对教师的要求、培养接班人等问题。古波斯的教育实践与思想受到古希腊的关注，古希腊历史学家色诺芬(Xenophon，约前440—前355)著有《居鲁士的教育》一书，就古波斯的教育目的、教育阶段分期及其实施情况(儿童教育、年轻人教育、成年人教育、年长者教育)、居鲁士个人的教育成长历程以及作为国家统治者所应接受的智慧教育、自我约束教育进行了探讨与叙述，还专门就儿童教育中的榜样和服从教育、遵纪守法教育、财产与财富教育等进行了解析，为研究古波斯政治、社会、生活与教育提供了重要的文献资料。

第四节　希伯来文明与希伯来教育

发端于4000年前上古时期的希伯来文化，在宗教、律法、历史、文学等领域都位居当时世界文化的前列，与希腊文化并为西方文化的两大根源。作为一个民族，希伯来人在其发展历史中接受了苏美尔文化的熏陶，并先后被埃及人、亚述人、巴比伦人、波斯人、希腊人和罗马人所征服。苦难的历史和多民族的文化交流在催生希伯来人强烈的独立存在意识的同时，也为希伯来人的文化和生活注入了新生的力量。其文化独立性和生命力并没有随着希伯来人国家的消失而湮没，而是在宗教、文学、律法、医学、历史、文字等领域为世界文明发展作出了自己的贡献。

希伯来人对世界文明的主要贡献在宗教方面。作为世界两大宗教基督教和伊斯兰教"母体宗教"的犹太教，便是希伯来人通过与埃及、两河流域、巴勒斯坦诸国的复杂交往，在广泛吸纳多种宗教思想和历史经验的基础上形成的。希伯来人的国家在所罗门王（Solomon，约公元前973—前930年在位）之后分裂为以色列和犹大两个国家。以色列王国亡于亚述帝国（公元前721年），成为"失踪的以色列十部落"。犹太人更是历经沧桑。犹大王国先受制于古埃及，再亡于新巴比伦王国，其民众沦为"巴比伦之囚"（公元前586年）。公元前539年，波斯帝国灭新巴比伦王国，犹太人获准重返耶路撒冷，建立依附于波斯帝国的以大祭司为首脑的神权国家。其后，半独立的犹太神权国家又先后归属于新征服者亚历山大帝国和帝国分裂后建立的埃及托勒密王朝、塞琉古王国（又称叙利亚王国）。公元前142年，马加比家族（Maccabaeus）建立了犹太人的马加王国，这个王国又于公元前64年为罗马所灭。但是，犹太人仍坚持抵抗。135年，罗马皇帝哈德良镇压了犹太人的最后一次武装起义，下令彻底摧毁耶路撒冷，巴勒斯坦的犹太人几乎全部被逐或逃离。从此，犹太人成为流浪者。

犹太人在近千年中因各种政治力量拉锯式的较量而被蹂躏和抗争的历史，为他们吸收和融会各种文明成就、形成自己的精神文明提供了得天独厚的条件。在希伯来人出现于历史舞台上的初期阶段，他们和其他的人类群体一样，也是多神教或万物有灵论的信奉者，巫术在他们那里也很流行。在大卫王和所罗门王统治时期，犹太部落的主神耶和华的地位得到提升，但"直至犹大王希西家年间之前（公元前 700 年左右），耶路撒冷的耶和华殿里一直供奉着一尊黄铜巨蛇偶像”①。公元前 8—前 7 世纪，犹太先知提倡尊奉耶和华为万物之主，强调宗教的目的主要是伦理的目的，声称“耶和华丝毫不关心礼仪和献祭，而是要人们‘寻求公平，解救受欺压的，给孤儿申冤，为寡妇辩屈’”，耶和华要求人们的是“行公义，好怜悯，有谦卑之心，与你的神同行”。② 在“巴比伦之囚”期间，先知们又大力传播信奉唯一真神的思想，称犹太人是耶和华即上帝的“特选子民”，宣扬“救世主”将帮助犹太人复国，使犹太人获得了精神支柱。同时，从埃及到两河流域，当时出现的一种怀古思今、重视历史文献的收集、整理与学习的思潮也给流亡和囚居中的犹太人以重要的影响和启迪。按照赫·乔·韦尔斯的说法，犹太人正是从囚居巴比伦的时候才开始“从随身带来的一些隐藏着的和被人遗忘了的记载，如家谱，同时代的大卫、所罗门和其他列王的历史，以及传奇和传说中，编出并扩充了他们本族的历史，向巴比伦和本族民众宣讲。创世的故事、洪水的故事、摩西（Moses）和参孙故事的大部分，大概都掺和了从巴比伦得来的史料”③。于是，当犹太人于公元前 537 年回到耶路撒冷和建成半独立的神权国家之时，犹太教也最终确立，并成了犹太人的唯一信仰。而犹太人的《希伯来圣经》这部包含犹太教基本教义、律法、历史、多种体裁的文学作品、某些卫生要求和医学知识的经典的编纂工作，则是由许多犹太教徒历经几个世纪的努力才在 1 世纪完成的。其中，《摩西五经》于公元前 250 年便译成希腊文流传于世。可见，犹太教的形成史犹如古代西亚、北非和地中海东部沿岸地区各族人民宗教思想发展的复演史。犹太教的这部经典不仅体现了犹太民族的奋斗史，而且包含了欧亚大

① ［德］维尔纳·克勒尔：《圣经：一部历史》，林纪焘等译，381 页，北京，生活·读书·新知三联书店，1998。
② ［美］爱德华·麦克诺尔·伯恩斯、菲利普·李·拉尔夫：《世界文明史》第 1 卷，罗经国等译，109 页，北京，商务印书馆，1987。
③ ［英］赫·乔·韦尔斯：《世界史纲：生物和人类的简明史》，吴文藻等译，283 页，北京，人民出版社，1982。

陆文明发展的中心地带各族人民的智慧。《希伯来圣经》日后被作为基督教《圣经》的基础和重要组成部分，实非偶然。犹太教的另一部宗教典籍为《塔木德》，记录了犹太教的律法、条例和传统，对《希伯来圣经》的前五卷以及犹太教经文中的"613 条戒律"逐一作出了解释。

和波斯人一样，希伯来人的教育实践和教育思想也与他们的宗教活动与宗教思想联系紧密。在古希伯来语中，"教育"意为"引导人学习智慧"。最高智慧在上帝(耶和华)那里，教育也即意味着培养人对上帝的虔敬，教育和学习成为个人信仰的一部分。

"巴比伦之囚"以前，希伯来人基本上没有学校之类教育设施，儿童和青少年的教育是在家庭中进行的。"族长时代"和"士师时代"为犹太教育发展的雏形时期，在巴比伦文化、古埃及文化以及该时期家长制家庭组织形式的影响下，儿童教育逐步由参加部落集体生活转向家庭教育。公元前 1250 年，摩西率领犹太人逃离埃及，并在西奈山接受上帝律法，颁布"十诫"。自此，契约精神成为犹太教育的基本准则。

囚居巴比伦时期，犹太人开始设立犹太会堂。会堂最初只是犹太人聚集在一起敬神和祈祷的处所，是先知及其追随者宣讲教义的地方。为了教育出生于囚居之地的儿童与少年，使之不忘本族传统的价值观，会堂同时肩负起学校教育的职责。犹太人重返耶路撒冷和建立神权政治体制以后，犹太会堂的作用日益加强。随着《摩西五经》的编成，讲解和阐述经典成其主要工作。为了使年青一代学习和掌握《摩西五经》，文字教学在会堂学校中的地位也提高了。公元前 444 年，大祭司伊兹拉(Ezra)号召群众热心读经，到公元前 2 世纪，全国城市和乡村普遍设立了犹太会堂，总数达到 480 所。"由于儿童的人数日繁，会堂不能容纳，便另辟房舍进行经典诵习，同时由于经典的内容日趋丰富，解释阐述很费时力，必须专人负责进行，乃规定会堂从事一般宗教事务，把教授法典工作独立出来，这样，就出现了希伯来最初的学校。"[1]

此外，希伯来学校教育的发展还受到埃及、塞琉古和希腊文化教育的促进与影响。在臣属于埃及托勒密王朝时期，许多移居亚历山大里亚的犹太人热心于学习希腊文和掌握希腊文化，"新的一代已经不知道希伯来语是自己的母语了，也听不懂犹太教礼拜堂里念的经文了，于是埃及的犹太人决定翻译希伯来文的经文"[2]。可见，《摩西五经》被译成希腊文的主要原因是为满足移居希腊各地、逐渐不懂希伯来语的犹太人的教育之需要。在耶路撒冷，从公元前 3 世纪便出现了希腊式的学校和体育馆。在臣属于塞琉古王国时期，安提阿古四世伊皮法纽斯（Antiochus Ⅳ Epiphanes，公元前 175—前 164 年在位）更试图强制推行希腊化，导致犹太人的反抗和马加王国的建立。为了使犹太人保持民族精神，希伯来的各级学校教育在马加王国都得到了较大发展。但犹太人对家庭教育仍然十分重视，犹太人的《法典大全》将"教子学习法典、教子娶妻生子、教子养成职业技能"规定为父亲的三项重要职责。[3] 父亲还要亲自接送儿子上下学，并考查、督导儿子完成学校的作业。

希伯来的学校教育以宗教神学教育为核心，在发展中形成神（犹太教）教（教育）合一的教育目的、教育内容、教育体制和教育教学方式，孕育并影响了基督教和基督教教育，具有深远的历史意义。

除《希伯来圣经》（《旧约》）外，犹太人还留下了《死海古卷》《次经》《伪经》等文化遗产，希伯来的教育思想便体现在这些宗教经典之中。其共同之处，一是强调教育培养人民对上帝（耶和华）的虔敬之重要作用，认为培养对上帝的虔敬就是培养独立的民族精神，会保证犹太民族的生存与发展；二是强调宗教律法的学习，要求谨守和遵行一切以耶和华名义发布的诫命和道德

---

① 滕大春主编：《外国教育通史》第 1 卷，96 页，济南，山东教育出版社，2005。

② ［德］维尔纳·克勒尔：《圣经：一部历史》，林纪焘等译，451 页，北京，生活·读书·新知三联书店，1998。

③ 滕大春主编：《外国教育通史》第 1 卷，91 页，济南，山东教育出版社，2005。

规范；三是强调职业技能之养成。较之《旧约》，《死海古卷》中库兰社团(公元前100年左右至公元76年为其发展之鼎盛时期)的教育思想更强调锻炼人们的明辨能力和教师(祭司)的作用，对儿童身心发育特点也有进一步的认识。因此，其提出了儿童的启蒙教育问题，并要求建立比较严密的教育、教学制度，其中包括启蒙教育、律法教育、考查与考验四个阶段。《次经》写作于公元前200—100年，其中不仅以小说形式赞颂智慧、知识对于犹太民族生存及发展的意义，而且通过人物传记、故事、智训、书信等形式向世人启示智慧、学识对人之生长、发展的重要性及对整个民族之生存的重要意义。此外，《次经》还强调了爱国主义和民族主义教育。在教育方法上，《次经》强调了独立思考和钻研探讨的重要性与因材施教的必要性。《伪经》意为《旧约》的模拟作品或伪仿作品，也称《外传》，于公元前200—200年成书。《伪经》重视通过反面事例进行教育，在教学方面更强调因材施教。

就教育思想而言，希伯来教育基于对人性的关注和对虔敬上帝品质培养的重视，强调通过教育实现个人信仰形成和虔敬上帝品质培养的教育目的，以宗教经典以及相关律法为基本学习内容，重视智慧学习与养成，注重将信仰形成与道德教育、能力培养、知识传授、职业技能掌握等有机结合起来。所有这些对后来的犹太教育和世界文明发展产生了重要影响。

美国学者、教育家蔡斯(Mary Ellen Chase)在谈及公元前537年由巴比伦返回耶路撒冷的几万犹太人时指出："这支回到耶路撒冷的队伍关系到世界的未来。有了它，才有现在的《圣经》，才有犹太人的宗教，才有基督教，才有后来几个世纪的西方文化，如果没有犹太人重返耶路撒冷，犹太人必然遭到与以色列人相同的命运……"①由巴比伦返回耶路撒冷的几万犹太人之所以作出如此巨大的贡献，且其影响绵延至今，与他们善于总结历史经验并将犹太

---

① [德]维尔纳·克勒尔：《圣经：一部历史》，林纪焘等译，435页，北京，生活·读书·新知三联书店，1998。

教经典中的教育理论付诸实践是分不开的。

第五节　古印度文明与古印度教育

印度是四大文明古国之一。20 世纪 20 年代，考古学家在印度河流域先后发现了许多远古城市和村落的遗址。由于哈拉帕遗址发现在先，所以印度河流域的远古文化被称为"哈拉帕文化"。后在印度河流域发现了越来越多的城市和村镇遗址，故其被统称为"印度河文明"。当时已经有了度量衡标准和文字体系。文字显然是音节字，可以从右到左或从左到右书写，但迄今尚未得到释读。一些手工工艺作品表现出高超的制作技巧，特别是小型的个人装饰品，某些雕塑标本也表现出优美和写实的才能。"印度河文明"时期的教育以农业生产教育、手工工艺教育、日常生活教育、健康卫生教育、文字书写教育、宗教信仰教育为主。殊为可惜的是，这一光辉的文明在公元前 1500 年前后被摧毁，其原因目前尚不得而知。一批自称是"雅利安人"的游牧部落在公元前 1500 年前后通过兴都库什山山口进入印度。"雅利安人"按梵文的意思是"高贵""有信仰者""高贵者"等，他们的语言属印欧语系。雅利安人进入印度河流域后，历经数个世纪的变迁，逐渐向东部和南部发展，成为南亚次大陆的主要居民。他们早期的社会情况反映在被称为吠陀的古老文献中，《吠陀本集》包括《梨俱吠陀》《娑摩吠陀》《耶柔吠陀》《阿闼婆吠陀》。解释吠陀的文献有梵书、奥义书、森林书，它们大约形成于公元前 900—前 600 年，其中反映了印度从原始氏族向奴隶制过渡时的状况。

随着社会分化的加剧，逐渐发展起世袭的四大种姓等级制度。第一等级为婆罗门(僧侣)，第二等级为刹帝利(以国王为首的军事贵族)，第三等级为吠舍(从事农业、畜牧业、手工业的自由民和商人)，第四等级为首陀罗(被征服的土著居民和战败的雅利安部落成员）。婆罗门和刹帝利为奴隶主阶级。前三个等级为"再生族"，第四等级为被剥夺了一切政治、经济权利的"一生族"，属于奴隶、雇工或仆役阶级。此外，还有处于社会最底层的贱民——"不可接触者"。

婆罗门阶层是建立与维护种姓制度的主要社会力量，他们于公元前 7 世纪在吠陀教的基础上创立了婆罗门教。该教以吠陀为经典，奉梵天、毗湿奴和湿婆为三大主神，分别代表宇宙的"创造""护持""毁灭"，主张吠陀天启、祭祀万能、婆罗门至上三大纲领，主张因果报应、轮回转世、灵魂不灭，对印度的社会发展和教育文化形成产生了重要影响。后在婆罗门教的基础上产生了印度教，存续至今。

古印度教育与婆罗门教和佛教关系密切。佛教产生以前，在四大种姓中，婆罗门垄断了文化和教育的特权，只有婆罗门阶层成员才有权讲授吠陀经典，其他种姓都不得从事教育活动。按婆罗门法典，只有再生种姓才能接受教育。

依据实施教育的形式，婆罗门教教育可以分为家庭教育与学校教育。其中，家庭教育又分为家长的教育、宗教导师的教育和吠陀仙人的教育。在古印度的漫长岁月中，婆罗门教家庭教育对于巩固和发展婆罗门教、传播吠陀经典和培养婆罗门教神职人员发挥了积极作用。

公元前 8 世纪后，为适应更好地开展发音学、音韵学、语法学、字源学、天文学和祭祀"六科"教学的需要，婆罗门学校教育诞生，学校类型主要有吠陀学校、古儒学校和高等学校。吠陀学校主要以培养神职人员、官吏、皇家建筑和医务人员为目标，学习年限为 12 年，主要学习发音学、音韵学、语法学、字源学、天文学、祭祀、体育、军事、政治、医学等课程，常用教学方法包括记诵、演示、复述、讨论等。古儒学校系能够系统讲述吠陀经典的知识分子——古儒居家创办，主要学习历史、文法、祭礼、因明学、伦理学、字源学、礼仪学、灵魂学、天文学等课程，重视"六科"教学，注重对学生实施思想品德教育。高等学校主要设立于托可席拉、班拿尔斯、纳地亚和萨罗蒂等大城市，由高等学术研究中心演变而来，主要开展宗教、哲学、逻辑、文学、数学和医学教育。

婆罗门教的教育思想主要体现于不同时代的吠陀经典《梨俱吠陀》《婆摩吠陀》《耶柔吠陀》《阿闼婆吠陀》之中，另见于对这些经典加以解释的梵书、奥义书、森林书。如《梨俱吠陀》的神话观、哲学观为婆罗门教教育提供了神学基础，并赋予其具体的内容，主张教育在知识教育之外还要注重道德修炼，实现知识教育与道德教育的紧密结合。教育内容也逐步实现从祭祀的知识向解脱的知识的转变，从单纯的宗教教育向关怀现世人生的教育的转变。梵书所表达的轮回观念成为印度文化的关键内容，其中阿特曼思想的成熟所导致的主体自觉促成教育思想的转变，在以祭祀的知识为主的教学内容中加入了林栖苦行修炼的内容，个人解脱的知识成为祭祀之外的一类重要知识。奥义书确立了一个婆罗门教信徒的根本任务在于寻求解脱之道，而非单一的履行祭祀义务。这一任务的确立具有教育思想的意义，婆罗门教的教育内容即从传授吠陀知识、祭祀知识向传授解脱的知识转变。

公元前6—前5世纪，随着新的生产技术的采用、农业和手工业的发展、贸易的活跃、城市的扩大，古印度进入列国时代。大国之间连续不断的战争强化了军事贵族的地位，商业发展使一部分吠舍的财富增加，阶级分化和改组加剧，对婆罗门阶层的不满和对婆罗门教教义的怀疑逐渐增长。这一切社会变化的结果便是佛教的产生。

佛教的创始人是乔答摩·悉达多（Siddhartha Gautama，约前565—前486）。他出生在古印度的迦毗罗卫国（今印度尼泊尔边境），是迦毗罗卫国净饭王的太子，属刹帝利种姓。他少年时接受婆罗门传统教育，学习过吠陀经典和五明（声明、工巧明、医方明、因明、内明）。因有感于生、老、病、死的人生之苦，29岁离家，到处寻师访贤，探索解脱痛苦之道。6年后得道，在印度北部、中部恒河流域传播自己的信仰，历时 40 余年，80 岁去世。传说他有众多弟子，其中最著名者 10 人。一些商人、国王都皈依其门下，成为信徒。乔答摩·悉达多出身于释迦族，因此被尊称为释迦牟尼，意思是"释迦族的贤明之人"，又被尊称为佛陀（Buddha），意即"觉悟者"。佛陀简称为佛。

早期佛教是作为与婆罗门教对立的思潮出现的，属于反对婆罗门教的"沙门思潮"的一种重要思潮。早期佛教的基本教义是："把现实人生断定为'无常''无我''苦'。'苦'的原因既不在超现实的梵天，也不在社会环境，而由每个人自身的'惑''业'所致。'惑'指贪、嗔、痴等烦恼；'业'指身、口、意等活动。'惑''业'为因，造成生死不息之果；根据善恶行为，轮回报应，故摆脱痛苦之路唯有依经、律、论三藏，修持戒、定、慧三学，彻底转变自己世俗欲望和认识，超出生死轮回范围，达到这种转变的最高目标，叫作'涅槃'或'解脱'。这些说法，包括在'五蕴''十二因缘''四谛'等最基本的教理之中，成为以后佛教各派教义的基础。"①

早期佛教不承认婆罗门教的经典和婆罗门僧侣的特权，否定婆罗门教神造种姓之说，在因果报应和修行解脱方面主张"四姓平等"，极大地冲击了婆罗门教。

当雅利安人向恒河流域急速推进，使恒河流域成为其发展重心之时，波斯帝国的大流士一世约于公元前 518 年进入印度，使旁遮普西部成为他的第二十块辖地。公元前 327 年，马其顿王亚历山大灭波斯后，也侵入印度河上游地区，但两年后即撤出。其时，摩揭陀在难陀王朝（公元前 364—前 324 年）统治下完成了对居萨罗国的兼并，统一了恒河流域地区。公元前 324 年，出身于饲养孔雀家庭的旃陀罗笈多（属首陀罗种姓）利用人民起义的力量自立为王（即月护王，公元前 324—前 300 年在位）。他在清除希腊（马其顿）的残余留守部队后挺进恒河流域，推翻难陀王朝，建立孔雀王朝（公元前 324—前

---

① 任继愈主编：《宗教词典》，549 页，上海，上海辞书出版社，1981。

187年)。到他的孙子即著名的阿育王统治时期(约公元前269—前236年),
"孔雀王朝……成为古印度史上空前统一、幅员辽阔的大帝国,与叙利亚、埃
及和其他希腊化国家建立了联系。阿育王对内实行'达摩'(法)治国,为各种
宗教信仰提供自由传播的机会,晚年则皈依佛教,大力支持佛教的发展,广
建寺塔,慷慨布施僧众。经过阿育王的积极提倡,佛教在印度境内得到空前
广泛的传播,同时开始走出本土,向世界宗教的发展大道迈进"①。

佛教倡导人人佛性平等,将教育权和受教育权普及于四大种姓,并重视
女性教育,为妇女广设尼庵供其修行,向她们讲授教义,扩大了教育面。无
论是婆罗门教还是佛教,都以专门的组织形式和机构开展相当高深的教育,
对发展教义、促进古印度文化发展和与世界文化交流起到了重要作用。

佛教在传播与发展的不同时期形成了不同的教育形式,佛教教育在原始
佛教时期主要表现为社会教育、寺院教育和家庭教育。

原始佛教时期,佛教教育主要表现为社会教育形式。佛陀本人及其弟子
依据佛教教义开展个人传教,教学方法灵活多样。后随着信徒和弟子日众,
成立僧团,佛教遂正式成为一个系统化的宗教组织,佛教教育也日益组织化
和社会化。教育内容强调传授和学习佛陀有关解脱的知识,并通过勤修实现
解脱。

随着寺庙的出现,"出家"到寺庙与僧众和导师共修既是佛教的一项规定,
也是个人修行的重要组成部分,寺庙作为宗教场所和教育场所的重要性日益
凸显。寺庙广收民众,以教师口授、学生记诵的方式传授佛教教义,以佛教
清规戒律、佛法和修行程序为主要教育内容。

作为原始佛教时期的教育形式之一,家庭教育主要面向在家庭中修行的
人,强调在家修行的信徒不仅可以自己学习佛法,而且可以收徒宣讲佛法。
家庭教育的实施进一步扩大了佛教及其教育的影响,推动了佛教在民间的传

---

① 杜继文主编:《佛教史》,30~31页,北京,中国社会科学出版社,1991。

播与发展。

在后来的孔雀王朝和贵霜王朝时期，在应对佛教教义遭遇的挑战的过程中，佛教教育实践也获得新的发展。大乘佛教教育强调参与和干预社会的世俗生活，更倾向于通过佛教教育培养"菩萨"，修习内容主要为"六度"，即布施、持戒、忍辱、精进、禅定和智慧。同时，大乘佛教教育还注重简化教育过程，激发学习者的积极性。

古印度的教育思想反映在婆罗门教的吠陀经典和奥义书等经解著作及佛教的众多经典之中，史诗《摩诃婆罗多》与《罗摩衍那》也以艺术的形式表达了人生哲理和培养人的理想。有些外国学者认为，释迦牟尼当初并没有创立宗教的打算，"他的思想虽然取决于他的印度宗教经历，但并不是宗派性的"；"他不是清高的隐士，而显然是一个博学卓识的师长"；"他的学说包括一套哲学(即玄学)、一套心理学、一套伦理学，其中伦理学最为重要"；"他坚决反对把思想强加于人，相信讨论和榜样的力量是唯一有效的树立真理的手段。虽然他是一个伦理的改良者而不是社会的改革者，没有对种姓制度做过直接的抨击，但在他自己的团体里是不论种姓区分的。他告诫弟子充分发展他们的才能，为别人的利益而尽力"。①我国也有学者指出，释迦牟尼是世界史上最早的两位大教育家之一，另一位是我国的孔子，"早在苏格拉底出生以前，东方的两位圣人早已各据一方，设坛施教，弟子弥众，信徒盈天下。东方的两位圣人都是以济世的宏愿，艰苦卓绝，不畏万难，力图给迷航的人类指出前进的方向……东方的两位圣人都谆谆教导人类：人必须理智地对待自己和他人，克制自己的贪欲，加强道德修养，提高道德水平，以己度人，达己达人，不可为满足自己的求生欲而剥夺他人的求生权利，只有这样，人才能从'畜生、地狱、饿鬼'上升成为真正的人。否则人类将侵夺不息，自相残害，

----

① ［美］爱德华·麦克诺尔·伯恩斯、菲利普·李·拉尔夫：《世界文明史》第 1 卷，罗经国等译，162~164 页，北京，商务印书馆，1987。

永无宁日。佛说三毒，贪欲为首；孔说克己，意在制贪。贪欲去尽，乃可以立地成佛，求仁得仁。明乎人兽之辨，是为真智慧"①。

释迦牟尼在其长达 49 年的传教与教育生涯中形成了丰富的教育思想，其有关缘起论与教育本质、无我论与教育作用、涅槃论与教育目的、心智论与学习过程、"四圣谛"论与教育内容、解脱论与道德教育、佛性论与师生观、"筏喻"论与教学方法等方面的认识和实践，不仅为佛教教育实践提供了理论指导，而且为古印度教育思想体系的形成提供了必要的理论支持。

鉴于上述内容，古代东方各国的教育思想可谓丰富多彩。但是长期以来，由于受到文化教育发展"西方中心论"的影响，西方教育史的研究成为国内外教育史研究的主体。改革开放以来，我国教育史学者力破"西方中心论"，古代东方各国教育在外国教育史课程的教学与研究中受到了一定的重视。滕大春先生主编的《外国教育通史》第一卷列有专章，论述古代亚述和巴比伦的教育、古代埃及的教育、古代印度的教育和古代希伯来的教育（分别为第二、三、四、五章），约占全书的 2/7。同一时期，在我国出版的教科书和教学参考书中也多列有专章，论述东方文明古国的教育。但是，这些著作中仍然缺乏对古代东方国家教育思想的研究。

本丛书第一卷《原始社会与古代东方的教育》对古代两河流域的苏美尔、古代巴比伦、古代亚述、古代埃及、古代波斯、古代希伯来和古代印度的教育实践与教育思想进行了较系统的论述，可以说是我国学者集中研讨东方文明古国教育的有益尝试。第一卷具体内容为：原始社会的教育；古代两河流域的教育；古代埃及的教育；古代波斯的教育；古代希伯来的教育；古代印度早期的教育与古代印度的佛教教育。"结语"部分就该社会阶段的教育成就以及文明发展、教育活动与教育思想之间的互动关系做了历史性总结。

---

① 孙培青、任钟印主编：《中外教育比较史纲》(古代卷)，32~33 页，济南，山东教育出版社，1997。

第三章

古希腊、古罗马的教育

古希腊与古罗马的教育构成了西方教育发展的源头和最早基础。以雅典、斯巴达为代表的城邦国家的教育实践,以苏格拉底、柏拉图和亚里士多德为代表的教育家的教育思想探讨为古希腊文明与教育的发展奠定了实践与理论的基础。古希腊文明与教育的实践成就和理论成果先后被传播到欧洲和非洲的广大地区,对西方国家教育发展产生了具有深远意义的历史影响。

在继承古希腊文明与教育传统的基础上,古罗马教育经历了王政时期、共和时期和帝国时期三阶段的发展;希腊文法学校,拉丁文法学校,法学、医学、哲学专业学校以及罗马帝国晚期的教会学校,构成了较为完善的罗马学校体系;西塞罗、昆体良等雄辩家教育思想的形成构成了古罗马教育思想的主体。古罗马的文明与教育对于此后西方世界的教育发展产生了更为直接的影响。

第一节 古希腊文明与古希腊教育

在古代世界欧亚大陆的西部,靠近古埃及和美索不达米亚文明古国的爱琴海地区孕育和形成了古希腊文明，产生了西方最早的教育。

古希腊文明是西方文明的起点，古希腊教育是西方教育的源头。古希腊教育先后经历了"爱琴文明时代""荷马时代""古风时代""古典时代"以及"希腊化时代"等不同时期的发展，在教育制度与教育思想方面均为西方教育发展奠定了重要的历史基础。

爱琴文明时代："爱琴文明"又称"克里特–迈锡尼文明"（世称米诺斯–迈锡尼文明），是在古代爱琴海地区所形成的文明。爱琴海地区包括希腊半岛、小亚细亚半岛西部沿海地区和爱琴海诸岛。爱琴海为多岛之海，海上分布着数百个大小岛屿，其中最大的是克里特岛。早在新石器时代，克里特岛已有人类居住。约在公元前 2000 年，克里特岛步入青铜时代，出现了一些奴隶制城邦，创建了"克里特文明"（也称米诺斯文明）。稍后，克里特岛人在希腊半岛建立了迈锡尼等殖民城市。但是，在"公元前 16 世纪，一支野蛮的希腊人（史称亚该亚人）从他们的发源地扩展到伯罗奔尼撒北部，终于征服了迈锡尼。他们逐渐吸收被征服者的物质文化，成为富裕而强大的海上霸主"[1]。约在公元前 1400 年，他们征服了克里特岛米诺斯王朝的都城克诺索斯，不久又征服了克里特岛全境，并使克里特文明演化为 克里特–迈锡尼文明。

公元前 13 世纪（一说公元前 12 世纪初），迈锡尼等城邦参加了特洛伊战争，打败了特洛伊人。但此后不到 200 年，他们自己又被希腊人的另一支——处于原始社会末期的多利亚人征服，克里特–迈锡尼文明随之衰亡。[2]该文明在其克里特发展阶段形成积累的宗教和艺术传统、航海知识，喜好各种游艺和运动、崇尚自由探索的精神，这些对古希腊及周边国家日后的发展都产生

---

[1] ［美］爱德华·麦克诺尔·伯恩斯、菲利普·李·拉尔夫：《世界文明史》第 1 卷，罗经国等译，128 页，北京，商务印书馆，1987。

[2] 有关克里特–迈锡尼文明的特点和兴衰演化情况，详见：［美］爱德华·麦克诺尔·伯恩斯、菲利普·李·拉尔夫：《世界文明史》第 1 卷，罗经国等译，125～134 页，北京，商务印书馆，1987；朱寰主编：《世界上古中古史》，90～95 页，北京，高等教育出版社，1997。

了影响。

在"爱琴文明时代"，书吏在古希腊政治经济和文化教育生活中占有重要地位，他们使用线形文字记录王宫事务。

荷马时代：在摧毁克里特-迈锡尼文明之后，古希腊人用约 300 年的时间（公元前 1100—前 800 年）完成了由军事民主制向奴隶制的过渡。这一时期的有关资料主要来自《荷马史诗》，因此又被称为"荷马时代"。《荷马史诗》描写了战争、冒险以及贵族和国王的生活，歌颂了阿喀琉斯、奥德修斯等希腊英雄的业绩。因此，"荷马时代"又被称为"英雄时代"。"荷马时代"的教育以培养能征善战的英雄为目的，主要教育内容为竞技比赛以及与作战相关的歌唱、弹琴与舞蹈。在道德教育方面，重视勇敢、忠诚、爱国主义、人道主义等品质和精神的养成，崇尚个人英雄主义。

古风时代：公元前 800—前 500 年为古希腊的"古风时代"。在这一时期，铁器普遍应用于工农业生产。在生产发展的基础上，古希腊人不仅在希腊半岛、小亚细亚半岛西部沿海地区和爱琴海诸岛建立了许多城邦国家，而且大肆向海外移民，并在埃及和巴比伦建立了贸易中心。殖民扩张和海外贸易促进了工商业的发展，导致了工商业奴隶主的出现和希腊城邦政治体制的多样化。

"古风时代"的古希腊教育主要是一种城邦教育，与该时期的城邦政治生活相适应，注重培养有能力参与城邦事务的良好公民。不同于古代东方社会将书写与文字作为重要的教育内容与手段，该时期的古希腊教育仅仅将文字视为一种传播知识与文化的手段和工具，城邦教育主要依靠语言的表达和交流。教育内容的主体不再是文字教育，而是体育、音乐和舞蹈等方面的教育，尤其注重体育与军事教育。在道德教育方面，强调忠诚、服从、节制、集体观念、谨慎等品质的养成，个人英雄主义不再备受推崇。

斯巴达教育和雅典教育为"古风时代"希腊城邦教育的典型代表。在斯巴达，教育服务于战争需要，是一种单纯尚武的军事教育。斯巴达新生婴儿须接受地方长老的严格体检，只有健康的婴孩才允许存活下来。7岁之前，公民子弟在家庭中接受母亲的养育。7~18岁，男孩离开家庭，进入国家的教育机构"寄膳宿学校"（Agelai）接受训练和教育。训练和教育内容主要为"五项竞技"（即赛跑、跳跃、摔跤、掷铁饼和投标枪）、神话和传说。同时接受特殊的政治教育，通晓并遵循城邦的政治法律、风俗习惯、生活准则、行为规范等。年满18岁的公民子弟则进入高一级的教育机构"埃弗比"（Ephebia）接受为期2年的正规军事训练，其中一项训练科目为所谓"秘密服役"，即在夜间发动对被俘虏的奴隶希洛人的袭击。年满20岁的男性青年则被派往边地戍守，直至年满30岁，成为一位完全的公民和合格的军人。这一阶段的道德教育仍以养成青少年的节制、勇敢、忠诚、爱国等品质和精神为主要目的。重视女子教育也成为斯巴达城邦教育的一个显著特点。在斯巴达，女子接受与男子同样的体育训练，以便未来成为健壮的母亲，生育出健康的婴儿。

前梭伦（Solon）时代雅典已出现学校教育，梭伦改革即将学校事务列入雅典法典，并形成以实现人的身心和谐发展为教育目的的教育传统。公元前5世纪初，雅典已形成一套按不同年龄划分的分级和分科教育体系：学前教育（0~7岁），男童和女童接受家庭教育，内容包括游戏、唱歌、球类、故事、神话等。初等教育（7~13岁），女童继续留在家庭中，学习缝纫、纺织和烹饪等手工技艺。男童则进入文法学校和弦琴学校接受初等教育，学习内容包括阅读、写作、计算、唱歌、七弦琴演奏、朗诵等。中等教育（13~18岁），公民子弟除继续在文法学校和弦琴学校学习外，还要进入体操学校（又称"角力学校"）接受游泳、舞蹈、赛跑、跳跃、摔跤、掷铁饼、投标枪等各种体育训练。到了十五六岁，普通公民家庭子弟开始从事各种职业，少数显贵家庭子弟进入国立体育馆，接受体育、智育和审美教育。高等教育（18~20岁），年满18岁的青年进入"埃弗比"接受专业的高等军事训练，并被派往各地驻守。

青年满 20 岁时，通过规定的仪式与程序，成为雅典的正式公民。

古典时代："古典时代"（公元前 500—前 330 年）古希腊比较典型的政治体制主要有斯巴达长期实行的奴隶主贵族寡头政治体制，雅典在公元前 6 世纪初因梭伦改革后的政局混乱而出现的僭主政治体制，以及公元前 6 世纪末由克里斯提尼（Cleisthenes）改革奠定基础的奴隶主民主政治体制。独特的地理环境、多种经济形式和多样化政治体制的相互作用，为古希腊教育实践发展提供了社会基础，古希腊教育遂在"古典时代"步入发展的"黄金时代"。作为西方历史上第一批职业教师，智者派的出现及授徒讲学进一步扩大了教育对象，拓展了学术研究领域，丰富了教育内容，并逐步形成一种以造就政治家为目的的新型教育形式。古希腊学校也发生了重要变化，修辞学校开始创办，阿卡德米和吕克昂等专门学园也相继开设。

希腊化时代："希腊化时代"包括亚历山大东征、亚历山大帝国的建立以及亚历山大逝世后由其部将建立的马其顿、托勒密埃及和塞琉古三个希腊化王国的兴亡，为时 300 余年（公元前 334—前 30 年）。马其顿国王亚历山大的军事扩张在促进不同民族文化交流的同时，也为"希腊化时代"的教育发展提供了条件。古希腊教育制度先后传播至小亚细亚、美索不达米亚、波斯和埃及等地区，埃及的亚历山大里亚发展成为文明世界最大的城市和新的文化教育中心。

在"希腊化时代"除亚历山大里亚外，亚历山大在东征过程中所建立的一些城市也都成了传播希腊文化的中心。应该看到，亚历山大的东征开创了古代世界东西方文化交流的新时代，促进了不同民族文化之间的交流与融合。其结果是希腊文化和东方文化的相互渗透，因而出现了一个新文明，也就是"希腊化时代"的文明。"如果说希腊古典文化是一种城邦文化，那希腊化时期文化就是一种走向帝国的、带有世界性的文化。希腊一体化和地方多元性相结合，消极没落的个人主义和眼界开阔的世界主义相并存，是这一文化的基本特征。"①美国历史学家斯诺夫里阿诺斯也指出："希腊化时代的历史意义在于：它打破了历史上形成的东、西方各自独立发展的模型，将它们合二为一。现在，人们首次想到把整个文明世界当做一个单位。起先，埃及人和马其顿人是以征服者和统治者的身份去东方的，他们强制推行希腊化模式。但是，在这一过程中，他们自己也发生了变化，使随后产生的希腊化文明成为一个混合物，而不是来自其他地区的移植物。最后，东方的宗教也传播到西方，大大地促进了罗马帝国和中世纪欧洲的转变。"②

　　在"希腊化时代"，虽然文化教育中心已由雅典逐步转移到亚历山大里亚，但雅典仍是文化教育较发达的城市，伊索克拉底(Isocrates，前436—前338，又译爱苏格拉底)的修辞学校、柏拉图的阿卡德米学园和亚里士多德的吕克昂学园仍继续进行着教学活动。哲学在那里仍得到了发展，出现了由芝诺(Zeno of Citinum，约前335—约前263)开办的斯多葛派的哲学学校(公元前308年)和由伊壁鸠鲁(Epicurus，前341—前270)开办的伊壁鸠鲁派的哲学学校(公元前306年)。公元前200年前后，上述几所学校合并为雅典大学，延续发展数百年之久，为传播与发展希腊文化作出了贡献，直至529年被东罗马皇帝查士丁尼关闭。在"希腊化时代"，科学的发展达到了一个新的高峰。亚历山大里亚设有博物馆和图书馆，许多学者在这里进行学术研究，在数学、天文学和物理学方面有许多新的发明与创造。此外，文学艺术和史学在"希腊化时代"仍有发展。

　　"希腊化时代"的教育表现出新的特点：体育的广泛性、普及性和多样性特征突出，体育馆在传承古希腊文化和开展体育训练的过程中发展成为一种综合性的教育机构。随着"希腊化时代"城邦独立地位的丧失和东西方文化的

---

① 吴于廑、齐世荣主编：《世界史·古代史编》(上卷)，302页，北京，高等教育出版社，1994。

② [美]斯诺夫里阿诺斯：《全球通史：从史前史到21世纪》(第7版修订版)(上)，吴象婴等译，120页，北京，北京大学出版社，2006。

交流与融合，一种新的希腊共同语言得以形成，并成为语言教育的重要内容。

应该看到，"希腊化时代"的"文化是对希腊古典文化的总结和发展，也是对东方文化的吸收和利用，更是从希腊文化到罗马文化，继而到西方文化的桥梁"①。古希腊的教育思想就是以不同时期希腊城邦国家的地理环境、国际国内的社会历史条件和富有特色的教育实践为基础，而逐渐构建成型的。

《荷马史诗》是古希腊文化创造的第一项重要成果，它包括《伊利亚特》（或译《伊利昂纪》）和《奥德赛》（或译《奥德修纪》）两部作品，其题材都与迈锡尼时代发生的特洛伊战争有关。阅读《荷马史诗》就可以使我们清楚地看到，虽然迈锡尼时代繁荣的城市文化已遭后进的入侵者毁灭，克里特-迈锡尼文明已衰亡，但迈锡尼的宏伟城池和富丽堂皇的王宫以及那个时代的精湛工艺，仍给人们留下了深刻的印象，成了创作的重要源泉。《荷马史诗》实际上是诗人凭借自己的想象，将迈锡尼时代的事件与事物、军事民主制时代现实生活中的情景与人事和古希腊的一些神话故事编织起来联结而成的。古希腊具有丰富的神话传说，神话中的神和人是同形同性的，奥林匹斯山上的诸神之首宙斯、雅典娜、阿波罗等都具有端庄、美丽、智慧的人形。这些神都有和人一样的思想情感，像人一样有喜怒哀乐、悲欢离合之情。宙斯和其他某些神灵还可以与凡人结合，生儿育女。神和人不同的地方在于"他们被描写成是永生的，在各自的领域内往往具有无与伦比的威力，他们的好恶对人有决定性的影响"②。因此，凡人要向他们献上祭品，谋求神谕和神的帮助。但神也并非完美无缺，凡人也可以与神较量。希腊神话中诸神的这些形象和性格在史诗中得到了生动的表现。史诗描写了许多英雄人物的形象，如阿喀琉斯、奥德修斯就是史诗中的中心人物。史诗中还涉及英雄人物的成长与教育情况，

---

① 吴于廑、齐世荣主编：《世界史·古代史编》（上卷），307 页，北京，高等教育出版社，1994。

② 中国大百科全书总编辑委员会《外国文学》编辑委员会等编：《中国大百科全书·外国文学·Ⅱ》，1099 页，北京，中国大百科全书出版社，1982。

赞颂了克戎(Chiron，或译喀戎)和福尼克勒(Phoenix，或译富尼克斯)两位教师对阿喀琉斯的教育，体现了当时对于完人教育理想的理解。①

众多学者对《荷马史诗》的考察与研究说明，史诗在开始时只是根据古代传说所编的口头文学、靠着乐师的背诵流传下来的零散篇章，在公元前9—前8世纪才由荷马(Homer)初步定型。但是"在公元前6世纪以前，这两部史诗还没有写下来的定本。根据罗马著名散文家西塞罗所说，公元前6世纪中叶，在当时雅典执政者庇士特拉妥的领导下，学者们曾编订过《荷马史诗》；古代也有其他学者认为这是他的儿子希伯尔科斯执政时的事。而从公元前5世纪起，每逢雅典四年庆祝一次的重要节日，都有朗诵《荷马史诗》的文艺节目。从这一制度实行之后，史诗的内容和形式应该是基本上固定下来了"，如今我们所见的史诗则是在公元前3—前2世纪由亚历山大里亚的几位学者(最著名的是泽诺多托斯、阿里斯托芬和阿里斯塔科斯)校订的最后定本。②由此可见，《荷马史诗》实际上是特洛伊战争以后数百年间希腊民间文学的结晶，在公元前6世纪才开始作为文字写本流传开来，以后又经过一些诗人、学者的加工润色，成为世界文学的不朽之作。可以说，正是古希腊人的这一文化创造将克里特-迈锡尼文明与古希腊文明联结在一起，为古希腊文化教育的发展奠定了基石。

如果说军事民主制时代的荷马长期以来还是一位十分难以确定，只是经过反复研究才基本上肯定下来的古希腊史诗的作者和文化教育活动家的话，那么，"古风时代"的诗人赫西俄德(Hesiodos，亦译赫西奥德、希西阿德，生活于公元前750—前700年)则早已是确定无疑的历史人物了。赫西俄德自称祖籍小亚细亚的库墨，后移居比奥细亚(Boeotia，亦译彼奥提亚)境内赫利孔

---

① [古希腊]荷马：《伊利亚特》，罗念生、王焕生译，299~300、230~232页，北京，人民文学出版社，1994。

② 中国大百科全书总编辑委员会《外国文学》编辑委员会等编：《中国大百科全书·外国文学·Ⅰ》，420~421页，北京，中国大百科全书出版社，1982。

山麓的小村阿斯克拉，被称为教诲诗之父。① 他的主要作品是长诗《神谱》、《田功农时》(亦译《工作与时日》)。赫西俄德为教诲其弟而撰《田功农时》，并以之劝谕世人。针对现实生活中的问题，他提出了一系列伦理思想，告诫世人以辛勤劳动为荣，以好逸恶劳为耻，劝人为善和恪守正义与中庸之道，还借农人之口具体介绍了各种农事知识，最后以历数每个月的吉日和凶日结束。②《田功农时》是西方最早的用文字记载的反映教育思想的作品，公元前7—前6世纪起，它一直被作为古希腊学校的教学用书和道德教育的重要教材。

赫西俄德所写的另一首长诗《神谱》收集了很多古代传说，试图依据对宇宙的一定认识将诸神的相互关系系统化。马克思曾指出，"希腊神话不只是希腊艺术的武库，而且是它的土壤"，对自然的观点和对社会关系的观点是希腊神话的基础；他又说，"任何神话都是用想象和借助想象以征服自然力，支配自然力，把自然力加以形象化"。③《田功农时》对人类社会演进的五个时代的描绘、对人事的叙述，也是和神话故事糅合在一起的。《神谱》更是以长诗的形式系统叙述希腊神话故事。赫西俄德的诗篇和《荷马史诗》一样，对古希腊民族共同的人生理想和宗教观念的确立发挥了巨大的作用。

《荷马史诗》和赫西俄德的诗篇对古希腊民族共同的人生理想的确立的作用是显而易见的。我们说它们对古希腊民族共同的宗教观念的确立发挥了巨大作用，是因为古希腊神话与古希腊宗教是密不可分的。古希腊宗教崇拜的对象就是神话中的那些主要的神和英雄，如宙斯、雅典娜、阿波罗等。伯罗

---

① 任继愈主编：《宗教词典》，1105 页，上海，上海辞书出版社，1981；中国大百科全书总编辑委员会《外国文学》编辑委员会等编：《中国大百科全书·外国文学·Ⅰ》，431 页，北京，中国大百科全书出版社，1982。

② 顾明远主编：《教育大辞典》〔增订合编本(下)〕，1550 页，上海，上海教育出版社，1998；中国大百科全书总编辑委员会《外国文学》编辑委员会等编：《中国大百科全书·外国文学·Ⅰ》，431 页，北京，中国大百科全书出版社，1982。

③ 《马克思恩格斯选集》第 2 卷，711 页，北京，人民出版社，2012。

奔尼撒半岛西北部的奥林匹亚是奉祀宙斯的最重要的圣地，公元前776年的全希腊运动会就是为敬奉宙斯的奥林匹亚节而在这里首次举行的。运动会以后每四年举行一次，形成了传统。为敬奉宙斯，还有尼米亚节，也要举行体育竞赛。为敬奉其他的神，也有节日。例如，为敬奉雅典娜，有泛雅典娜节；为敬奉阿波罗，有皮托节；为敬奉波塞冬，有伊斯特摩斯节。每逢这些节日，都要举行体育竞技。在泛雅典娜节，还要举行音乐竞技。

古希腊的这种与神话密切相连、神与人同形同性的多神宗教及其崇尚智慧、力量与美的奉祀仪式，在古希腊文明发展的起始阶段就丰富了社会与学校教育的内容，鼓励了人的自由创造精神，为古希腊文化教育的进一步发展创造了有利的条件。在古希腊社会，没有形成世袭的神王和握有特权的有组织的僧侣阶层，这对发挥人的自由探索精神也是有利的。

公元前7—前6世纪，由对不属于奥林匹斯主神系的酒神和水果特别是葡萄丰收之保护神狄奥尼修斯（Dionysus，亦译狄俄尼索斯、狄奥尼索斯，在色雷斯和小亚细亚西部古国吕底亚被称为巴库斯）的原始野蛮崇拜演进而来的奥菲斯教（Orphism，亦译俄尔甫斯教、奥尔弗斯教）出现于希腊，据传其教祖为奥菲斯（Orpheus，亦译俄尔甫斯、奥尔弗斯）。按希腊宗教故事，奥菲斯是"色雷斯王埃阿格鲁斯（Oegrus）同艺术九神之一、史诗的守护女神佳丽娥珀（Calliope）所生。善歌唱和奏七弦琴，能用弹唱施行法术，使听者（包括人、神和动植物）入幻"①。但也可能确有其人，传说是来自色雷斯，"但是他（或者说与他的名字相联系着的运动）似乎更可能是来自克里特。可以断定，奥尔弗斯教义包括了许多最初似乎是渊源于埃及的东西，而且埃及主要地是通过克里特而影响了希腊的"②。奥菲斯教徒"相信灵魂的轮回。他们教导说，按照人在世上的生活方式，灵魂可以获得永恒的福祉或者遭受永恒的或暂时的

---

① 任继愈主编：《宗教词典》，804页，上海，上海辞书出版社，1981。
② ［英］罗素：《西方哲学史》上卷，何兆武、李约瑟译，40页，北京，商务印书馆，1963。

痛苦。他们的目的是要达到'纯洁',部分地依靠净化的教礼,部分地依靠避免某些种污染。他们中间最正统的教徒忌吃肉食,除非是在举行仪式的时候做为圣餐来吃。他们认为人部分地属于地,也部分地属于天;由于生活的纯洁,属于天的部分就增多,而属于地的部分便减少";"奥尔弗斯教徒是一个苦行的教派;酒对他们来说只是一种象征,正像后来基督教的圣餐一样。他们所追求的沉醉是'激情状态'的那种沉醉,是与神合而为一的那种沉醉。他们相信以这种方式可以获得以普通方法不能得到的神秘知识"。①奥菲斯教包含着对酒神狄奥尼修斯崇拜的一些成分,例如,对女性的尊重,以及尊重、激烈的感情等,还有后来宣传的灵魂轮回说和关于灵魂的净化。其追求通过"激情状态"的沉醉获得神秘知识的说教的宗教思想,对毕达哥拉斯学派、爱利亚哲学学派、柏拉图学派的形成与发展都产生了一定的影响。

得益于本民族神话与宗教文化的滋养,在吸收埃及、西亚等东方文化成果的基础上,从公元前 6 世纪起,古希腊哲学、科学与文学艺术开始获得越来越快、越来越大的发展,与整个文化特别是哲学密不可分的教育实践和教育思想也实现初步发展。

哲学在古希腊取得了最突出的发展成就。公元前 6 世纪,在古希腊出现了第一个哲学学派,其代表人物是西方哲学史上的第一位哲学家泰勒斯(Thales,约前 624—约前 547)和他的学生阿那克西曼德(Anaximader,约前 610—约前 546),以及阿那克西曼德的学生阿那克西美尼(Anaximenes,约前 586—约前 524)。他们都生活在当时古希腊世界中比较先进且与埃及等东方国家保持着密切关系的米利都城邦国家,因而被称为"米利都学派"。著名的英国哲学家罗素(B. A. Russell,1872—1970)在对米利都学派进行评价时曾这样写道:"米利都学派是重要的,并不是因为它的成就,而是因为它所尝试的东西。它

---

① [英]罗素:《西方哲学史》上卷,何兆武、李约瑟译,40~41、43 页,北京,商务印书馆,1963。

的产生是由于希腊的心灵与巴比伦和埃及相接触的结果……泰勒斯、阿那克西曼德和阿那克西美尼的思考可以认为是科学的假说，而且很少表现出来夹杂有任何不恰当的神人同体的愿望和道德的观念。他们提出的问题是很好的问题，而且他们的努力也鼓舞了后来的研究者。"①

　　稍晚于米利都学派在古希腊兴起的是由毕达哥拉斯（Pythagoras，约前582—前493，一说前580—前500，或说前570—前490）创立的毕达哥拉斯学派，其活动中心是古希腊人在意大利南部建立的殖民城邦克罗顿。大约在公元前6世纪20年代，毕达哥拉斯在那里建立了一个"伦理-政治学园"，收徒讲学，成了"意大利学派"的开山祖师。②

　　奥菲斯教在意大利南部有比较大的影响。毕达哥拉斯又曾在埃及游学达10年之久，并在巴比伦生活了5年。埃及和巴比伦的文化、科学（数学、天文学）及宗教思想对他产生了比较大的影响。毕达哥拉斯在几何学和天文学方面都有重要的发现和贡献。在哲学方面，毕达哥拉斯及其学派主张数是万物的本原。毕达哥拉斯是第一个用"爱智者"这个名词来代替"智慧者"的人，同时他又宣传灵魂不死、灵魂轮回、天人感应等神秘的宗教思想。毕达哥拉斯和毕达哥拉斯学派对古希腊哲学后来的发展产生了很大的影响。毕达哥拉斯开创和引导了一个新的哲学研究方向，与此同时，他对古希腊的教育实践和教育思想的发展也作出了重要贡献。德国哲学家黑格尔（G. W. F. Hegel，1770—1831）曾这样指出：毕达哥拉斯主要是"作为一个以教师为业的公众教师"在克罗顿进行活动的，"他可以被认作第一个民众教师"，"是希腊第一个教师，或第一个在希腊传授科学学说的人"。③确实，毕达哥拉斯创建的学园在古希腊

----

① ［英］罗素：《西方哲学史》上卷，何兆武、李约瑟译，54页，北京，商务印书馆，1963。
② 北京大学哲学系外国哲学史教研室编译：《古希腊罗马哲学》，32页，北京，商务印书馆，1961。
③ ［德］黑格尔：《哲学史讲演录》第1卷，贺麟、王太庆译，208、212页，北京，商务印书馆，1959。

提供了一种更高级的学校教育的范例。在欧洲流传千年的"七艺"中的后四门课程——算术、几何、天文、音乐，当时就已经成为毕达哥拉斯学园中的核心学员必须掌握的学问了。

特别应该指出的是，后来的苏格拉底（Socrates，约前469—前399）尤其是柏拉图的哲学思想和教育思想与毕达哥拉斯哲学、毕达哥拉斯教育实践及教育思想有着继承关系。据说，毕达哥拉斯学派的最后一位代表人物阿契泰①是柏拉图的挚友，柏拉图曾"引用他的数学著作"；"阿尔库塔斯的毕达哥拉斯主义和柏拉图学园有密切往来"。②众所周知，柏拉图的老师是苏格拉底，亚里士多德（Aristotle，前384—前322）是柏拉图的学生。柏拉图先是通过认识苏格拉底的毕达哥拉斯学派传人了解毕达哥拉斯主义，苏格拉底死后12年，柏拉图到意大利对该学派的思想和活动又做了进一步考察。回到雅典后，柏拉图于公元前387年创办了以"阿卡德米"为名称的著名学园，所教课程与毕达哥拉斯学园的课程极为相似。凡此种种说明，古希腊"古典时代"后期的三大哲学家中的两位——苏格拉底和柏拉图，都受到过毕达哥拉斯学派的直接影响。这同时说明，培养出一批哲学家、形成一个具有强大生命力的哲学流派可以说是毕达哥拉斯学园最主要的成就，其主要影响也表现在这里。自此以后，古希腊的教育思想就作为哲学思想的有机组成部分，发展得更加系统和理论化了。

古希腊"古风时代"后期和"古典时代"的哲学思想与教育思想的确是丰富多彩、流派纷呈的。苏格拉底和柏拉图的哲学与教育思想具有多方面的思想渊源，他们自己也作出了独创性的贡献。亚里士多德这位古代世界最伟大的百科全书式的学者更是在综合古希腊整个文化教育创造的基础上，才作出令

---

① 阿契泰（Archytas of Tarentum），又译阿契塔、阿尔库塔斯，活动时期在公元前400—前350年。

② 中国大百科全书出版社《简明不列颠百科全书》编辑部译编：《简明不列颠百科全书》第1卷，140、715页，北京，中国大百科全书出版社，1985。

世人惊叹的贡献的。在毕达哥拉斯之后和苏格拉底之前,古希腊出现的主要哲学家还有属于唯物主义路线的哲学家赫拉克利特(Heraclitus,约前530—约前470)、恩培多克勒(Empedocles,约前490—前430)、阿那克萨哥拉(Anaxagoras,约前500或496—约前428)、德谟克利特(Democritus,约前460—约前370),唯心主义路线的哲学家色诺芬尼(Xenophanes,约前565—约前473)、巴门尼德(Parmenides,约前515—约前445)、芝诺(Zeno of Elea,约前490—约前430)、麦里梭(Melissus,活动时期在公元前5世纪)和普罗泰哥拉(Protagoras,约前490或480—约前420或410)、高尔吉亚(Gorgias,约前483—约前375)等等。赫拉克利特、恩培多克勒、阿那克萨哥拉、德谟克利特等唯物主义路线的哲学家是各自成派的,唯心主义路线的哲学家则基本上可划分成以巴门尼德为创始人的爱利亚哲学学派和以普罗泰哥拉、高尔吉亚为代表的智者派。在各派相互争论和批判继承的基础上,古希腊的哲学与教育思想得到了更加迅速的发展。

这里应该特别谈到的是阿那克萨哥拉和德谟克利特。阿那克萨哥拉一生酷爱科学,献身自然研究,是第一个将哲学带到雅典的人。他在雅典从事学术活动达30年之久,曾著有《论自然》一书,虽已失传,但留有其著作的残篇。关于世界本原问题,阿那克萨哥拉提出了"种子"理论;关于万物起源问题,他提出了"心灵"学说;在认识论方面,他重视感性认识,更强调理性认识。在他的思想中,这三者是互相联系、相辅相成的。阿那克萨哥拉曾这样表述他的"心灵"学说:"心灵是万物中最稀最纯的,对每一事物具有全部的洞见和最大的力量。对于一切具有灵魂的东西,不管大的或小的,心灵都有支配力。因此,心灵也能支配整个涡旋运动,它推动了这个运动。这个涡旋运动首先从某一个小点开始,然后一步一步推进。"①阿那克萨哥拉在雅典开展的

---

① 北京大学哲学系外国哲学史教研室编译:《古希腊罗马哲学》,70~71页,北京,商务印书馆,1982。

学术活动，促进了雅典哲学和科学的发展。此后，雅典成了整个希腊哲学的中心。他的"种子"理论直接影响了德谟克利特的哲学探讨，他的"心灵"学说对苏格拉底、柏拉图和亚里士多德的哲学探讨起了很大的作用。同时，他的哲学思想和人生观对古希腊教育思想的发展也起了很大的推动作用。

德谟克利特既经历了古希腊战胜波斯的黄金时代，也见证了古希腊的衰败。他曾到埃及等地游学，东方之行成为其广博知识的重要来源之一。回到家乡后，他继续从事科学实践活动，并吸取希腊本土的哲学与科学成果。德谟克利特共撰写 70 部（篇）著作，内容涉及哲学、物理、数学、天文、地理、逻辑、心理、动物、植物、医药、养生、社会伦理、历史、诗歌、音乐、绘画、语言、农业、军事等诸多领域。关于世界本原问题，他提出了原子论，并在原子论的基础上把人的身体与灵魂、灵魂与心灵统一起来，肯定人的身体与灵魂都是由原子组成的，灵魂中有一个特殊的部分就是心灵。在认识论方面，他提出了影像说。他甚至认识到环境对人的身体状况和认识活动是有影响的，他还明确指出了感觉与理智既有区别又相联系的关系。自人类进入文明以来，他首次把人比作"一个小世界"①，并对人、社会与教育进行了深入研究。他是古希腊世界最彻底的无神论者，认为"神"或"神兆"其实都是人的灵魂所感觉到的一些"偶像"，也就是一种特殊的"影像"。德谟克利特和苏格拉底、普罗泰哥拉是同时代人，他曾访问过雅典并了解苏格拉底，但苏格拉底不认识他。后来，他的学说广为传播。柏拉图以敌视的态度对待他的学说，而亚里士多德却认为原子论探讨物理现象最细致，并在自己的著作中大量引用德谟克利特的话。罗素对德谟克利特曾作出这样的评论："德谟克利特——至少我的意见如此——是避免了后来曾经损害过古代和中世纪思想的

① 北京大学哲学系外国哲学史教研室编译：《古希腊罗马哲学》，107 页，北京，商务印书馆，1982。

那些错误的最后一个哲学家。"①"原子论者的理论要比古代所曾提出过的任何其他理论，都更近于近代科学的理论。"②对于这样一位伟大的思想家，关于他的哲学对古希腊、古罗马乃至西欧哲学与教育思想的发展有什么影响，他本身的教育思想又是怎样的，值得我们去做更多的更深入的研究。

除此之外，恩培多克勒不仅是当时著名的唯物主义路线的哲学家，而且是杰出的科学家和医生。他还是一位出众的修辞学家和演说家，是智者派重要代表人物高尔吉亚的老师。可见，亚里士多德在《智者篇》把恩培多克勒奉为修辞学的创立者是不无道理的。而在唯心主义路线的哲学学派中，爱利亚哲学学派在论证其哲学观点的过程中对"七艺"中属于"前三艺"（文法、修辞学和辩证法）的文法和作为雄辩术的逻辑学意义上的辩证法的形成和创立作出了贡献。爱利亚学派的芝诺就被亚里士多德称为辩证法的创立者，因为他继承了他的老师的逻辑推理法，而尤以悖论见长。由此可见，我们过去的一些外国教育史著作中将"前三艺"说成是智者派的创造，是不够确切的。

不过，我们在这里还是要特别谈论一下智者派，因为以普罗泰哥拉和高尔吉亚为创始人以及主要代表的智者派在古希腊的哲学与教育思想的发展中是占有特殊重要地位的。到公元前 5 世纪后期，"智者"成了以收费授徒为职业的一批巡回教师的专有名称。在伯里克利时代③，雅典成了智者活动的中心。普罗泰哥拉是自称为智者的第一人，也是第一个要人缴纳学费的职业教师。公元前 445 年，他第一次到雅典从事教育活动。在《泰阿泰德》篇中，柏拉图以苏格拉底与泰阿泰德对话的形式评说了普罗泰哥拉的哲学、社会政治

---

① ［英］罗素：《西方哲学史》上卷，何兆武、李约瑟译，106 页，北京，商务印书馆，1963。

② 同上书，99 页。

③ 公元前 461 年，厄菲亚尔特（Ephialtes）遇刺，伯里克利（Pericles）成为民主派的领袖。他于公元前 443 年开始执政，扩大了平民的权利，使雅典的政治制度成为古希腊最民主的制度。在这一时期，雅典国力最强盛，文化教育繁荣。阿那克萨哥拉也是在伯里克利时代到雅典开展科学与哲学研究的。

和教育观点。"人是万物的尺度"是普罗泰哥拉提出的哲学命题。这一哲学命题以个人的感觉作为真理标准，导致了"感觉即知识"的错误结论，夸大了事物与认识的相对性，忽视或者否定了认识的客观源泉和客观标准，具有主观唯心主义倾向。但是，它大胆地肯定个人的认识能力和作为主体的人"是能动的，是规定者"（黑格尔语），并肯定教育的作用，在某种程度上表现出以人为中心的朴素的人本主义精神，在当时还是起了进步的历史作用的。通过普罗泰哥拉及其他智者派人物的教学活动，前面我们已经提到的西方教育史上沿用长达千年之久的"七艺"中的"前三艺"也被作为正式的教学课程确定下来了。此外，由普罗泰哥拉提出的"人为约定思想"（法律和道德规范不是自然产生的或由神的意志产生的，而是人为的产物，是人们约定下来的）引起了一场影响整个时代的辩论，对古希腊的教育实践和教育思想的发展也不无影响。但是，在很长的时间里，由于受到苏格拉底、柏拉图、亚里士多德等人贬损智者的影响，人们一直把智者看作只起破坏作用的诡辩派，普罗泰哥拉则成了诡辩派的罪魁祸首。一直到19世纪，黑格尔发表《哲学史讲演录》，智者在古希腊文化教育发展中所起的历史作用才重新得到肯定。①

对古希腊、古罗马教育发展产生深远影响的，还有伊索克拉底创办修辞学校的教育实践和他的教育思想。公元前392年，他在雅典创办了修辞学校，以培养雄辩家为目的。在伊索克拉底从教的40年中，到他的修辞学校来学习的有从古希腊各城邦来的青年。在教育目的、教育内容、教育活动的方式上，他继承了智者的传统。我国著名教育史学家曹孚先生曾这样指出："通过爱苏格拉底，再通过修辞学校，智者们的教育思想与实际活动影响了后代的欧洲。我们将要看到，爱苏格拉底的教育思想直接影响了罗马的雄辩家的教育思想，

---

① 叶秀山、傅乐安编：《西方著名哲学家评传》第1卷，435页，济南，山东人民出版社，1984。

并且在罗马的文法学校、修辞学校的内容与组织上，打上了他的烙印。"①

苏格拉底、柏拉图和亚里士多德师徒三人的哲学与教育思想，是古希腊政治、经济和文化教育发展的必然结果。在雅典领导下，古希腊各城邦取得希波战争的最后胜利。伯里克利时代的政治经济发展以及伯里克利个人对一切"深奥、高尚、优美事物"的真诚爱好②，他与域外文化人的友好交往，使雅典迅速地变成了全希腊的文化中心。毕达哥拉斯学派传人的来访，巴门尼德与芝诺师徒的访问，特别是阿那克萨哥拉长时间在雅典进行的哲学探究和讲学，普罗泰哥拉等智者的教育活动，为雅典第一代哲人苏格拉底的出现营造了适宜的环境，也为苏格拉底哲学的形成提供了丰富的思想资料。

应该说，苏格拉底、柏拉图和亚里士多德师徒三人进行哲学探究和教育实践的时代背景大体相同，都在古希腊"古典时代"后期希腊城邦制发生危机和走向衰落之时。亚里士多德创作的盛年已处在"希腊化时代"。由于他们生活的具体环境和个人经历不同，各自知识背景和研究范围有比较大的区别。他们的哲学与教育思想虽有承袭之处，但又自成体系。他们在西方哲学史和教育史上都是占有重要地位的人物，但对西方哲学与教育思想发展发挥的作用不大一样，发挥作用的时间也有所不同。

在哲学界，以苏格拉底划分前后古希腊哲学史的做法是被公认的。学者们一般认为，他在欧洲哲学史上所发挥的作用具有划时代的意义。这是因为：第一，他实现了哲学研究任务的转变，使哲学从研究自然和世界本原转向研究自我，即研究人本身，特别是人的思想和道德情操，把哲学研究从"天上"拉回到了"人间"。第二，他关于灵魂的学说进一步使精神和物质的分化明朗起来。第三，他注重寻求事物的普遍定义。第四，他提出"美德即知识"的伦

---

① 曹孚等编：《外国古代教育史》，65 页，北京，人民教育出版社，1981。

② ［英］赫·乔·韦尔斯：《世界史纲：生物和人类的简明史》，吴文藻等译，347 页，北京，人民出版社，1982。

理学命题。第五，他的辩证法强调以问答、谈话的方法探求知识。

　　苏格拉底的教育思想与他的哲学思想密不可分。基于"美德即知识"的哲学观点，他认为美德是可教的，教育的首要任务就是培养人的美德，教人"怎样做人"。他肯定了人的天赋有所不同，但他同时断定，无论人的天赋如何，都必须经过适当的教育，才能成为品德高尚和对社会有所贡献的人。基于"智德统一""知行同一"说，他注重发展智慧和主动求知精神的培养，致力于通过发展人的智慧来培养人的美德，以便改进城邦的事务和恢复雅典的繁荣。可以说，这是苏格拉底致力于哲学探究和献身于雅典公民教育的目的，也是他的教育思想的核心所在。而他提出的教学法，则是西方启发式教学的渊源。

　　如果说苏格拉底没有留下任何著作，他的哲学与教育思想都是借助他的学生柏拉图和色诺芬的著作中的追述与回忆来研究的话，那么，柏拉图的所有著作则都流传下来了，而且数量很大。柏拉图师承苏格拉底的学说，而苏格拉底的学说是对前苏格拉底哲学成就的初步综合。正如有的学者所指出的，柏拉图的哲学可以说是集希腊各派思想之大成。他的哲学源于毕达哥拉斯、巴门尼德、赫拉克利特和苏格拉底的学说，旁采同时代诸家思想，融会贯通，而构成他自己的体系。①

　　柏拉图的哲学最重要的部分是他的"理念"说。"理念"说实际上是苏格拉底提出的，由柏拉图加以发展。此外，柏拉图不仅对苏格拉底的"回忆"说有所发展，而且对苏格拉底的辩证法有所发展，并把它视为最高的学问，列为培养哲学家的最高课程。应该看到，柏拉图的教育思想是他的哲学思想的组成部分。师从苏格拉底后，柏拉图开始深入研究哲学。针对雅典社会的混乱无序以及从政者的道德堕落，他和苏格拉底一样，试图通过哲学的研究和教育来改变城邦领导人的思想和道德品质，以实现正义、和谐、完善的社会思想。正因为如此，柏拉图的《理想国》成了他阐述自己哲学、政治、伦理和教

----

① 叶秀山、傅乐安编：《西方著名哲学家评传》第 1 卷，529 页，济南，山东人民出版社，1984。

育思想的综合性著作。由于柏拉图认为改变城邦领导人的品质是建立理想国的关键，而合乎要求的领导者——哲学王是要通过教育来培养的，因此柏拉图对怎样的人才是哲学王以及对他们应该怎样培养和教育进行了系统的理论探讨，结果使《理想国》成了西方第一部具有里程碑意义的教育著作，奠定了西方国家重视教育和教育研究的根基。晚年，柏拉图在其所著的《法律篇》中更强调法治，并要求专设一名官员管理学校教育，还提出了对所有公民的孩子进行强迫教育的思想。无疑，柏拉图的《理想国》《法律篇》中的教育思想也是总结教育实践经验的结果。亚里士多德由于自己的特殊经历，而成为兼顾自然科学和文史研究的百科全书式的学者。他在柏拉图学园学习和工作达20年之久，对柏拉图的哲学思想十分了解，但他不是盲从，而是对柏拉图的"理念"说做了重要的修正。后来，亚里士多德于公元前335年在雅典创办吕克昂学园，从事研究和教学活动达13年。其研究的学科遍及哲学、美学、诗学、伦理学、文法、修辞学、逻辑学、天文、物理、生物、解剖学、心理学等领域，几乎包括了当时的一切知识门类。据说亚里士多德有教育著作，惜已失传，现在只能从他的哲学、政治学、伦理学等著作中窥见其教育思想的梗概。

基于广泛的科学知识和对古希腊教育实践经验的总结，亚里士多德提出了系统的教育理论。应该说，亚里士多德的教育思想是古希腊教育理论的最高成就。他讨论了教育与政治的关系；论述了自然"潜能"、环境因素和教育在人的发展中的作用(天性、习惯和理性)；提出灵魂由营养的灵魂、感觉的灵魂和理性的灵魂三部分组成的理论；主张教育要与人的自然发展相适应。他遵循儿童的年龄特点，把新生一代的教育分为三个时期(0~7岁，7~14岁，14~21岁)，与灵魂的三个组成部分相对应，阐述了对儿童实施体育、德育、智育、美育的具体见解，要求建立普遍的公立教育体制和制定教育法规。

"希腊化时代"的教育思想主要体现为创办专业学园并开展学校教育活动的办学者的教育思想，相对于此前各时代尤其是"古风时代"与"古典时代"的教育思想而言，并未表现出更多的创新性内容。

综上所述，古希腊哲学家可以说无人不进行教育活动，他们的教育思想是他们的哲学思想的有机组成部分。毕达哥拉斯提出了古希腊教育思想中的一系列基本问题，如教育目的与任务、崇尚理性、提倡爱智、知行关系、设置四门课程等。以后，德谟克利特、智者派、伊索克拉底都有丰富的教育思想；到古希腊三哲，教育思想日益体系化。从教育思想的系统化和理论化的水平来说，柏拉图的《理想国》的出现可以说是西方教育思想发展的第一个里程碑，但亚里士多德的教育思想才是古希腊教育思想的最高成就。恩格斯在谈到古希腊哲学时指出："这就是我们在哲学上以及在其他许多领域中不得不一再回到这个小民族的成就上来的原因之一，这个民族的无所不包的才能和活动使他们在人类发展史上享有任何其他民族都不能企求的地位。而另外一个原因就是在希腊哲学的多种多样的形式中，几乎可以发现以后的所有看法的胚胎、萌芽。"①无疑，这个评价同样适用于古希腊人在教育思想方面取得的成就。不过，我们也应该注意到，古希腊的哲学与教育思想毕竟是西方哲学与教育思想发展的起始阶段，虽然古希腊人富于自由探究精神，他们的思想崇尚理性，世俗性比较强，但由于当时科学的发展并不能为他们提供完全正确认识自然和社会问题的条件，他们不得不将造成自然与社会发展和保持和谐、秩序的原因与动力归结于神。毕达哥拉斯学派的思想中，就存在神秘主义思想。色诺芬尼作为爱利亚哲学学派的先驱，反对希腊神话的拟人性，指责荷马和赫西俄德"把人间认为是无耻丑恶的一切都加在神灵身上"。针对古希腊崇拜似人的众神的宗教思想，他提出了"一切是一"的思想，并称这个"一"就是神。他在《论自然》中写道，"有一个唯一的神，是神灵和人类中间最伟大的；他无论在形体上或思想上都不像凡人"；"神是全视、全知、全听的"；"神毫不费力地以他的心灵的思想力左右一切"；"神永远保持在同一个

---

① 《马克思恩格斯选集》第 3 卷，877 页，北京，人民出版社，2012。

地方，根本不动，一会儿在这里一会儿在那里动来动去对他是不相宜的"。①
他的"不动的一"的思想为爱利亚哲学学派的创始人巴门尼德继承。在柏拉图
的思想中，最高的理念"至善"也就是神；亚里士多德的思想中的第一推动者
也是神。罗素指出，柏拉图后期的作品《蒂迈欧篇》被西塞罗译成拉丁文，后
来成为西方中世纪唯一的一篇为人熟知的对话。无论是在中世纪还是在更早
一些的新柏拉图主义里，它都是一篇比他的其他作品具有更大影响的著作。②
柏拉图在这部对话作品中就赞美了至善的神，他的《法律篇》也包含了他的神
学观点和他对无神论者的攻击，并要求制定有关惩罚不敬神者的法律。③正因
如此，柏拉图的思想在罗马时代又被发展为新柏拉图主义，而柏拉图和新柏
拉图主义便成了基督教教父哲学的理论基础之一。亚里士多德的《物理学》和
《形而上学》第 12 卷就包含有第一推动者的理论，他还用善－目的去解释万物
的存在、生存和变化，这是古代人在无法科学地说明世界时不得不采取的办
法。他的这些思想后来被中世纪的经院哲学家和唯心论者利用。

第二节 古罗马文明与古罗马教育

在继承和吸纳古希腊文明与文化成果的基础上，古罗马文明与文化得以
形成，并对此后西方社会历史及文化发展产生了深远影响。古罗马的教育制
度与教育思想也在很大程度上吸收了古希腊教育的成果与传统，并加以创新，
以适应古罗马不同时期政治、经济与文化发展的需求。

---

① 北京大学哲学系外国哲学史教研室编译：《古希腊罗马哲学》，46~47 页，北京，商务印书馆，1982。
② ［英］罗素：《西方哲学史》上卷，何兆武、李约瑟译，189 页，北京，商务印书馆，1963。
③ 北京大学哲学系外国哲学史教研室编译：《古希腊罗马哲学》，211~220 页，北京，商务印书馆，1982。

古罗马的历史分为三个时期：王政时期(公元前 753—前 509 年)、共和时期(公元前 509—前 30 年)和帝国时期(公元前 30—476 年)。

最早的罗马城大约出现于公元前 1000 年前后，从罗马城出现到共和国建立，先后经历"七王"的统治，是为罗马历史上的王政时期。王为最高军事首领、最高祭司和最高审判官，管理机构主要由王、长老议事会和库利亚会议构成。王政时期是罗马由原始社会向奴隶社会过渡与转型的时期，关于其教育发展情况，因缺乏可靠史料而知之有限。

古罗马共和时期又分为共和早期(公元前 509—前 367 年)、共和中期(公元前 367—约前 150 年)和共和晚期(约公元前 150—前 30 年)三个历史时期。

古罗马共和早期：公元前 451—前 450 年，罗马制定了第一部成文法，即《十二铜表法》。此后，又颁布了多部法案，划清了自由民和奴隶的界限，开辟了罗马奴隶主不再奴役本国公民，而是奴役外籍奴隶的道路。此时，古罗马奴隶制还处于低级阶段：居民主要从事农业和畜牧业，手工业和商业还不发达；奉行父权至上，父权制构成家庭的基础，父亲对子女掌握着绝对的支配权。罗马教育基本上是农民−军人教育，教育形式主要为家庭教育。共和时期，罗马家庭教育的内容、方法和形式等带有父权制的烙印。儿童 7 岁前主要由母亲负责，而不是交由奴隶抚养。儿童满 7 岁后，女童的教育继续由母亲承担，男童教育权则转交父亲。父亲对男童所实施的家庭教育内容包括：农业教育，主要传授农事耕作知识、经验以及相关技能；军事教育，涉及投掷长矛、骑马、击剑、游泳、披甲作战等技能训练；文化知识教育，包括阅读、书写和计算等基础知识的学习，同时还重视对男童进行语言和演说才能的培养；道德教育，着重培养男童具备坚韧勇敢、勤劳质朴、服从效忠等品质。虽然拉丁文在王政时期已经使用，但文化学习在罗马的教育中所占比重一直很小。

古罗马共和中期：从公元前 3 世纪中叶至公元前 2 世纪中叶，古罗马大力向外扩张，打败了海上强国迦太基，彻底消灭了马其顿的势力，镇压了希腊人的反罗马运动，把地中海周围的几乎全部国家和地区都纳入自己的势力范围。古罗马由此开始吸取比自己先进的希腊文化，并在保存和发展其本身文化传统的基础上创造了一种新的文化，即拉丁文化。共和中期，政治、经济的发展对罗马公民的文化素质提出了更高的要求。在先进的希腊文化的影响下，罗马教育也表现出新的特点。教仆在共和中期罗马贵族的家庭教育实践中发挥了重要作用，儿童六七岁时即被置于教仆的监管之下，教仆担负着护送儿童上学、辅导儿童功课、解答儿童学习疑难问题和监督儿童举止等职责。

古罗马共和晚期： 文化教育的重要特点表现为罗马的优良传统和希腊的影响并存，一切文学作品都具有双重性，文字是拉丁文和希腊文并用，文化人物也来自罗马和希腊两个方面。正因如此，这一时期也是古罗马文明发展最重要的时期。就教育发展而言，古罗马在这一时期形成了包括初级学校、文法学校和修辞学校在内的三级学校教育体系的雏形。古罗马初级学校多为私人设立，一般招收 7~12 岁儿童，主要为平民家庭子弟，学习内容主要是阅读、写作和计算，还要学习道德格言和《十二铜表法》。一部分贵族不送子女入学，而是聘请家庭教师在家中教育子女。具有中等教育性质的文法学校最初多为希腊人主持的希腊文法学校，教授希腊语和希腊文学。随着拉丁文学的发展，到公元前 1 世纪前后，古罗马出现了拉丁文法学校，此后得到了迅速发展。完成初级学校教育的 12 岁儿童可进入文法学校学习，主要学习希腊文文法、拉丁文文法、希腊文学和拉丁文学，侧重对规范语言的理论研究和对古典诗歌的释读。具有高等教育性质的修辞学校最初仿照伊索克拉底的修辞学校而创办。开始也只有希腊语修辞学校，教学用希腊语，主要课程是学习希腊作家的作品，教师也大多是来自希腊化地区和希腊本土的修辞学家。到公元前 1 世纪中叶，才建立了拉丁语修辞学校，使用拉丁语进行教学，学习拉丁作家的作品。修辞学校除教授文法和修辞学外，还设有辩证法、历史、法律、数学、天文学、几何学、伦理学和音乐等课程。可见，这一时期的罗马教育对古罗马人掌握希腊文化教育成果、发展罗马文明起了非常重要的作用。当然，古罗马的这种中高等教育特别是高等教育只是以统治阶级（元老与骑士）的子弟为对象，平民是无缘希腊文化的，更不必提奴隶了。

尽管古罗马的初级学校、文法学校与修辞学校之间界限并不明晰，各自的教学内容之间也存在交叉，但这种三级学校教育体系代表了古罗马学校教育实践发展的主要成就。这一体系在古罗马帝国时期得到进一步的发展，最终完善起来。

由此可见，古罗马文明是在保持古罗马文化的特点的基础上，通过学习、吸收和融合古希腊文化发展起来的。古罗马哲学是古希腊哲学的继续。古罗马哲学家卢克莱修（T. Lucretius，约前99—前55）以其毕生的精力撰写成著名的《物性论》，系统地论证和发挥了德谟克利特的原子论，试图用这一学说去说明自然现象和社会现象。其他哲学家则以各种形式发挥毕达哥拉斯派、柏拉图派、斯多葛派、怀疑派的思想，缺乏独创性。但是，古罗马在文学和史学方面相当繁荣，涌现了许多后来对欧洲文化教育发展产生了重要影响的文学家和史学家。由于古罗马的文化教育发展历程的上述特点与影响，西方的著作通常把希腊文明与罗马文明并称为希腊罗马文明。

古罗马帝国时期：随着古罗马步入帝国阶段，由于政体的变化，教育也发生了相应的变化。罗马帝国推行严格的"罗马化"教育政策，拉丁文化在学校教育中逐渐占据了统治地位。帝国政府对教育发展实施严格的控制与管理，设立国家教师职位，提升教师的社会地位，重视发挥教师在教育中的作用。创设"青年学院"，着重培养青年掌握作战技能和上流社会的交往方式，有能力参与体育活动。每个城市还设立由政府资助、管理和监督的公立学校，注重对教师的聘任和考核，强调选择最好的修辞学和文法教师为青年提供优质的教育。私立学校也获得相应发展，它们常为争取生源而展开激烈竞争。425年设立的君士坦丁堡大学开展希腊文法、拉丁文法、希腊修辞学、拉丁修辞学、哲学和法学等多学科的专业教育，为保存与延续东西方古典文化、推进东西方文化交流作出了重要贡献。法学与医学专业教育获得持续发展。《十二铜表法》的学习成为儿童教育的基础，私塾法律教育、私人法律学校教育、公立法律学校教育共同促进了法律教育的兴盛。3世纪设立的医学学校标志着罗马医学教育的开端，医学学校提供解剖、外科、药物课程的教学和临床教学。罗马帝国后期，公共医学教育机构出现。医学教育摆脱传统的作坊式的"师傅–学徒"模式，步入专业医学教育的"教师–学生"模式。古罗马帝国时期系统的医学教育的发展提升了医学教育的规范性和科学性，为中世纪大学医学学科的出现奠定了必要的基础。

不过，古罗马帝国时期高等教育虽然有所发展，并保留了文法和修辞学教育的传统，但学习内容越来越脱离实际，趋向形式主义。特别值得注意的是，作为世俗文化对立面的基督教开始得到传播，并逐渐由弱小变强大，最后在4世纪末被定为罗马帝国的国教，以致出现了基督教文化教育。

以上情况说明，公元前3世纪至前1世纪是罗马学习借鉴希腊教育的重要时期。罗马人不仅选择进入当地由希腊人主办的文法学校与修辞学校学习希腊文化，还去雅典学习高深的学问。正如西塞罗（Marcus Tullius Cicero，前106—前43）所言："希腊文化'像潮水一般涌入罗马'。"①希腊文化的影响曾受到一些罗马人的抵制，他们认为罗马的传统美德是罗马取得成功的根本原因，而希腊文化、教育和生活方式的引入严重地损害了罗马人的生活与道德规范，破坏了罗马的文化和传统。公元前161年，元老院甚至通过了不允许希腊哲学家在罗马居留的法令，宣称禁止希腊化教育。但由于当时向希腊文化教育学习是不可阻挡的潮流，保守派的反对和元老院的禁令并未能扭转希

---

① 曹孚等编：《外国古代教育史》，74页，北京，人民教育出版社，1981。

腊文化教育对罗马的影响。"为了巩固罗马的传统，古罗马的统治者也规定在其统辖的范围内，仍以拉丁语作为官方语言，并先后推动建立拉丁文法学校和雄辩术学校，以便在引进和吸收古希腊文化教育中有用的东西的同时，又能保持和发展自己的文化传统。"①希腊文化教育的引进及其与罗马文化教育传统的冲突，引发了人们对罗马教育问题的思考，导致罗马教育思想的产生。随着罗马教育实践的发展，罗马教育思想逐渐形成与发展起来。除西塞罗外，罗马教育思想主要的代表人物还有昆体良（Marcus Fabius Quntilianus，约35—约95）、塞涅卡（Lucius Annaeus Seneca，约前4—65）和普鲁塔克（Plutachos，约46—120）。其中，西塞罗与昆体良的影响最为显著。

西塞罗生活在古罗马共和晚期。这时候，罗马教育的培养目标已从培养农夫-军人转向培养雄辩家-政治活动家。西塞罗本人就是一位杰出的雄辩家，所著《论雄辩家》一书集中反映了他的教育思想，这标志着罗马教育思想的形成。在《论雄辩家》一书中，西塞罗论述了一个雄辩家所必须拥有的学问和品格。他强调指出，雄辩家的本质特点是善于雄辩。要成为一个名副其实的雄辩家，就必须具有广博的学识、修辞学修养、优雅的举止和风度。西塞罗对希腊文化教育采取折中调和的态度。"他说：'我们要向罗马学习道德，向希腊学习文化'。他基本上接受希腊化，但要求保存罗马的道德传统。"②因此，他认为在雄辩家-政治活动家的培养中，罗马文化教育传统和希腊文化教育的作用是并行不悖的。

昆体良是古罗马帝国前期最有成就的教育家。70年，他受命主持一所国立拉丁文修辞学校，历时20年之久。他所写的《雄辩术原理》一书，既是自己长期教育工作实践经验的总结，又是古希腊、古罗马教育经验的概括与综合。

---

① 吴式颖、李明德主编：《外国教育史教程（第三版）》，65页，北京，人民教育出版社，2015。

② 曹孚等编：《外国古代教育史》，83页，北京，人民教育出版社，1981。

在教育与天赋的关系上，他高度评价了教育在人的发展中的巨大作用；在雄辩家的教育上，他更强调德行的培养；在学校教育与家庭教育的比较上，他主张学校教育优于家庭教育；在教学理论上，他强调专业知识教学应以普通知识学习为基础；在教师问题上，他提出教师应德才兼备，对学生宽严相济，通晓教学艺术。与古罗马其他教育家相比，昆体良的教育思想无疑更加全面、丰富。

西塞罗的教育思想对拉丁文化的发展产生了很大的影响。他优美的散文及其教育思想和昆体良的教育思想，对西欧文艺复兴运动的开展起了很大的推动作用。

塞涅卡是古罗马的哲学家、政治家和悲剧作家。他的教育思想集中在德育方面。文艺复兴时期的人文主义教育家伊拉斯谟曾将塞涅卡伦理学著作中的一些道德箴言编辑成册，于1614年出了第一个英文版。

普鲁塔克是古罗马帝国时期的传记作家、伦理学家和教育家。他曾在罗马讲授哲学，并在家乡开办了一所学校，担任多门学科的讲授工作，以哲学和伦理学为主。此外，他曾担任过许多要职。普鲁塔克是古罗马多产作家之一，但他流传下来作品的只有由后人编成的两部著作，一部是《希腊罗马名人传》，另一部是《道德论丛》。《道德论丛》一书涉及教育、哲学、伦理、宗教、政治、科学、文艺等广泛内容，并有儿童教育的专论。《希腊罗马名人传》也是一部融历史、文学、教育和人生哲理为一体的巨著。

本丛书第二卷《古希腊、古罗马的教育》集中探讨了古希腊和古罗马的教育，这是国内外研究较多、研究成果也较为丰富的课题。本丛书的特点是将古希腊和古罗马的教育的发展置于人类教育发展的整个历程中进行研究，探讨古希腊和古罗马的教育发生发展的历史进程与演进机制。在研究古希腊教育时，既关注到它与古代东方文明与教育的联系，又说明了古希腊文明与教育的特点，对古希腊诗人和哲学家在人类教育实践与教育思想发展中作出的贡献及其影响做了比较深入细致的论述与评价。在研究古罗马教育时，既说明了古罗马对古希腊文化教育的继承，也说明了古罗马教育的创新性发展特点。古罗马教育家西塞罗和昆体良的教育思想，对文艺复兴时期人文主义思想家以及近代教育家夸美纽斯的教育思想都产生了不同程度的深刻影响。第二卷具体内容包括：古希腊教育的萌芽与形成；古希腊教育的发展与定型；古希腊教育的传播、衰落与转型，古希腊的高等教育；古希腊教育思想的萌芽与形成；柏拉图的教育思想；亚里士多德的教育思想；古罗马教育变迁的社会文化基础；古罗马共和时期教育的发展；古罗马帝国时期教育的发展；古罗马教育家的教育思想；昆体良的教育思想。"结语"部分对古希腊与古罗马的教育发展成就及各自特点做了简要总结。

第四章

中古时期的教育

中世纪早期(5—10世纪)，欧洲基督教教育得到发展。修道院承担了教会教育职能，教士成为主要的施教者，重视通过实施家庭教育培养儿童养成虔诚的宗教信仰和道德品格。初等教义学校、高等教义学校(亦称"教理学校")、主教学校和堂区学校等得到不同程度的发展。欧洲的世俗教育也获得一定程度的发展。

中世纪晚期(11—13世纪)，西欧自治性城市发展、社会阶层分化、行会组织兴盛以及"十字军东侵"所导致的东西方文化交流等为西欧文化教育的发展创造了条件。中世纪大学、城市学校以及各类行会教育的发展，一定程度上打破了基督教教会对学校教育的垄断，教育的世俗化色彩较前有明显增强。

基督教教会教育的发展主要表现为以圣方济各会和多明我会为代表的基督教教会教育和经院哲学的发展。其中，唯实论与唯名论的争论进一步提升人们的逻辑思维和理性水平，并对教会学校、世俗学校的教育内容和教学方式产生了直接影响。作为一种特殊的家庭教育形式，骑士教育也获得了显著发展。

中古时期拜占庭帝国基督教会文化教育体系与世俗文化教育体系长期并存，且互相渗透。法学教育兴盛，修道院学校和君士坦丁堡大主教学校注重开展神学和"七项自由艺术"教育。拜占庭的文化教育为保存和传播古希腊、古罗马文化与文明作出了重要贡献，对西欧经济和文化教育的发展发挥了推动作用。

中古时期早期伊斯兰国家实施开明的文化与教育政策，尊师重教，崇尚学问，以清真寺及其附设的麦克台卜或昆它布作为实施初等教育的机构，开办大学以讲授高深学问，创建图书馆以收集图书和开展翻译和研究工作，创设宫廷学校和举办文化沙龙，传授宗教知识和世俗知识。

中古时期波斯教育历经萨珊王朝、早期伊斯兰国家统治、萨法尔王朝和萨曼王朝等阶段的发展，教育发展的阶段性和等级性色彩突出，教育机构类型多样化，重视儿童对伊斯兰教经典《古兰经》的学习。

中古时期基辅罗斯和莫斯科公国教育的主要形式为家庭教育和学校教育，重视阅读、书写、基督教教义和算术的教学，为俄罗斯民族文化的成型奠定了基础。

中古时期古印度教育注重适应和满足社会政治、经济、文化和宗教发展的需要，其间婆罗门教、佛教和印度教教育获得不同程度的发展，并形成了各自的教育主张和教育思想。

中古时期日本教育发展表现出鲜明的阶段性特征，教育规模较小，初等学校数量有限，教育质量较为低下。"学在官府"的教育状况被打破，寺院各类教育活动开始向更多的民众开放。

中古时期撒哈拉以南非洲的教育重视为年青人未来的成人生活做准备，在传授文化知识的同时，注重开展社会标准和规范行为教育。

中古时期拉丁美洲的印第安人创造了灿烂的玛雅文明、阿兹特克文明和印加文明，学校教育、家庭教育和社会教育均实现不同程度的发展，为世界文明和教育发展作出了自己的贡献。

第一节 中世纪早期(5—10世纪)欧洲的宗教教育与世俗教育

395年,统一的罗马帝国分裂为东罗马帝国和西罗马帝国,前者以君士坦丁堡为首都,后者以罗马为首都。476年,西罗马帝国灭亡,标志着西欧古代社会的终结和中世纪的开启。经过6个世纪的演变,西欧社会终于建成了成熟的封建制度。

中世纪,基督教会在西欧成了经济上、政治上和意识形态上的支配势力,成为最有势力的封建领主。该时期的教育也受基督教会控制,渗透着基督教神学精神。恩格斯在《德国农民战争》中指出:"中世纪完全是从野蛮状态发展而来的。它把古代文明、古代哲学、政治和法学一扫而光,以便一切都从头做起。它从没落的古代世界接受的唯一事物就是基督教和一些残破不全而且丧失文明的城市。其结果正如一切原始发展阶段的情形一样,僧侣获得了知识教育的垄断地位,因而教育本身也渗透了神学的性质。"[①]

基督教产生于1世纪,是作为犹太教的一个下层支派兴起的。相传基督教的创始人是拿撒勒人耶稣(Jesus Christ)。对于历史上是否真有耶稣其人,学者们长期争论不休。不过,无论如何,四福音书中所记述的耶稣以其行事、人品和所宣讲的教义,对全世界产生了巨大的影响。

据传,耶稣生于公元前7—前4年,30岁时受施洗约翰的洗礼,真切地感到自己是"上帝的爱子",到世上来负有一种特殊的使命,主张信徒之间彼此相爱,一切人都是兄弟。在耶稣看来,"爱"是"律法和先知一切道理的总纲"。他的说教给苦难中的下层民众送去精神的慰藉和虚幻的希望,因此基督教在穷苦大众中迅速流传。随着基督教影响的扩大,一些富人、社会中上层人员和知识分子也纷纷加入基督教,使基督教徒的社会成分发生了变化。

---

① 《马克思恩格斯文集》第2卷,235页,北京,人民出版社,2009。

随着入教者社会成分的改变，一些教会组织逐渐拥有较多的财富。120—220 年，教会活动家中出现了一些护教士，他们已不是对迫害提出抗议和谴责，而是向罗马皇帝和知识界申诉，说明基督教的信仰内容和制度习俗的合理和无害，力图消除反教者的误解，博取宽容和同情。君士坦丁大帝则认识到基督教是一种可以用来巩固帝国统治的力量，313 年颁发的《米兰敕令》使基督教取得了合法地位。392 年，狄奥多西一世(Theodosius Ⅰ)正式宣布基督教为国教。随着基督教的发展，培养信徒的初级教义学校和为年轻基督教学者提供研讨宗教理论基地的高级教义学校产生了。作为欧洲典型教会教育机构的修道院(也称隐修院)，也于 4 世纪早期在埃及由安东尼(Antony)和帕科米乌 (Pachomius)等人首先创办。圣克雷芒(St. Clement of Alexandria)、奥里根(Origen，又译奥利金)、德尔图良(Tertullian)、圣哲罗姆(St. Jerome)和奥勒留·奥古斯丁(Aurelius Augustinus)等神学家的宗教哲学与教育思想，正是东方的宗教思想与神话传说和古希腊、古罗马哲学(主要是毕达哥拉斯主义、柏拉图主义和新柏拉图主义、斯多葛主义和新斯多葛主义等)交融的结果。圣克雷芒和奥里根是 2—3 世纪重要的基督教护教士。180 年前后，圣克雷芒任亚历山大里亚教理学校(高级教义学校)的校长，培养了一批教会领袖和神学家。①奥里根是圣克雷芒的学生，后继任亚历山大里亚教理学校的校长。他们都致力于运用希腊哲学论证基督教的教义，属于亚历山大学派，为希腊教父的代表人物。德尔图良和圣哲罗姆为拉丁教父的代表人物。德尔图良受过良好的希腊和拉丁文化教育，皈依基督教后则对希腊哲学持批判的态度。他是第一个以拉丁文写作的教会作家、第一位拉丁教父，在使拉丁语成为教会语言和西方基督教的传播工具方面作出了贡献，著有《护教篇》《论灵魂》《论洗

---

① 中国大百科全书出版社《简明不列颠百科全书》编辑部译编：《简明不列颠百科全书》第 4 卷，758 页，北京，中国大百科全书出版社，1985。

礼》等。① 圣哲罗姆是早期西方基督教会中学识最渊博的教父，他将希伯来文《旧约》、希腊文《新约》译成拉丁文，此译本后称通俗拉丁文本，对中世纪初期学界影响至大。②圣哲罗姆曾任教皇达马苏斯（Damasus）的秘书，考证《圣经》，宣传禁欲，还著有《致莱塔的信——论女子教育》。奥勒留·奥古斯丁是罗马帝国后期最重要的基督教思想家和教育家，他是"对后代欧洲的教育影响最大的基督教教父……曾经受过很高深的希腊-罗马教育；在皈依基督教之前，担任过修辞学教授"③。387 年加入基督教后，他曾任希波教区的主教（396—430 年在任），其间著书立说，主要著作有《忏悔录》《上帝之城》《论三位一体》等。奥勒留·奥古斯丁在其著作中运用柏拉图主义者、新柏拉图主义者的哲学思想论证基督教的教义，为基督教构建了一套比较完善的宗教哲学体系，并提出了比较系统的教会教育思想。可见，西欧中世纪早期的精神文明以及教育实践与教育思想是在罗马帝国时期孕育成长起来的。

西欧诸国的形成过程是与这些国家社会生活的封建化过程相伴随的。8 世纪末 9 世纪初，法兰克王国的封建制度已基本确立。在查理曼统治时期，封建采邑制得到了发展。与此同时，西欧诸国的统治者在巩固自己势力和扩张领土时也依靠罗马教会的支持。这时候，教会已模仿世俗封建主的等级制度建立了教阶制度。在罗马教皇之下设大主教、主教和神父，分别管理大小不等的地区的宗教事务。特别是在 8 世纪拜占庭帝国的势力被削弱后，罗马教皇的职位转入法兰克人手中，教皇同法兰克人缔结了盟约。教皇利奥三世（St. Leo Ⅲ）为查理曼加冕，作出了"君权神授"的示范。

西欧中世纪早期，罗马帝国时期的世俗教育机构已不复存在，古希腊与

---

① 中国大百科全书出版社《简明不列颠百科全书》编辑部译编：《简明不列颠百科全书》第 2 卷，484~485 页，北京，中国大百科全书出版社，1985。

② 中国大百科全书出版社《简明不列颠百科全书》编辑部译编：《简明不列颠百科全书》第 9 卷，388 页，北京，中国大百科全书出版社，1986。

③ 曹孚等编：《外国古代教育史》，88 页，北京，人民教育出版社，1981。

古罗马时期的文化财富几乎丧失殆尽，西欧教育经历了大破坏与大倒退，残存的一切都被用来服务于宗教神学，基督教教育得到发展，教士成为主要的施教者。基督教继承了以色列人重视儿童教育的传统，尤其重视家庭教育。虔诚的父母格外重视在家庭中对儿童实施宗教教学，注重用好的榜样塑造孩子的品格，引导儿童遵循社会准则和行为规范。

为满足基督教教义传播和教会发展的需要，2世纪中期，在埃及的亚历山大里亚创设了最早的初等教义学校。在初等教义学校，新皈依基督教的信徒接受初步考察、听众、选民、洗礼四个阶段的宗教训练，直至成为合格的基督徒。

教理学校则为适应吸收异教文化以改造基督教、满足提升基督教神学体系的理论性的需要而设。教理学校的教学分为高级学科教学和基础学科教学，高级学科一般由校长以讲座方式向公众讲授，基础学科则由助手讲授。教理学校课程种类多样，主要开设逻辑学、物理学、几何学、天文学、伦理学、哲学等。

实施基督教教育的其他类型的学校还包括主教学校(或称座堂学校)和堂区学校。381年，君士坦丁堡公教会议要求在城镇和乡村建立学校，为儿童提供免费教育。529年，维森公教会牧师训练法的实施则直接促成了主教学校的诞生，主教所在地成为一个为幼儿、青年、准备出任牧师的年轻人提供必要的宗教与文化教育的场所。

中世纪早期典型的教会教育机构是修道院。从4世纪开始，伴随着基督教修道主义文化的兴盛和隐修士的出现，修道院得以诞生。314年，埃及尼罗河畔建立了第一所修道院，此后修道院在欧洲各地得到设立。修士们在修道院遵循统一的院规和修道制度。这一时期著名的教会教育活动家有圣本尼狄克(St. Benedict of Nursia)、卡西奥多鲁斯(Cassiodorus)、莫鲁斯(Rabanus Maurus，又译赫拉班，为 Hrabanus Magnentius 之音译)、阿尔琴(Alcuin)等。

其中，圣本尼狄克被认为是西方修道制的鼻祖，他创办了西欧最早的修道院，并制定了修道院"管理条例"，成为后来修道院的示范。阿尔琴是英格兰的著名教士，782 年，他受查理曼邀请来到法兰克宫廷，主持宫廷学校 14 年，使它成了当时西欧最著名的宫廷学校。

值得注意的是，查理曼不但邀请著名学者来宫廷学校讲学，而且要求收集、研究和讲授罗马帝国遗留下来的文化典籍。他还专门发布"教育敕令"，要求在全国各地建立修道院和学校，发展文化教育。一个多世纪后，英格兰西南部威塞克斯王朝的国王阿尔弗烈德(Alfred，the Great of Wessex)也开展了有效的文化教育活动。[1]

第二节　拜占庭帝国的文明与教育

拜占庭最早是公元前 7 世纪希腊城邦墨伽拉的移民建立的城市。君士坦丁大帝将罗马帝国的发展重心东移时，便改建此城为君士坦丁堡，后成为东罗马帝国的首都。因此，东罗马帝国又被称为拜占庭帝国。

拜占庭奴隶制的崩溃和封建制的形成经历了一个缓慢的过程。这里存在比较强大而统一的中央世俗政权，具有从古代继承下来的比较繁荣的城市和比较发达的城市手工业，国内外贸易十分活跃。由于这些原因，拜占庭的教会始终从属于世俗政权。君士坦丁大帝确立了政教合一的政治体制，皇帝既掌握着世俗社会的最高权力，也是基督教的精神领袖，基督教为官方宗教。拜占庭帝国的文化发展表现出融贯东西、崇尚古典、世俗主导的特点。所有这些对它的教育发展产生了明显的影响：始终保存着古希腊和古罗马时代积

---

① 中国大百科全书出版社《简明不列颠百科全书》编辑部译编：《简明不列颠百科全书》第 1 卷，35 页，北京，中国大百科全书出版社，1985。

累的文化科学知识；教会的文化教育体系与世俗的文化教育体系长期并存，互相渗透。此外，希腊语是教学的通用语言。

就教育制度与学校教育体系而言，拜占庭世俗教育的基础是古希腊、"希腊化时代"和古罗马的科学文化成就以及古罗马时期的教育设施。帝国初期，雅典大学、亚历山大里亚的医学学校和哲学学校、贝鲁特的法律学校以及其他一些城市的修辞学校都继续存在，并享有很高的声誉。425 年，首都办起了君士坦丁堡大学。7 世纪中叶，阿拉伯帝国兴起，相继占领了叙利亚、巴勒斯坦和埃及，使拜占庭的世俗教育遭到削弱。不过，法律教育在拜占庭一直受到重视，这与查士丁尼一世发扬古罗马重视立法和法律教育的传统有关。528—565 年，在查士丁尼一世的组织与推动下，《民法大全》编纂完成。他把推广法律知识看作巩固自己统治的手段。君士坦丁堡大学设有法律讲座，国家还在君士坦丁堡设立了专门的法律学校。私人讲学在拜占庭的世俗教育体系中也占有重要的地位，在各省城尤其是希腊古城中，私人讲学之风特别流行。初级学校多为私立学校，教授《荷马史诗》《圣诗集》等。有的学者还传授比较高深的文化科学知识。

东、西罗马帝国分立后，基督教逐渐分化为以希腊语地区为中心的东派和以拉丁语地区为中心的西派，西罗马帝国的灭亡加速了这种分化。1054 年，东、西两派正式分裂，以君士坦丁堡为中心的大部分东派教会自称为"正教"，意即保有正统教义的正宗教会。在宗教仪式中，他们以使用希腊语为主，故又被称为希腊正教，但也允许使用地方民族语言。

拜占庭教会比西罗马教会更早关心学校教育问题，也比西罗马教会更早提出由教士承担教师职责的问题。除了为世俗儿童开办的受教士指导的具有中等教育性质的学校外，7 世纪后，拜占庭的修道院学校实现较快发展，主教学校也有所发展。这些学校的主要学科虽是神学，但也注意向未来的神学家传授某些文化基础知识和古代哲学知识。君士坦丁堡大主教学校是拜占庭最高等级的主教学校，是当时的神学思想中心，有权解释教会的政策与教义。学生们在这里不但学习"七艺"和科学，而且研究古希腊、古罗马哲学家的著作，以便日后能够更好地按照教会的需要阐述"科学原理"，并批驳异教主张。

在教育思想方面，巴西勒（St. Basil）坚持神学教育为整个教育的王冠，《圣经》是全部教育的核心，强调阅读、读经、祷告和工作应成为每位修道士每天的功课。克里索斯托（Chrysostom）重视培养儿童的道德品质，专门撰文探讨基督教徒子女的家庭教育问题。巴西勒和克里索斯托的教育观念全面体现了拜占庭早期基督教会的教育主张，对拜占庭的教育实践产生了持续的影响。

利奥（Leo）是拜占庭著名哲学家、数学家和教育活动家，曾设立学校招生纳徒，传播古典知识。由于他学识渊博，学校吸引了一大批学生，声名远播阿拉伯帝国。阿拔斯王朝的哈里发曾致函拜占庭皇帝，商请允许利奥到巴格达讲学。9世纪中期，利奥被任命为君士坦丁堡大学校长，使学校重新成为拜占庭学习和研究古典文化的中心。利奥认为世俗教育的主要任务是向人们传授古典知识，强调学习原著。利奥还鼓励学生学习一些实用科学知识，他本人就为拜占庭皇室设计、制造了许多机械器具。拜占庭知名的教育活动家还有弗提乌斯（Photius）、普塞洛斯（Psellos）和希菲林那斯（Xiphilinus）。弗提乌斯曾师从利奥，他在担任君士坦丁堡教区牧首期间强调按照希腊哲学观点和方法来论证神学，把希腊文化作为基督教教义、礼仪、习俗等方面的基础。他也曾担任宫廷教师，应聘到君士坦丁堡大学讲学，并曾在家中私设学校。他还编写了《典籍广览》，体现出对古典知识纯正性的维护。普塞洛斯曾长期从事私人教师工作。1045年，拜占庭重组君士坦丁堡大学，普塞洛斯受聘担任哲学院院长。他将学习分为基础的、语法的和哲学的三个等级，认为哲学是最高级的学问，同时重视基础学问，要求入哲学院学习的人必须先接受基础教育。在古希腊哲学家中，他最推崇的是柏拉图，认为应将柏拉图的著作视为学习古典知识的最基本的著作。普塞洛斯所著《逻辑学》传入西欧后很受欢迎。希菲林那斯与普塞洛斯是同时代人，且是他的同窗好友，尊崇亚里士多德。在重组君士坦丁堡大学时，希菲林那斯被聘任为法学院院长。他注重法学实用知识的传授，要求学生修业期满后必须进行司法实习，同时强调基础知识的学习，特别要求掌握拉丁语。

11世纪前，拜占庭的文化教育水平不但远远高于东欧各国，而且高于同时代的西欧，对保存和传播古希腊、古罗马文明作出了重要贡献。拜占庭帝国及其文明的存在对西欧经济和文化教育的发展也起过极大的推动作用。由于地理位置邻近，意大利与拜占庭一直保持着经济和文化联系。前来君士坦丁堡学习的意大利青年在这里接触到古希腊、古罗马的文化遗产，逐渐孕育出意大利的人文主义者。拜占庭学者与意大利的人文主义者的交往早在拜占庭帝国后期就开始了。拜占庭帝国灭亡后，拜占庭学者更是成批地移居意大利，担任希腊文教员或从事希腊作家著作的注释工作，为意大利的人文主义者接受古典文化提供了便利条件，促进了西欧文艺复兴运动的兴起。

拜占庭文明对保加利亚、塞尔维亚和基辅罗斯的影响更大。9世纪时，拜占庭的宗教活动家西里尔(Cyril)和美多德(Methodius)以希腊字母为基础，结合斯拉夫语言的发音，创造了一套斯拉夫字母，并把《圣经》等书籍译成斯拉夫文。这套字母成为现代斯拉夫语系字母的雏形。865年，保加利亚大公接受东派教会的洗礼，皈依基督教，促进了保加利亚的封建化进程。基辅罗斯与拜占庭的联系从9世纪开始加强，其统治阶级中已有许多人接受基督教。988年，基辅罗斯大公将基督教确定为国教，更加密切了与拜占庭的文化联系。随着基督教的传播，西里尔和美多德创造的斯拉夫字母也传入基辅罗斯，遂成为俄文形成和发展的基础。与此同时，基辅及其他城市建立教堂，并开始设立学校。

拜占庭文明对阿拉伯文化教育的发展也有较大的影响。7世纪中叶，阿拉伯战胜波斯和拜占庭，一部分古希腊典籍由波斯传入阿拉伯。拜占庭的一些文化教育中心落入阿拉伯帝国之手，为阿拉伯人吸收古希腊、古罗马的文化教育成果提供了文献资料以及现成的教师和翻译力量。

第三节　早期伊斯兰国家的教育

阿拉伯半岛是阿拉伯人的发祥地，也是伊斯兰教的摇篮。6 世纪末 7 世纪初，阿拉伯氏族社会开始瓦解，农牧业生产得到发展。但是，社会的分化和部落之间的战争不断，造成了社会的动荡。同时，由于阿拉伯半岛处于拜占庭帝国和波斯帝国之间，双方为控制阿拉伯的商道而进行战争，阿拉伯人深受其害。各种因素加速了阿拉伯人向文明社会的转化，伊斯兰教便适应阿拉伯人历史发展的需要而诞生。

伊斯兰教是由穆罕默德(Muhammad)在麦加创立的一神教。穆罕默德因复杂的生活经历而见多识广，并对阿拉伯人的社会需要进行了深入思考。613 年左右，穆罕默德开始在麦加公开传教。620 年，他将传教的对象转向麦加以外的各个部落。622 年，穆罕默德和部分麦加的信徒前往麦地那。这一事件是阿拉伯历史发展的一个重要转折点，它对伊斯兰教的胜利和阿拉伯统一国家的形成具有决定意义。穆罕默德在各种不同的情况下口授了"安拉的启示"，由其弟子记录下来，在其去世后经其好友及事业的继承者——阿拉伯国家的首任哈里发艾卜·伯克尔收集、整理而汇编成册，这就是伊斯兰教的首部《古兰经》。奥斯曼(Uthman Ibn Affan)在位时期，规定了《古兰经》的标准本。

《古兰经》对伊斯兰教的兴起、传播和发展起着不容取代的指导作用，同时对阿拉伯世界的历史、文化、哲学以及社会生活的诸多方面都产生了极其深刻的影响。伊斯兰教的教育也是和《古兰经》的传播密不可分的，《古兰经》体现了伊斯兰教的文化教育政策思想。阿拉伯文明是随着伊斯兰教的诞生和阿拉伯帝国的形成而发展起来的。阿拉伯国家政权初建时，其社会发展水平远远低于它即将征服的各个国家和地区，在文化教育上几乎是空白。400 年间，阿拉伯人在数学、天文学、化学、医学、哲学和文学艺术方面都取得了世人公认的成就，对人类文化、科学与教育的发展产生了重要影响。他们在文化教育和科学方面之所以取得如此巨大的成就，原因如下。首先，实施了开明的文教政策，广泛吸收了被占领地区各民族的文化教育遗产，在融合东西方文明的基础上较快地形成了具有自己特点的伊斯兰文化教育体系。其次，提倡崇尚学问和学者，推行尊师重教的政策。穆罕默德首创伊斯兰政权最早的传教与教育机构清真寺。622 年，穆罕默德先后建立麦地那城郊的古巴寺和城内的先知寺。此后，阿拉伯帝国在各地普遍建立清真寺。清真寺的教育活动一般借助宗教活动而开展，为成人提供了接受文化教育的机会。同时，在清真寺附设被称为麦克台卜（maktab）或昆它布（kuttab）的初级学校，对儿童进行教育；在各大食国首都相继开办大学，讲授高深学问；开办设施完善的图书馆，组织图书的收集、翻译和研究工作；允许教师在家设学馆讲学。宫廷学校和文化沙龙也承担了教育的责任，例如，阿拔斯王朝时期的宫廷定期举行人文学者参与的聚会讨论，并要求沙龙举办前确定讨论主题，主持讨论者为哈里发。

总体而言，早期伊斯兰国家在借鉴吸纳希腊、罗马、拜占庭、波斯、印度等文化教育传统的基础上，结合自身的社会需要和文化特点，构建起具有自身特色的教育体系：注重借助清真寺的宗教活动实施文化教育，同时设立学校，发挥图书馆的教育职能，实施宫廷学校教育，举办文化沙龙活动，创设大学。早期伊斯兰国家的大学教育为欧洲中世纪大学的兴起提供了范例。

在教育思想层面，《古兰经》以真主的名义要求穆斯林尊重知识，尊重教师，鼓励求知，重视开展道德教育，强调信仰与道德的一体化，主张道德教育生活化。《古兰经》所申述的基本纲领，规定了穆斯林的宗教功修和社会义务，指明了为人处世的伦理道德和人生目的，对阿拉伯帝国的教育目的、教育教学的内容与方法都有指导作用。

在阿拉伯国家数百年的发展中涌现出众多学者，其主要代表人物有法拉比、伊本·西那、安萨里、伊本·鲁西德。他们生活的时代和经历不同，知识背景和研究领域与重点也有区别，但都留下了一些包含其教育思想的著作。法拉比（Al Farabi）一生写了 100 余卷著作，涉及哲学、逻辑学、自然哲学、伦理学和音乐。他详细地研究过柏拉图的《理想国》，深受柏拉图哲学和教育思想的影响，是阿拉伯世界第一位提出利用教育改造社会的思想家。这一思想集中反映在他所撰写的《美德城邦居民意见书》中。法拉比的著作还涉及对哲学的认识、教育的本质与目的、道德教育、课程设置和教学方法问题。伊本·西那（Ibn Sina，拉丁文名为阿维森那）既是医生，又是哲学家、天文学家、诗人和教育家，他的教育观的理论基础包括心理观、认识论和社会政治观三个方面。在教育目的方面，伊本·西那提出教育应该发展每个人的身体、智力与道德，通过德、智、体三个方面的教育形成完整的人格，同时重视对职业能力的培养。安萨里（Al Ghazali，又译加扎利）在伊斯兰教中享有"宗教复兴者""伊斯兰权威"的声誉，代表作是《宗教学的复兴》，他的教育思想包括教育目的说、道德教育论、知识与课程论、教师与教学方法论等。在教育目的方面，他认为教育应培养能遵循伊斯兰教的一切教诲、具备内在完善精神的人。在教育功能和任务方面，他认为应当在重视品德培养的同时兼顾知识的传授和身体的锻炼。在知识与课程方面，安萨里提出了必修课与选修课的安排问题，其课程体系是以宗教为核心的。伊本·鲁西德（Ibn Rushd，拉丁文名为阿威罗伊）被视为中世纪阿拉伯最后一位大哲学家，也是中世纪阿拉伯哲学的集大成者。他认为人的行为是受理性支配的，行为本身经理智的判断而具有善性或恶性，经过理智的深思熟虑之后作出的行为就具有善性，就是合乎道德的行为，否则就是恶的行为。伊本·鲁西德的哲学思想对教育工作具有极大的启示意义。

综上所述，阿拉伯思想家和教育家的教育思想有许多共同之处。例如，他们都强调教育的重要性；他们都主张在德、智、体诸方面培养与教育学生；他们都主张课程体系既包括宗教知识，又包括世俗知识，只是对何种知识在课程体系中应处于核心地位所持的主张不同罢了。

第四节　波斯教育

中古时期的波斯教育历经萨珊王朝、早期伊斯兰国家统治、萨法尔王朝和萨曼王朝等阶段的发展。

萨珊王朝时期，在地理、政治、社会和宗教因素的影响下，波斯的正式教育和非正式教育均得到发展，宗教学校和培养书记员、秘书的世俗学校得以开设，并在希腊、印度和近东各民族文化的影响下取得了医学、数学和天文学领域的长足进步，促进了波斯境内高等教育的发展。受社会政治的影响，教育表现出鲜明的等级色彩，接受教育成为祭司、武士和文士等特权阶层子弟的特权，农民、牧民和其他下等阶层子弟则被阻挡在正规学校教育的大门之外。这一时期，主要由琐罗亚斯德教、基督教、摩尼教等教会组织创设的学术中心发挥了高等教育职能，其中琼迪-沙普尔学园成为该时期重要的高等学府。

早期伊斯兰国家统治时期，波斯的主要教育组织和机构包括清真寺、昆它布、麦克台卜、哈里·哈纳、马德拉沙和学术中心等。清真寺既是宗教礼拜和公共聚会中心，也是重要的教育场所，民众到清真寺听取著名学者的讲座，参与讨论，提升自己的文化水平。昆它布为穆斯林儿童接受初等教育的场所，年满 6 岁的儿童被父母送至昆它布学习诵读《古兰经》和基本的读、写、算知识。相对于昆它布的公共属性，麦克台卜则是一类私立初等学校，向入学者提供基本的文化知识教育。哈里·哈纳的主要教育目的在于培养《古兰经》的诵读者，入学者主要为孤儿和盲童。马德拉沙最初为一类专门学习伊斯兰学尤其是伊斯兰法律的场所，后与清真寺脱离，发展成为传授教法、教义、阿拉伯哲学、阿拉伯语语法的综合性教育机构。各类学术中心则为这一时期的学术交流和文化传播提供了场所。

萨法尔王朝和萨曼王朝时期，以达里波斯语的兴起为标志，波斯文化复兴，教育发展主要体现在私塾和马德拉沙的发展上。

席亚尔王朝王子昂苏尔·玛阿里（Onsor al-Ma'āli）所著的《卡布斯教诲录》集中体现了中古时期波斯的教育思想，是昂苏尔·玛阿里晚年写给儿子的教诲性著作，主张为子女提供良好的教育既是父母的责任，也是父母对子女慈爱的表现；教育目的在于使孩子学会文明的生活方式，富有教养；教育和教学要尊重孩子的兴趣和追求；重视道德教育。

第五节　基辅罗斯和莫斯科公国的教育

基辅罗斯是以东斯拉夫人为主体形成的国家。9 世纪中叶，东欧平原的罗斯人征服了基辅及其周围的东斯拉夫人部落，开始形成基辅罗斯国。基辅罗斯文化教育的发展不仅为俄罗斯、乌克兰和白俄罗斯的发展奠定了共同基础，还为丰富欧洲中世纪的文化宝库作出了贡献。

莫斯科公国崛起于伊凡一世统治时期。这一时期，近代俄罗斯民族要素即俄语、俄罗斯人的共同地域和共同的文化基础得以形成。

中古时期的基辅罗斯和莫斯科公国时期，俄国教育的主要形式为家庭教育和社会实践活动。弗拉基米尔一世在奉基督教为国教后着手创办学校，招收男童学习阅读、书写、基督教基本教义和算术。基辅罗斯时期，开办了一类向入学者提供哲学、修辞和语法教育的高级学校。莫斯科公国兴起与发展时期，俄罗斯教育获得进一步发展。13 世纪后期，家庭教育成为儿童教育的主要形式，成人则到教堂听取教士布道。识字教学主要通过蒙师进行。15—16 世纪，儿童的识字教学获得普遍重视。得益于印刷业的发展，伊万·费奥多罗夫编写出版的《识字课本》成为识字教学的主要材料。

第六节　印度教育

印度为四大文明古国之一。已知印度最古老的文化为哈拉帕文化，形成于公元前 2800—前 2500 年。吠陀教为古印度最早出现的宗教，其教义见于吠陀经典，后演变为婆罗门教，对印度社会和文化教育产生了长远影响。公元前 6 世纪，在反对婆罗门教的"沙门思潮"中产生了耆那教和佛教，其中佛教在阿育王统治时期得到提倡和传播，对印度和东方各国文化教育的发展产生了很大的影响。在社会政治、经济和文化发展的基础上，古印度的教育也实现较大发展。笈多王朝时期，印度社会政治稳定、经济繁荣，文化也得到很大的发展，并在婆罗门教的基础上兴起了印度教。

戒日帝国时期，印度的哲学、文学、艺术、科学和教育等都得到了发展，出现了那烂陀寺这样的文化教育和学术中心。

中古时期，印度的教育思想体现为小乘佛教和大乘佛教的教育思想。其中，小乘佛教主张佛陀不再是一个循循善诱、诲人不倦的导师，而是一个借助奇迹促使人产生信仰的教主，是一种理想性的神圣存在。佛陀的说法是一种典型的宗教神秘主义教育，教与学的过程充满了神秘的启示。小乘佛教的心性论为教育的可能性提供了理论根据。隶属于大乘佛教的中观学派在教育上注重以教育启发实践智慧，发挥教学的启发性，重视辩论在教学中的作用，将辩论作为启发教学和检验教学的方法。印度教兴起并在中下层民众中广泛传播后，印度教的教育目的最终指向个人灵魂的解脱。教育的最高目的在于实现"梵我同一"，强调学习主要是个体发展的自身需求。印度教注重吠陀经典学习和宗教伦理教育，将瑜伽修持作为主要的教学手段。

第七节　中古时期的日本教育

中古时期日本教育的发展表现出阶段性特征。早期阶段（593—710 年）的大化革新对教育发展产生了积极影响。《大宝律令》促使京城设立中央"式部省"管辖下的大学寮，地方各"国"设立国学学校。《大宝律令》有关"学令"的实施形成了从中央到地方的国家学制和教学制度的雏形，在日本教育史上具有开创性的意义。

中期阶段（710—1192 年），继续实施《大宝律令》之"学令"，教育制度继承了此前的大学寮和国学体系，并在奈良时代后期推行大学课程改革。私学也得到不同程度的发展，形成官立学校、私塾、家庭私学三者并存的发展局面，促进了文化教育事业的昌盛。

晚期阶段（1192—1603 年），武士教育、家庭教育、佛教教育以及早期教会教育获得不同程度的发展。

概言之，中古时期的日本教育一方面表现出古代教育的特征：教学内容陈旧，教育规模较小，寺院中的学问所和初等学校数量有限，教育质量低下；另一方面又打破了"学在官府""学在宫廷"的局面。在西方基督教学校教育的影响下，寺院中的各类教育活动向更多的民众开放，日本教育开始表现出近世教育色彩。

第八节　撒哈拉以南非洲的教育

基于独特的经济形式、文化传统和地理环境，中古时期撒哈拉以南非洲发展起独特的以生存为目的的传统教育。教育目标主要在于为年轻人过好成年生活做准备。教育内容主要包括与族群经济、社会、文化、艺术、宗教与娱乐生活密切结合的各类知识，着重开展社会标准和规范行为教育。教育形式主要是口头教导和实践活动。此外，撒哈拉以南非洲部落的儿童在步入青春期后，还须到原始森林中生活一段时间，接受指导和训练。丛林教育结束后，村社一般要为这些青年举行盛大的成人礼。

第九节　拉丁美洲的三大文明与教育

中古时期，拉丁美洲的印第安人创造了灿烂的玛雅文明、阿兹特克文明和印加文明。玛雅文明约形成于公元前 1500 年。玛雅人以从事农业劳作和渔猎活动为生，种植玉米、甘薯、南瓜、可可等作物，劳动工具以木器和石器为主。玛雅人还在天文学、数学、建筑和艺术方面取得很高成就。玛雅学校一般由祭司和贵族设立，主要为贵族子弟提供历史、文学、占卜方法、医学和历法教学，同时开展品格训练。该时期，一般家庭的儿童主要接受家庭教育。

阿兹特克文明存在于 13 世纪至 16 世纪前期，是继承发展托尔提克文化的结果。阿兹特克人重视发展农业，手工业和贸易业也都有所发展。在农业方面，发明了"浮园耕作法"，种植玉米、豆类、南瓜、西红柿、龙舌兰、无花果、可可、棉花、烟草和仙人掌等。阿兹特克人重视教育，家庭教育和学校教育均得到发展，女童教育也深受重视。教育的阶级色彩突出，不同阶层的儿童和青少年受到与其阶层和身份相对应的教育。

印加文明源于第一代印加王曼科·卡帕克，从 13 世纪初期到 1533 年，绵延了三百多年。印加人在农业、冶金业和交通工程方面均达到相当的水平，并已掌握相当丰富的天文学、医学知识。印加人没有文字，结绳记事。印加人以克丘亚语为通用语言。印加统治者重视王室和贵族子弟的教育，设立学校对他们进行严格的教育。16 世纪，西班牙的入侵阻断了印加文明的独立发展。

第十节 中世纪晚期(11—13 世纪)西欧的文明与教育

经过此前 5—10 世纪的发展，11 世纪前后西欧社会发展步入繁荣期，文化与教育呈现复兴与发展的局面。在经济方面，随着农具和耕种方式的改进，自给自足和封闭的自然经济受到很大冲击，产生了商品交换的需要。城镇作为商业活动的中心，获得恢复与发展的动力。在政治方面，教会虽然拥有无上的权威，但以国王为中心的世俗力量已有所加强。在导致上述局面出现的众多因素中，"十字军东侵"(1096—1291 年)所引发的东西方文化交流，中世纪城市形成与发展导致的社会阶层的分化、教团组织的诞生，教士对学术专业活动的重视，中世纪大学的建立所带来的知识的传播与扩散，以及经院哲学的缜密思维和激烈争论磨砺出的理性主义的萌芽，是特别值得关注的。这一时期，城市已经成为西欧人生活中的重要组成部分。

在文化教育方面，中世纪早期的状况此时也有所改变。西欧社会此时已呈现出发展的生机，然而其仍相当闭塞，缺乏与东方的联系和交流，文化教育发展落后于拜占庭帝国和阿拉伯世界。11 世纪后，城市的迅速发展与社会阶层的分化、城市自治运动的开展与行会组织的出现，为西欧文化教育的发展奠定了基础。几乎与这些社会因素的发展进程平行迁延将近 200 年的"十字军东侵"，不仅促进了这些社会因素的成长，而且打通了与东方文化交流的渠道，引进了阿拉伯文化教育发展的成果，拜占庭文化也传入西欧，为中世纪晚期西欧文化教育(包括教育制度与教育思想)的发展创造了条件。

中世纪大学的出现是西欧教育制度的重要创新。西欧较早的大学于 12 世纪相继在意大利、法国和英国建立；13—14 世纪，中世纪大学已遍布西欧各国。最早的中世纪大学是一种自治的教授和学习中心，一般由一名或数名在某一知识领域具有声望的学者和慕名而来的青年学生自行组织，形成类似于行会的团体，进行教学和知识传播。得益于中世纪大学自治性学者行会的性质、教会与世俗政权围绕其所形成的矛盾与竞争关系，中世纪大学在一定程度上赢得了自治权。

除中世纪大学外，适应城市兴起后社会新阶层(手工业者和商人)教育其子弟的需要而产生的城市学校，也是中世纪晚期西欧教育制度中的新因素。城市学校基本上属于世俗性质的学校，因为它们必须授予学生读、写、算的基本知识以及从事商业或手工业所必需的知识。这些学校的出现与发展打破了教会对学校教育的垄断，可以说是西欧中世纪教育的一大进步。

教会组织和基督教神学教育的发展主要表现为教团组织(修会)的出现和经院哲学的发展。由于城市的出现与发展，封闭式的修道院学校已经不能适应传教和扩大教会影响的需要，教团组织应运而生。13 世纪，差不多同时产生了两个以托钵修会而著称的组织——圣方济各会和多明我会。圣方济各会是意大利人圣方济各(St. Francis，1182—1226)于 1209 年创立的，它一方面宣传基督教，另一方面致力于平民教育。此后，该会加强了与大学的联系。多明我会的创建者是西班牙贵族圣多明我(St. Dominic，1170—1221)，办有修道院学校。该会的一些学者在一些大学负责神学院的教学工作。

经院哲学是由教父哲学演变而来的，它有两个基本特征：一是以经院（教会所办的学校）为生存环境，二是以辩证法（亚里士多德所说的论辩推理）为操作原则。[①]

11世纪中后期，围绕一般与个别的关系问题，经院哲学家中逐渐形成两派：以圣安瑟伦（St. Anselnus）为代表的一派被称为唯实论（Realism），以洛色林（Roscellinus）为代表的一派被称为唯名论（Nominalism）。在唯实论与唯名论的交锋中，又出现了以阿伯拉尔（Abelard，1079—1142）为代表的温和唯名论，也称概念论（Conceptualism）。阿伯拉尔所撰写的《是与非》成为概念论的代表性著作，他所要求的并非以理性取代权威或信仰，而是要用理性去证实或证伪权威，充实和完善信仰的真理性。

继11世纪中后期唯名论与唯实论的争论之后，西欧知识界注重理性的倾向仍然不可遏制地向前发展。在欧洲的许多大学里，亚里士多德的哲学开始成为一门时髦的学科。到13世纪时，教会也不得不改变自己将理性与信仰截然对立的态度，转到支持利用亚里士多德的哲学思想来解释神学的合理性的立场上来。13世纪，经院哲学的著名代表人物是大阿尔伯特（Albertus Magnus，约1200—1280）和他的学生托马斯·阿奎那（Thomas Aquinas，1224或1225—1274）。大阿尔伯特是巴黎大学的神学教授，力图将科学知识纳入神学的轨道，为神学服务。他注解了亚里士多德的哲学著作和科学著作，力图证明基督教教义和希腊哲学、自然科学可以并行不悖。托马斯·阿奎那于1245年来到巴黎大学，拜大阿尔伯特为师，深受其影响。他后来也主持巴黎大学神学院的神学讲座（1252年），运用亚里士多德的逻辑学论述《圣经》和讨论神学中的各种问题，使基督教神学摆脱原来的颓势而出现转机。1259年春，托马斯·阿奎那任罗马教廷神学顾问，确立了他在神学界的最高学术和理论地位。1268年，托马斯·阿奎那又奉多明我会总会长之命重返巴黎大学主持神

---

① 赵敦华：《基督教哲学1500年》，223页，北京，人民出版社，1994。

学讲座，与以西格尔为代表的阿威罗伊主义派别展开论战。1277 年，教皇指示严禁阿威罗伊主义在大学传播。托马斯·阿奎那的主要著作是《神学大全》和《反异教大全》。

11—13 世纪，西欧的教育思想是经院哲学的组成部分。在上述经院哲学家中，涉及教育问题比较多的是阿伯拉尔、圣安瑟伦和托马斯·阿奎那。阿伯拉尔曾长期从事教育工作，深受学生欢迎。他对理性与信仰关系的认识决定了他的教育目的观。他的《认识你自己》一书被认为是中世纪最早在理性基础上讨论伦理学的著作，其核心思想可以归结为"意图决定论"。在《基督教神学》中，他认为有些犹太人和异教徒也能获得上帝的恩典。在《方法论》中，他论述了进行论证的必要性。圣安瑟伦被认为是中世纪"最后一位教父"和"第一个经院哲学家"，他就教育的目的、价值和功能作出了相应的规范和界定。按照他的观点，教育是为信仰提供理智服务的。托马斯·阿奎那《神学大全》第二部分的主题是伦理学，被推崇为基督教的伦理教科书，在基督教神学教育思想中也占有重要的地位。根据托马斯·阿奎那的学说，"人同时具有自然理性与信仰的能力。有些知识可以通过自然理性获得，但带根本性的神学问题只能由启示而来。由启示而来的真理与理性并不相违。他用'超理性'而不是'反理性'来说明神启与理性的关系。这种学说对科学知识的态度不同于传统神学理论。首先，他承认科学知识的存在，承认通过自然理性对特定事物进行研究、获得知识的可能性。其次，他承认科学知识与神学并不矛盾，甚至朝向同样的目标，两者的区别是等级不同。科学是低级的知识，神学是最高的学问。这一切虽然仍是为了论证上帝的存在，但却扩大了人们的视野，使开拓中世纪原有知识体系的工作成为可能"①。

托马斯·阿奎那使经院哲学发展至十分完善的地步，但是他的这种工作

---

① 吴式颖、李明德主编：《外国教育史教程（第三版）》，88 页，北京，人民教育出版社，2015。

也促成了经院哲学的衰落，而且整个经院哲学的发展也不过是中世纪罗马教廷倡导的盲目信仰对人类理性的步步退让，其最终目的仍然是维护教会对人类自由思想的控制。经院哲学运用亚里士多德的形式逻辑方法确立其神学体系，也造成了人们对亚里士多德哲学的误解，致使后来批判经院哲学时，人们长期不能有分析地对待亚里士多德哲学并从中吸取有价值的思想。经院哲学在托马斯·阿奎那之后更加流于烦琐、荒谬的无聊争论，其拘守教会传统偏见、脱离实际生活、咬文嚼字、死啃书本、不顾客观事实的迂腐学风成了禁锢人们头脑的枷锁，一直到17世纪科学兴起之后才得到彻底清算。

在这一时期西欧的学校体系中，宫廷学校和修道院学校已经失去了先前的重要地位，大学和骑士教育则引人注目。如果说骑士教育只是宫廷教育的下移与扩大，那么大学的出现则是这一时期城市中教育发展的显著成果。城市中学校教育的发展逐步催生了一个社会阶层——"知识分子"，并直接为具有革命意义的文艺复兴运动提供了人力与知识的准备。

本丛书第三卷《中古时期的教育（上）》和第四卷《中古时期的教育（下）》集中论述了中古时期欧洲、亚洲、非洲、拉丁美洲部分国家和地区的教育实践和教育思想。第三卷内容主要包括：中世纪早期的欧洲社会与教育；中世纪早期的欧洲教育；8—10世纪西欧封建制度的确立和基督教会的制度化；8—10世纪的西欧教育；中世纪复兴期西欧城市经济与文化发展；中世纪西欧的骑士教育；中世纪经院哲学及其教育；中世纪大学的出现及其影响；中世纪西欧行会教育与城市学校教育。第四卷内容主要包括：拜占庭帝国的社会变迁与文化传统、教育思想；早期伊斯兰国家的兴起与文化发展、教育发展等；中古时期的波斯教育；基辅罗斯和莫斯科公国的教育；中古时期的印度教育；中古时期的日本教育；中古时期撒哈拉以南非洲的教育；中古时期拉丁美洲的三大文明与教育。"结语"部分对中古时期欧洲、亚洲、非洲和拉丁美洲部分国家和地区的教育实践成就和教育思想成果做了较为翔实的总结，强调"文化和教育上的欧洲中心主义,是站不住脚的",各民族都为世界文化教育的发展作出了自己的贡献。

第五章

文艺复兴时期的人文主义教育

14—16 世纪，西欧各国逐渐开始向近代社会过渡。正如马克思指出的："虽然在 14 和 15 世纪，在地中海沿岸的某些城市已经稀疏地出现了资本主义生产的最初萌芽，但是资本主义时代是从 16 世纪才开始的。"①经过文艺复兴运动、宗教改革运动、自然科学的研究运动、思想启蒙运动、政治民主化运动（政治革命）和工业革命，西欧各国最终确立资本主义制度和实现工业化，由旧的封建社会政治经济和文化教育体制转变为新的资本主义社会政治经济和文化教育体制。近代西方的文化和教育就是通过文艺复兴、宗教改革和思想启蒙运动奠定基础，使自然科学运动得以展开，而后又经过资产阶级革命和工业革命得到发展的。

文艺复兴运动是一场伟大的文化革命运动，它最先产生于 14 世纪的意大利，而后扩展到欧洲其他国家，持续近 300 年。在文艺复兴运动中兴起的人文主义体现了一种新的时代精神，其核心特征是充分肯定和赞扬人的价值与尊严。虽然人们通过文艺复兴重新认识和掌握了古希腊、古罗马文化，但文艺复兴绝不是纯粹的复古。"文艺复兴绝不限于文学。有许多因素结合起来造

---

① 马克思：《资本论》第 1 卷，823 页，北京，人民出版社，2004。

成了一次空前未有的知识发酵……"①通过文艺复兴运动，人们重新直接掌握古希腊、古罗马哲学、科学思想和文化教育发展成果，使之成为继续发展的起点。更为重要的是，"复兴过去并不是为了过去而是为了现在和未来，文艺复兴不仅仅是复兴，而且是新时代对古代文化的继承、利用和发展，使古典文化成为表达新文化的媒介"②。所以，文艺复兴对欧洲社会发展产生了深远影响，标志着欧洲近代社会的开端。

在文艺复兴运动中，欧洲各国涌现出许多人文主义者。他们提倡人道，反对神道；提倡人权，反对君权；肯定和赞扬人的价值与现世生活；推崇古希腊、古罗马文化；重视发展民族语言，富有爱国情怀。

第一节　意大利的人文主义教育

在 14 世纪的意大利，文艺复兴的主要表现形式是文学，通过文学宣扬和表达人文主义观点。但丁、彼特拉克和薄伽丘是这一时期人文主义思想家和文学家的杰出代表。但丁（Dante Alighieri，1265—1321）是意大利的伟大诗人和散文家，"恩格斯称他是'中世纪的最后一位诗人，同时也是新时代的最初一位诗人'"③。撰写于 1304—1307 年的《飨宴》显示出他学识渊博，而且有独到的见解。"值得注意的是书中关于'高贵'的观点。但丁认为'高贵'在于个人天性爱好美德，不在于家族门第，批判了封建等级观念和特权思想。""《飨

---

① ［英］W.G. 丹皮尔：《科学史及其与哲学和宗教的关系》（上册），李珩译，156 页，北京，商务印书馆，1975。

② 吴式颖、李明德主编：《外国教育史教程（第三版）》，109 页，北京，人民教育出版社，2015。

③ 中国大百科全书总编辑委员会《外国文学》编辑委员会等编：《中国大百科全书·外国文学·I》，216 页，北京，中国大百科全书出版社，1982。

宴》的重大意义在于强调理性，指出‘去掉理性，人就不再成其为人，而只是有感觉的东西，即畜生而已’，认为真正使人高贵、接近于上帝的就是理性。"①用拉丁文撰写于 1304—1305 年的《论俗语》"阐明俗语的优越性和形成标准意大利语的必要性，对于解决意大利的民族语言和文学用语，具有重大的意义"②。《神曲》是但丁创作的长篇史诗，是用意大利俗语写成的，对解决意大利的文学用语问题，促进意大利民族语言的统一起了很大的作用。《神曲》包含《地狱》《炼狱》《天国》三个部分，但丁大约从 1307 年开始写作，《地狱》《炼狱》大概在 1313 年即已写成，《天国》是在他逝世前不久才完成的。史诗的主题是描写"在新旧交替的时代，个人和人类从迷惘和错误中经过苦难和考验，到达真理和至善的境界"③，围绕这一主题，《神曲》广泛地反映了当时社会现实生活中的问题，揭露了世俗政权的错误和教皇的罪行，表现了政教分离的思想；肯定现世生活的意义，认为它不只是来世永生的准备，而是有其本身的价值，"强调人富有理性和自由意志，对自己的行为负有道德责任，在生活和斗争中应遵循理性指导……诗中热烈歌颂古今英雄人物，作为在生活、斗争中的光辉榜样"④。《神曲》还反对中世纪的蒙昧主义，提倡发展文化和追求真理。"诗中赞美人的才能和智慧，对古典文化推崇备至：称亚里士多德是‘哲学家的大师’，荷马是‘诗中之王’，维吉尔是‘智慧的海洋’‘拉丁人的光荣’；还以赞颂的笔调描写荷马史诗中的英雄尤利西斯(奥德修斯)受了求知欲的推动，在远征特洛伊取得胜利后，坚持航海探险的英勇行为，并借他的口指出，人生来不是为了像兽一般活着，而是为了追求美德和知识。"⑤

彼特拉克(Francesco Petrarca，1304—1374)是意大利诗人。他勤奋研读古

① 中国大百科全书总编辑委员会《外国文学》编辑委员会等编：《中国大百科全书·外国文学·Ⅰ》，218 页，北京，中国大百科全书出版社，1982。

② 同上书，218 页。

③ 同上书，219 页。

④ 同上书，219 页。

⑤ 同上书，219 页。

典著作，掌握了渊博的知识。他广泛搜求希腊、罗马的古籍抄本，是最早努力突破中世纪神学观点、运用人文主义观点予以诠释和阐述的人。他用拉丁文写了许多诗歌、散文、书信。"叙事诗《阿非利加》(1338—1342 年)，根据李维乌斯的历史著作描写古罗马统帅斯齐皮奥战胜汉尼拔的英雄事迹，贯串着炽热的爱国精神。"①"散文作品《名人传》(1338—1374 年)记叙古罗马历史上和《圣经》、神话传说中的杰出人物生平，用历史人物的英勇精神激励世人。《备忘录》(1343—1345 年)借助历史上的趣闻逸事，向同时代人进行道德教育。"②用意大利文写成的抒情诗集《歌集》收集了 1330 年至他逝世前 40 多年间的 300 多首十四行诗，"抒发诗人对年轻时倾心的少女劳拉的爱……这些诗歌冲破中世纪禁欲主义和神学思想的樊篱，表达了以人与现实生活为中心的新世界观和以个人幸福为中心的爱情观。《歌集》中的政治诗，如《我的意大利》《高贵的精神》，谴责封建君主的败行劣迹，揭露教会的腐败，呼吁和平与统一，激荡着热爱祖国的热情"③。《歌集》中的某些诗篇和散文也反映了彼特拉克内心的矛盾，这体现了文艺复兴初期新旧交替时代人文主义者的矛盾心理。

薄伽丘(Giovanni Boccaccio，1313—1375)是意大利作家。他的作品有传奇、史诗、叙事诗、十四行诗、短篇故事集、论文等。他的"第一部传奇《菲洛柯洛》约作于 1336—1338 年。它以中世纪传说为依据，描写一对宗教信仰不同的青年男女，冲破种种阻挠，终于获得相爱的权利。长诗《苔塞伊达》(1339 年)、《菲洛斯特拉托》(1340 年)分别从《特洛伊传奇》和维吉尔的《埃涅阿斯纪》中汲取素材，展示现实生活的美和爱情的欢乐。牧歌式传奇《亚梅托的女神们》(1341 年)、长诗《爱情的幻影》(1342 年)具有隐喻诗的特点，把

---

① 中国大百科全书总编辑委员会《外国文学》编辑委员会等编：《中国大百科全书·外国文学·Ⅰ》，142 页，北京，中国大百科全书出版社，1982。

② 同上书，142 页。

③ 同上书，142 页。

歌颂德行同赞颂纯洁的爱情结合起来。长诗《菲埃索勒的女神》(1344—1345
年)、传奇《菲娅美达的哀歌》(1345年)也都描写了爱情。这些作品显示了中
世纪传统观念和骑士文学的痕迹，但充满对人世生活的热爱和对幸福的追求，
谴责禁欲主义，对人物充满激情的心理状态的刻画也比较成功"[1]。薄伽丘最
出色的作品是故事集《十日谈》(1348—1353年)。该著作包括100个故事，
"其中许多故事取材于历史事件、中世纪传说和东方故事(如《一千零一夜》
《七哲人书》)"[2]。"人文主义思想是贯穿《十日谈》全书的一根红线。薄伽丘
的思想比彼特拉克更进一步。他在许多故事里批判天主教会，嘲讽教会的黑
暗、罪恶(第一天第二故事)，抨击僧侣的奸诈和伪善(第六天第十故事)。这
种批判表达了当时的平民阶级摆脱中世纪教会和宗教束缚的要求。""薄伽丘在
《十日谈》中描绘和歌颂现世生活，赞美爱情是才智和高尚情操的源泉，谴责
禁欲主义(第五天第一故事)……对于封建贵族的堕落、腐败，作者也予以无
情的暴露和鞭挞。他赞赏平民、商人的聪明、机智，维护社会平等和男女平
等。不少故事说明人的高贵不取决于出身，而决定于人的才智(第四天第一故
事，第六天第七故事)。有些故事还塑造了多才多艺、和谐健美、全面发展的
新兴资产阶级的理想人物。"[3]薄伽丘晚年潜心钻研古典文学，同时在佛罗伦萨
讲解和诠释《神曲》。他所撰写的《但丁传》是意大利研究但丁的最早的学术著
作之一。"他在《但丁传》和用拉丁语写的《异教诸神谱系》等论著中，批驳教
会对诗歌的诋毁，提出'诗学即神学'的观点；他阐述诗歌应当模仿自然，反
映生活，强调文学的启迪和教育的巨大作用；要求诗人从古希腊、古罗马文
化中吸取营养，并讲求虚构、想象。"[4]

---

[1]　中国大百科全书总编辑委员会《外国文学》编辑委员会等编：《中国大百科全书·外国文学·
Ⅰ》，172页，北京，中国大百科全书出版社，1982。

[2]　同上书，172页。

[3]　同上书，172页。

[4]　中国大百科全书总编辑委员会《外国文学》编辑委员会等编：《中国大百科全书·外国文学·
Ⅰ》，172~173页，北京，中国大百科全书出版社，1982。

　　但丁、彼特拉克和薄伽丘都没有写过专门论述教育的著作，他们的作品也很少直接论述教育问题，但他们的文学著作中包含的人文主义思想在很大程度上确定了以后人文主义教育的思想走向。他们的著作涉及的主要问题也正是后来的人文主义教育思想家所要解决的基本问题。

　　但丁、彼特拉克和薄伽丘都推崇古希腊文化，但是在复兴古希腊文化的工作中存在掌握希腊语言工具的问题。彼特拉克和薄伽丘都曾经努力学习希腊语，但是他们所师从的希腊语教师古希腊文化素养不足，因此古希腊文化的复兴在彼特拉克和薄伽丘生活的时代实际上并没有发生。稍后，彼特拉克的一个学生马尔西利（Luigi Marsili，1342—1394）召集友人讨论学术问题，形成了一个学术团体。萨卢塔蒂（Coluccio Salutati，1331—1406）是这个团体中最杰出的成员，他不仅是一个人文主义者，而且是一个政治活动家。自 1375 年起，他担任佛罗伦萨共和国首相 31 年，直至逝世。[①]约在 1396 年，他将著名的拜占庭学者克里索罗拉（Manuel Chrysoloras，1350—1415）邀请到佛罗伦萨，担任佛罗伦萨大学的希腊文教授，其教学取得了很大的成果。15 世纪初期，意大利著名的人文主义教育家弗吉里奥、布鲁尼等都是克里索罗拉的学生。1453 年，奥斯曼帝国军队攻克君士坦丁堡，已经十分衰弱的拜占庭帝国灭亡。许多拜占庭人包括一些学者为躲避战火而迁居意大利，同时运去了"不计其数的书籍"。后来，有些学者被聘请到意大利的大学和其他学校担任教学工作，更促进了古希腊文化的复兴。文艺复兴运动迈向了一个新的发展阶段。

　　艺术的繁荣与发展是意大利文艺复兴的重要成就。乔托（Giotto，约 1266 或 1276—1337）是第一位意大利艺术大师，在他的艺术中，人是唯一的主体，他们具有崇高的精神和热情。乔托的绘画还"标志着向自然主义的过渡"[②]。

---

　　① 中国大百科全书出版社《简明不列颠百科全书》编辑部译编：《简明不列颠百科全书》第 6 卷，849 页，北京，中国大百科全书出版社，1986。

　　② [美]斯塔夫里阿诺斯：《全球通史：从史前史到 21 世纪》（第 7 版修订版）（下），吴象婴等译，374 页，北京，北京大学出版社，2006。

马萨乔"将人文主义引入艺术，在自己的作品里以人和现世为中心，从生活中汲取形象，摆脱了中世纪神权艺术的禁锢"①。他"掌握了独具特色的文艺复兴时期透视法的创作。与中世纪的绘画不同，文艺复兴时期的绘画强调光和阴影的效果，表现人物和景物的景深"②。列奥纳多·达·芬奇（Leonardo da Vinci，1452—1519）、米开朗琪罗（Michelangelo Buonarroti，1475—1564）和拉斐尔（Raphael，1483—1520）是文艺复兴全盛期的三位伟大的艺术大师。达·芬奇多才多艺，既是画家、雕塑家，又是建筑家和工程师。大型壁画《最后的晚餐》（1495—1497 年）和肖像画《蒙娜丽莎》（1503—1506 年）是他留下的最有名的作品。米开朗琪罗也多才多艺，既是雕刻家，又是画家、建筑设计家和诗人。他在"1504 年所做《大卫》雕像，被认为象征着为正义事业而奋斗的力量……其艺术创作在人文主义思想支配下并受萨伏纳罗拉宗教改革运动的思想影响，表现当时市民阶层的爱国主义和为自由而斗争的精神状态"③。米开朗琪罗晚年创作的美第奇陵墓雕像《晨》《暮》《昼》《夜》，"具有冷静而沉郁的悲剧性质，显示出人物的心情激动和思想矛盾，反映了当时意大利人民失去自由和独立的精神状态"④。米开朗琪罗的画作还有其经历 4 年完成的巨型天顶画《创世记》（绘制在西斯廷教堂 800 平方米的天花板上）、壁画《最后的审判》，建筑设计则有罗马圣彼得大教堂的圆顶和加必多利广场的行政建筑群。他还有诗集传世。⑤ 拉斐尔的"艺术中体现出深邃的人文主义思想，并赋予这

---

① 中国大百科全书出版社《简明不列颠百科全书》编辑部译编：《简明不列颠百科全书》第 5 卷，635 页，北京，中国大百科全书出版社，1986。

② ［美］斯塔夫里阿诺斯：《全球通史：从史前史到 21 世纪》（第 7 版修订版）（下），吴象婴等译，374 页，北京，北京大学出版社，2006。

③ 中国大百科全书出版社《简明不列颠百科全书》编辑部译编：《简明不列颠百科全书》第 5 卷，859 页，北京，中国大百科全书出版社，1986。

④ 同上书，859 页。

⑤ 中国大百科全书出版社《简明不列颠百科全书》编辑部译编：《简明不列颠百科全书》第 5 卷，859 页，北京，中国大百科全书出版社，1986。

种思想以无与伦比的表现力"①。他的画作有《童贞的婚礼》（1504 年）、《基督下十字架》（1507 年）、《基督显圣容》（1517 年）等。拉斐尔的画作还有"应教皇朱理二世的要求为梵蒂冈宫绘制的大型装饰壁画，其中最有名的是《圣礼的辩论》《雅典学派》"②。他"为西斯廷教堂作的《西斯廷圣母》（1513 年），甜美抒情的风格平衡了米开朗琪罗西斯廷教堂天顶画雄伟激荡的力量"③。拉斐尔"作为一个人文主义者和柏拉图主义者，以其哲学观念贯穿于艺术而在罗马声名远扬"④。这一时期杰出的艺术家还有提香（Tiziano Vecellio，约 1490—1576）等人。这些艺术大师的创作思想及其伟大的艺术作品对西方艺术的发展产生了深远的影响，对当时以及后来西方教育思想的发展也产生了积极影响。

人文主义教育家主张培养多方面和谐发展的新人，创办新型的教育机构，教授世俗学科，倡导新的治学方法。他们强调教育对人的发展的作用，重视研究儿童身心发展的特点和个性差异。正是在人文主义者批判经院哲学及经院主义教育的基础上，人文主义教育思想得以产生，并开创了近代西方教育思想之先河。

在意大利，弗吉里奥（Pietro Paolo Vergerio，1349—1420）是第一位人文主义教育家，他于 15 世纪初首先将人文主义精神渗透于教育思想之中。其后继者为波齐奥（Poggio Bracciolini，1380—1459）和布鲁尼（Leonard Bruni，1370—1444）。其他的人文主义教育家包括维多里诺（Vittorino da Feltre，1378—1446）、格里诺（Guarino da Veronese，1374—1460）、西尔维乌斯（Aeneas Sylvius Piccolomini，1405—1464）、阿尔伯蒂（Leon Battista Alberti，1404—1472）、帕尔梅利（Matteo Palmieri，1406—1475）、卡斯底格朗（Baldasarre Castiglione，1478—1529）、马基雅维利（Niccolò Machiavelli，1469—1527）和萨多莱托（Ja-

---

① 同上书，15 页。
② 同上书，16 页。
③ 同上书，16 页。
④ 同上书，16 页。

copo Sadoleto，1477—1547）等。其中，维多里诺的教育思想显然超过同时代的教育家，他创办的以身心全面和谐发展的人为培养目标的"快乐之家"（曼图亚寄宿学校），完美体现了文艺复兴的教育理想。同时应该指出的是，波齐奥1415年发现古罗马教育家昆体良的全本《雄辩术原理》，无疑为人文主义教育思想的发展提供了理论营养。卡斯底格朗、马基雅维利和萨多莱托是意大利晚期人文主义教育思想家的代表。这时候，意大利文艺复兴运动的中心已由佛罗伦萨转移到罗马。君主制在16世纪的意大利占据了统治地位，以人文主义精神培养君主和侍臣成为人文主义教育思想家思考的问题。卡斯底格朗于1516年写成的《宫廷人物》，马基雅维利在1513年开始撰写、1532年出版的《君主论》，就是这一时代的产物。萨多莱托对古希腊哲学有深入的学习与研究，曾担任过教皇秘书和地区主教，关心地区的教育。他于1530年写成的《少年教育指南》反映了柏拉图的《理想国》对他的影响和他对教育作用的认识，提出了他有关道德教育和知识教育的主张。

意大利人文主义者为实现"复兴古代文化"的目的，搜集和研究古典著作。他们崇尚人文学科，积极推进旨在发展人文主义教育的教育实践，创办学习古典学科的世俗学校，教授希腊语和拉丁语。开展世俗性基础教育的学校主要分为两类：私立学校和公立学校。私立学校最初出现于中世纪时期，到文艺复兴时期逐渐发展壮大，成为儿童接受教育的主要场所。私立学校办学形式多样，可以是富裕家庭聘请有声望的学者担任家庭教师以教育自己的子女，也可以是学生每天去教师家中学习，还可以是人文主义者创办寄宿学校为儿童提供基础教育。著名的人文主义者如巴齐扎、格里诺，都曾创办过寄宿学校。整体而言，能够到寄宿学校接受教育的孩子一般都出身富贵，能够承担高昂的学费。

14世纪的意大利民众认为，应该为儿童提供必要的教育以避免其养成恶习和走上犯罪的歧途，没有教育将会使整个城市发生动乱甚至灭亡。城市政府为当时的市政公立学校提供了必要的资助，儿童接受基础教育的机会进一步增加。佛罗伦萨和威尼斯等城市首先出现公立学校，因为这些城市的经济较为发达，宽裕的经济条件使它们可以为一些儿童提供免费教育。罗马市政府允许教师向学生收费，但贫穷家庭的孩子除外，他们可以受到免费教育。

拉丁语学校则是意大利人文主义者发展古典人文教育的场所。15世纪中期，人文主义教育思想已经深入到许多城市的初级学校，它们成为人文主义研究的真正中心。在人文主义者如彼特拉克、萨卢塔蒂、布鲁尼、瓦拉特别是人文主义教育家格里诺和维多里诺的主持下，建立了一套重视古典文化的新的教育体系。他们舍弃了中世纪的作品，教授语法、修辞学、诗歌、历史和古罗马的道德哲学作品，其中包括西塞罗、维吉尔、特伦克、贺拉斯、恺撒和柏拉图的作品。人文主义教育的内容源于对古代文化的发现、整理和选择，注重讲授实际的文学技巧和道德、市民价值观，其最大成就是将古典拉丁文教育的标准传达给社会上层。15世纪，意大利的学生在拉丁语学校学习正确的拉丁语法规则，以及如何写信，如何用优雅、流利的风格演讲，如何欣赏韵律和古诗中的优美诗句与历史知识。到了16世纪中期，意大利贵族以及牧师与律师都能熟练背诵维吉尔的诗歌。

文艺复兴时期，意大利的职业教育也在适应商品经济发展需要的过程中获得一定程度的发展。为满足社会对公证人、秘书和官员从事公众或私人事务的需求，实用算术、商业簿记等职业知识的学习受到普遍重视。从1424年到16世纪，威尼斯的公立学校聘请了商业数学教师，认为商人和技工没有知识就不能有效地经营和生产，开设这门课程培养专门人才有助于城镇未来的繁荣。在威尼斯，讲授应用学科的学校主要针对商人和工匠的孩子们。那里一半以上的男孩都学习应用学科，包括学习加、减、乘、除和比例的使用，以及怎样兑换钱和一些计算规则。另外学习一些宗教和世俗文学，有时还学习一些初级拉丁语法。尽管商业数学成为应用学科的重要组成部分，但尚不能进入许多拉丁语学校。虽然一些人文主义者认识到数学的重要性，但很少将其列入课程表。

意大利文艺复兴时期的学校教育呈现出明确的等级性和阶层性，古典人文学科教育主要面向贵族和具有一定社会地位家庭的子弟实施，而职业教育则主要面向以谋生为主要目的的下层社会家庭的子弟实施。

文艺复兴时期，意大利城市设立一所大学的基本程序包括：首先，要获得教皇或皇帝的支持，只有拥有教皇或皇帝授予的特许状，大学才可以颁发毕业证书和授予学位；其次，还要拥有能够教授神学、法律、文科、医学等各种专业课程的教师。1685 年，摩德纳在皇帝的特许下建立了一所大学。整体来说，文艺复兴时期的意大利大学数量未能出现明显增长，具体原因一是城市内部各方政治势力的较量消耗了彼此力量，二是建立一所大学需要高额的资金以及为学生提供合适的校舍。在教学科目上，文艺复兴时期意大利大学在原来的教会法、民法和医学科目的基础上增设了修辞学、哲学、天文学等科目。人文学科在文艺复兴时期的意大利大学中得到了发展，"七艺"为大量专业学科所取代。人文学科包括语法、修辞学、诗歌、历史和道德哲学。

文艺复兴时期，意大利教会教育发展呈衰败势头。1300 年之后，意大利教会学校已经基本消失。14 世纪，因与人文主义者极力倡导建立世俗学校的初衷背离，教会学校不再受到社会的追捧，在基础教育中已经不再发挥主要作用。14 世纪之后，很多教会学校的校舍甚至被世俗学校所征用。导致教会教育衰落的原因主要有两方面：一是中世纪晚期基督教衰落，教会无暇自顾，更何况是承担儿童的教育事务，免费教育贫穷儿童以培养教士和牧师的尝试也并不成功；二是中世纪晚期意大利的富商认为教会学校已经不能适应当时社会发展需要，他们需要的是更能贴近现实生活、满足各方面生活需要的世俗学校。他们并不想自己的孩子将来成为教士和牧师，而是选择将孩子送入公立学校或各种各样的私立学校，接受世俗教育。

16世纪，意大利世俗教育发展迅速，富家子弟多选择世俗学校就读。女子教育获得发展，女子可选择到初等学校或女修道院接受基础文化教育，也可在家庭中学习家政技能，或者到店铺做学徒以习得一门职业技能。意大利世俗教育重视自然科学、古典文学、历史等人文学科知识的教育和教学，注重身体与思想的和谐发展，提倡因人而异的教育和教学方法，反对以体罚为主的教育方法，主张关爱儿童，使用游戏和活动相结合的生动教学方法。

16世纪，教会教育也为意大利教育事业发展作出了一定贡献。教会学校设有基础学科课程，向入读者传授古典知识和神学知识。

第二节　英国的人文主义教育

在英国，人文主义教育家有科利特（John Colet，1466—1519）、莫尔（Thomas More，1478—1535）、艾利奥特（Thomas Elyot，1490—1546）等。科利特的教育思想以基督教人文主义为基础，反映了15世纪末英国人文主义教育的特征。作为英国最著名的人文主义者，莫尔在他的《乌托邦》一书中深刻阐述了人文主义教育思想。艾利奥特的教育思想则是人文主义教育基本原则的汇总。

该时期，英国的人文主义教育实践主要体现在基础教育、高等教育和实用教育等层面。在基础教育方面，15世纪末和16世纪初英国拥有文法学校300所。文法学校和公学开设大量人文主义课程，成为英国人文主义教育思想的宣传阵地和培养英国人文主义新人的摇篮。作为公学的代表，圣保罗公学借助教育改革事实上扩大了教育对象的范围，实施有序管理，运用有效的教学方法，为文法学校所效仿，成为英国文艺复兴时期实施基督教人文主义教育的文法学校的典范，对当时及后世文法学校的发展均产生了重大而深远的影响。

关于高等教育发展，在王室与贵族势力的支持下，牛津大学和剑桥大学发展成为人文主义者活动的重镇。大学设专门教授席位，讲授人文主义古典文化和欧洲大陆的人文主义思想。独立学院也参与了古典文化的传授，1524年托马斯·沃尔西（Thomas Wolsey，1473—1530）设立红衣主教学院（Cardinal College），规定以希腊语讲授人文主义、哲学和神学课程。

实用教育也成为该时期英国教育实践的主要内容。为适应社会发展对实用教育所提出的新需求，英国教育开始注重培养人的实用技能，强调军事技能、航海术、造船术、数学等的训练和学习。

第三节　法国的人文主义教育

在法国，人文主义教育家有比代（Guillaurne Bude，1468—1540）、科迪埃（Mathurin Cordier，1479—1564）、拉伯雷（Francois Rabelais，1495—1553）、拉谟斯（Peter Ramus，1515—1572）和蒙田（Michel de Montaigne，1533—1592）等。比代研究古希腊、古罗马文化知识，促进了古典文化研究在法国的复兴，发起并协助创办了法兰西学院（1530年），著有《君主的教育》（1516年）。科迪埃曾在法国的奎恩学院和瑞士的瑞弗学院任教，著有拉丁语学习教材《对话集》（1564年），其对教育思想的贡献主要表现在教学法方面。拉伯雷、拉谟斯、蒙田的教育思想洋溢着浓郁的自由精神。拉谟斯曾担任法兰西学院的院长。拉伯雷和蒙田分别通过《巨人传》（共5部，第一、二部分别出版于1532年、1534年，第三部出版于1545年，第四部出版于1551年，第五部在他去世11年后才出版）和《随笔集》（共3卷，前两卷出版于1580年，1588年出版经过修改增订的前两卷和第3卷）阐述了人文主义教育的精神，从而成为著名的人文主义教育家。

在弗朗西斯一世、比代和古维亚的推动和参与下，15—16 世纪法国人文主义教育获得较大的发展。大学开设人文主义课程；创设具有人文主义性质的法兰西学院和奎恩学院，这两所学院后发展成为法国人文主义学校的典范。

1534 年，法国波尔多市依照人文主义理想成功改组一所男校，将其发展成为一流学校，进一步扩展了人文主义教育的影响。维内担任校长期间（1556—1570 年），制订了学校的课程与教学大纲，确定了各年级的教学内容与教学组织形式：十年级是最低年级（6~7 岁），一年级是最高年级（15~16 岁）。这所学校继承中世纪常用的辩论式教学方法，在年级教师主持下，采取互相提问的形式，避免出现教师讲学生记的流行错误。讲解通常持续一小时，随后开始辩论，学生相互提出问题和疑点、讨论教材和教师的讲解，这种练习进行半小时。1537 年约翰·斯图谟出任斯特拉斯堡市市立文法学校的校长，将该校改组成一所人文主义的拉丁语学校。学校分为 10 个班级，每位教师负责 1 个班级。

第四节 欧洲其他国家的人文主义教育

在尼德兰，欧洲人文主义者领袖伊拉斯谟（Desiderius Erasmus，1466—1536）被誉为文艺复兴时期最杰出的教育理论家，他所写的《愚人颂》（1509 年）传遍全欧，其人文主义教育思想对西方教育思想的发展产生了深刻的影响。

尼德兰共同生活兄弟会大力兴办教育，并成功建立起一套卓越的学校教育体系。兄弟会的宗教实践活动和教育活动呈现出北欧人文主义教育思想的基本特征：强调道德和宗教虔信的教育价值。兄弟会在德文特（在今荷兰）、兹沃勒(Zwolle,在今荷兰)、列日(Liège,在今比利时)、鲁汶(Louvain,在今比利时)等地广设学校,并注重开展"学校管理"。

在德国,阿格里科拉(Rudolph Agricola,1444—1485)被认为是将意大利人文主义文化引入北欧的主将、德国人文主义新教育的创建者。

在西班牙,人文主义教育家维夫斯(Juan Luis Vives,1492—1540)的教育思想的深度和广度在整个文艺复兴时期是独一无二的,比同时代的教育家更系统、更深刻、更富有现代精神。他的早期著作《反对伪辩证法》(1519年)对经院主义教育进行了批判。其主要教育著作是1531年出版的《知识论》,该书第一编题为"知识腐败的原因"、第二编题为"知识的传授"、第三编题为"论人文知识",其中以"知识的传授"编最为重要。他1538年出版的《论灵魂与心灵》是一部心理学著作,广泛而深入地讨论了人的心理问题。更重要的是,他对心理现象的研究是从教学有效性的观点出发的。

统览欧洲部分国家的人文主义教育实践与教育思想,可以清楚地看到,虽然这些国家基于各自的情况而在实施人文主义教育的目的、内容乃至方式上有所不同,但其人文主义教育却表现出一些共同特征,具体包括:1. 人本主义特征。人文主义教育强调以人为本,强调儿童个性发展,注重通过教育实现个人价值、彰显人的尊严,在教学方法上反对禁欲主义。2. 古典主义特征。人文主义教育积极吸收古希腊与古罗马文化,重视实施古代经典教育,强调个人人文修养和高尚道德品质的培养。3. 精英主义特征。文艺复兴的性质决定了人文主义教育在教育目的、教育对象、教育内容以及教学方式上都体现出鲜明的精英主义色彩。4. 世俗性特征。人文主义教育在教育目的和课程设置上体现出对现实社会生活的关注,具有鲜明的世俗色彩。5. 宗教性特征。人文主义教育保留了教会教育在教育体系中的地位,重视发挥宗教信仰在个人成长中的作用。人文主义教育所追求的是以世俗的人文精神改造专横的宗教信条,并最终造就一种更富人性色彩的基督教信仰教育。

本丛书第五卷《文艺复兴时期的人文主义教育》在对文艺复兴时期欧洲人文主义文化发展进行论述的基础上，分别对意大利、英国、法国、德国、西班牙、尼德兰等国的人文主义教育实践和教育思想进行了较为全面的探讨，具体内容包括：文艺复兴运动兴起与欧洲人文主义的发展；14—15 世纪意大利的人文主义教育；15 世纪尼德兰的人文主义教育；15—16 世纪英国的人文主义教育；15—16 世纪德国的人文主义教育；15—16 世纪法国的人文主义教育；16 世纪意大利的人文主义教育；16 世纪西班牙的人文主义教育。

第六章

16—17 世纪的教育

文艺复兴运动为建立在人文主义与宗教理想双重基础之上的宗教改革运动奠定了基础。继文艺复兴之后，欧洲资产阶级选择以宗教改革的形式开展反封建斗争。作为主要发生在 16—17 世纪的一次社会变革，宗教改革运动成为近代欧洲资产阶级与封建主义的第一次决战（恩格斯语）。这次斗争直接向欧洲的封建堡垒及精神支柱——天主教会公开提出挑战，主张在改革旧教会的基础上建立新教会。宗教改革家所主张建立的宗教被称为"新教"，以别于"旧教"即天主教。信仰新教的人被称为新教徒，以区别于旧教徒即天主教徒。宗教改革运动直接催生了路德宗、加尔文宗和英国国教三大新教教派。天主教阵营的耶稣会则致力于通过发展教育的方式应对新教教派挑战，最终形成了新旧教各派为争取信徒、扩大各自影响而重视教育发展，并在教育理论和教育实践层面多有建树的新局面。

17 世纪是西欧社会资本主义迅速发展的时期，也是西欧社会自然科学勃兴的时期。随着文艺复兴运动和宗教改革运动的发展，西欧社会出现了诸如达·芬奇、哥白尼（Nicolaus Copernicus，1473—1543）、培根（Francis Bacon，1561—1626）、开普勒（Johannes Kepler，1571—1630）、伽利略（Galileo Galilei，1564—1642）、哈维（William Harvey，1578—1657）、牛顿（Isaac Newton，

1642—1727）等一大批在科学史上占有重要地位的人物。其中，英国哲学家培根在他的学术活动和著作中批判宗教神学、经院哲学与经院主义教育，主张"知识就是力量"，提出基于实验的科学归纳法，制订科学教育的理想方案。培根的教育思想对以后的西方教育思想产生了深刻的影响。作为近代科学教育的先驱，他的知识论和方法论对英国教育家洛克（John Locke，1632—1704）与捷克教育家夸美纽斯（John Amos Comenius，1592—1670）起了很大的启迪作用。

16—17 世纪，欧洲教育理论与教育实践实现新的发展。这是一个资本主义曙光初现的时代，同时又是一个理性向信仰挑战、科学向迷信宣战、民主向特权开战的时代。这种时代精神及错综复杂的矛盾、现实需要激发了思想家及教育家的灵感，推动了教育理论的突破，也促进了教育实践的发展。人们纷纷"思必出位"（康有为语），冲破现实条件的束缚，描绘带有理想色彩的改造社会的蓝图，包括各种教育理论，并将其付诸教育实践。

第一节　德国教育

16—17 世纪，一方面，宗教与政治纷争致使德国境内诸侯林立，基督教世界的分裂导致德国境内宗教冲突频发，战乱不止，教育事业受到极大破坏。另一方面，伴随着宗教改革的推进，德国新教地区教育发展迅速，符腾堡、梅克伦堡、普法尔茨、法兰克尼亚等建立起自己的学校体系。文科中学以斯特拉斯堡模式为主，注重人文学科教育。为应对新教挑战，耶稣会表现出高涨的办学热情，并对德国教育产生了持续的影响。

马丁·路德（Martin Luther，1483—1546）等新教改革家主张"因信称义"，要求普及《圣经》，提倡普及教育，形成了新教教育思想，并创办新型中等教育机构。路德的教育主张集中体现于《为基督教学校致德国市长和市政官员书》(1524 年)和《论送子女入学的责任》(1530 年)两篇论文中，并对当时乃至以后的教育实践产生了深远的历史影响。瑞士宗教改革家加尔文(Jean Calvin，1509—1564)否定教皇的权威，要求重新确立上帝及《圣经》的权威；否认"善功称义"，宣扬"预定论"；主张因信称义，反对因行称义或因功称义；崇尚理性与科学；主张个人履行天职，热爱生活。加尔文还主张，教育的目的在于实施道德教化，即学校教育不但要培养有知识的实用人才，而且要全面培养虔诚的基督徒；重视教师队伍建设，把教师视为教育乃至其宗教理想最终能否实现的关键；注重在教学实践中实现因材施教、循序渐进、教学相长；强化音乐教育，认为音乐能陶冶人的情操、影响人的情感，有助于宗教教化。加尔文强调道德教化，意在培养、塑造新人。与人文主义教育思想相比，新教教育思想表现出宗教性、群众性和普及性的特征。

整体来看，路德注重通过实施一种新教教育以培养个人对上帝的虔诚信仰，从而实现灵魂得救。与路德所强调的教育世俗化相比，其教育的宗教性目的才是根本的和一贯的。加尔文也强调教育要实现宗教目的与世俗目的，但同时强调教育的重心在于信仰、来世和教会。在对教育的宗教性价值和目的的强调与追求上，新教与天主教并无二致，其差别仅在于实现手段：新教主张"因信称义"，否认教会的中介作用，否定教皇的权威，强调个人通过阅读《圣经》和真诚的信仰与上帝直接交流；而天主教则强调教会的中介作用和教皇的权威。

1527 年，新教神学家和人文主义教育家梅兰克顿(Philip Melanchthon，1497—1560)撰写《萨克森学校计划》，直接促成风行欧洲的文科中学的大发展。梅兰克顿在不同时期为德国中部和南部许多城市和小诸侯国拟订了学校条例，经过其弟子的传播与推广，成为许多学校办学的蓝本。梅兰克顿所奠定的德国文科中学的雏形，后来发展成为德国学校体制中的典范。在文科中学创建和发展的过程中，最为著名、影响最大并传播到全欧洲的是斯图谟（Johannes Sturm，1507—1589）于 1538 年在斯特拉斯堡创办的古典文科中学。作为欧洲宗教改革时期的德国新教教育家、路德的追随者，斯图谟在担任斯特拉斯堡中学（或称斯图谟中学）校长期间，就文科中学的办学宗旨、教育目的、课程设置、学制等进行了深入思考，具体体现了梅兰克顿的中等教育和高等教育发展理想，确定了斯特拉斯堡文科中学的发展模式，为德国文科中学的发展提供了一种可被广泛效仿的榜样。

作为路德的好友和忠实信徒，布肯哈根（Johannes Bugenhagen，1485—1558）选择在德国北部开展初等教育活动。布肯哈根重建教会，开办教区学校，推行识字运动，在小学以德语教授儿童学习《圣经》，积极践行路德的宗教改革原则，为重建农村新教教会小学作出了重要贡献。

宗教改革运动又导致了天主教会的反宗教改革运动。反宗教改革的教育思想以耶稣会创始人罗耀拉（Ignatius Loyola，1491—1556）的教育思想为代表。作为耶稣会教育的奠基者，他于 1550 年写出《耶稣会章程》初稿。该章程后在 1559 年以拉丁文出版，其中第四部分专门论述教育。罗耀拉赋予教育重要的地位，强调宗教道德教育，突出神学和哲学在学校教育中的重要性，强调教育的最终价值和目的在于为教皇和天主教会服务。显然，罗耀拉为耶稣会设计的教育就是要"将文艺复兴精神和古代经典纳入服从基督教理想和教会之中，将产生于文艺复兴思想的新个人主义引导到为上帝服务"[1]，表现出较强的功利性和宗教性。罗耀拉强调实施严格的学校教育管理，耶稣会学校的组织管理和师资水平堪称一流，这些无疑为其教育的高质量发展提供了保障。

---

[1] ［美］S.E. 佛罗斯特：《西方教育的历史和哲学基础》，吴元训等译，247 页，北京，华夏出版社，1987。

第二节　英国教育

宗教改革时期建立的英国国教会以《圣经》为基础，主张因信称义，保持主教制，强调洗礼和圣餐等。在教育上，英国国教会主张强化教育管理权，严格审查教师的宗教身份；继承英国人文主义教育的课程体系和教学方法，以民族语言英语为教学语言，注重培养学生养成民族意识与民族情感。到17世纪时，英国国教会开办的各级各类学校取得了长足发展，以致被一些教育史学家称为"教育革命"。这一时期文法学校和公学崇尚古典学科，践行精英教育理念。发生在英国国教与天主教之间的冲突对牛津大学和剑桥大学产生了持续的冲击与影响，非英国国教信仰者基本上被拒于大学门外。大学入学人数锐减、优秀学者流失，其作为文化中心的地位开始下降。非英国国教信仰者转而选择进入新型学校或学园，学习较为实用的知识和技能，在一定程度上满足了中产阶级发展工商业的需要。

17世纪，在培根学说的影响下，英国出现以哈特利布（Samuel Hartlib，1600—1670）为中心的革新教育思想家群体，成员包括伍德沃德（Hezekiah Woodward，1592—1675）、杜里（John Dury，1596—1680）、弥尔顿（John Milton，1608—1674）、配第（William Petty，1623—1687）、胡尔（Chales Hoole，1609—1667）等。这些革新教育思想家从不同的角度对教育问题进行了论述，他们都要求学校教育扩充具有实用价值的教学内容，提出改进教育和教学方法，主张教育适应儿童身心发展的特点，并强调国家对国民教育的领导。这种教育思想无疑反映了近代英国教育发展的趋势。

17世纪以洛克的绅士教育思想为代表的绅士教育理论，一方面直接受到了经验主义的影响，另一方面也从理性主义获得了相应的理论启示。在继承前人特别是弥尔顿有关绅士文化和教育思想的基础上，洛克在其《教育漫话》

一书中系统阐述了自己的绅士教育思想。洛克的绅士教育思想积极回应 17 世纪英国社会发展对新型绅士和实用人才培养的社会需求，充分肯定了教育的作用，强调培养有德行、有用、能干的人才，指出绅士教育的目标既非培养神职人员，也非培养皓首穷经的文人雅士，而是要造就体魄强健，掌握现代外语、商务贸易和海外开拓技能的实干家。洛克主张体育、德育和智育的协调，要求改进教学内容和教学方法。洛克的绅士教育思想体现并回应了 17 世纪的时代精神和英国经济发展对教育的需求。更应该指出的是，这种教育思想深刻影响了 18 世纪法国启蒙时代的教育思想，并在启蒙教育思想中得到了发展。绅士教育思想的诞生，代表着西方教育实践在由教会教育转变为资产阶级世俗教育的道路上迈出了具有里程碑意义的一步，并成为后世功利主义教育思想的先导。

17 世纪，英国教育的等级性和双轨制特点表现突出。贵族及富家子弟一般选择伊顿公学（Eton College）、哈罗公学（Harrow School）和威斯敏斯特公学（Westminster School）等公学就读，接受古典文化教育。贵族子弟的教育道路一般是"家庭教育–文法学校教育"。一般平民家庭子弟则在家庭或小型教区学校学习基本的读、写、算，稍后接受职业训练，为就业做准备。

17 世纪，英国文法学校快速发展。文法学校主要面向中产阶级子弟，包括自耕农、商人、店主、工匠、牧师、药剂师、公证人和律师等。英国捐助文法学校和免费文法学校并行发展，17 世纪 60 年代，免费文法学校增至 704 所。

作为学校体系中的"贵族"，17 世纪，英国公学主要以培养神职人员为目的，开设拉丁文、希腊文等古典课程，以讲授古希腊、古罗马文学、历史等古典知识为主，纪律严明、体罚盛行，教学质量较高。公学在 17—18 世纪逐渐发展成为贵族学校，学校性质由免费向收费转变。公学实施寄宿制，管理日渐规范。此外，英国国教会牧师也开始提供大量的私人教学。

17世纪60年代之后，受宗教冲突、政党情怀和阶级意识增强的影响，大城市文法学校受到英国国教会的冷落，文法学校教师和校长被驱逐，部分文法学校迁至偏远地区办学。到17世纪末，文法学校衰落已成为不争的事实。

17世纪前半期英国大学教育的开放性有限，且宗教色彩突出。大学需要遵守宗教一致性原则，须尊奉英国国教。坎特伯雷大主教威廉·劳德（William Laud，1573—1645）担任牛津大学校长期间（1630—1641年），坚持宗教一致性原则，编订牛津大学校规《劳德规约》，要求大学教师必须依据英国国教的《公祷书》参加礼拜、日常祷告和公共布道活动。《劳德规约》共21编、270多个章节，内容涉及大学学期与假期、招生与录取、学院制与导师制、公共讲师、公共讲座、学位授予条件与课程要求、常规辩论、全体教职员会议、高级教职员会议、每周校务委员会、学术服装与礼服、行为规范、布道、大学职员与雇员、大学的公共物品与场所、法庭及司法权等，对牛津大学和英国其他大学的发展产生了深远影响。

这一时期，在意大利和德国出现了早期空想社会主义教育思想。意大利早期空想社会主义者康帕内拉（Tommaso Campanella，1568—1639）在《太阳城》一书中全面而系统地论述了教育问题，把注重教育作为实现理想社会制度的主要任务。德国早期空想社会主义者安德里亚（Johann Valtentin Andreae，1586—1654）在《基督城》一书中对他的基督教的理想国及其教育制度做了描述。虽然早期空想社会主义教育思想不可避免地打上了时代的印记，在当时的社会制度下也不可能变为现实，但它阐述了理想社会的教育理论，描绘了理想社会的教育蓝图，因而具有超越时代的特征。

第三节　法国教育

宗教改革时期，法国新教和天主教之间的冲突曾引发持续36年（1562—

1598 年)之久的宗教战争。1598 年,亨利四世颁布《南特敕令》,确认人人享有信仰自由的权利,成为法国宗教改革运动的成果。长期的宗教冲突对法国的政治经济和文化教育产生了深远影响。亨利四世在位期间(1589—1610年),恢复和强化了中央集权的专制统治,使法国实现了社会秩序的重建和经济的复苏,这一时期乃至整个 17 世纪的教育也开始得到发展。法国政府积极介入教育事务,《1600 年法案》的颁布与实施代表着法国政府对高等教育事务的直接干预。基于提高军事和经济效率的目的,职业技术教育发展受到法国政府更多的重视。政府实施重商主义政策,设立贸易学校、皇家绘画学院、罗马学校、皇家建筑学院、艺术学校、军事专科学校、国立航海学校,积极推进职业技术教育;规定在每个教区设立初等教育机构,并且建立了一批新型的教育和研究机构,如自然历史博物馆、法兰西科学院等。天主教(如耶稣会、基督教学校兄弟会)和新教(如胡格诺派、詹森派、圣乐会)也都十分重视教育,纷纷创办学校和颁布一些教学规章。

耶稣会学校重视修辞学和辩论技巧的学习,并以其完全免费的教育吸引了越来越多的求学者。罗耀拉制定的《耶稣会章程》规定了耶稣会学院的组织情况,1599 年出版的《教学大全》则包含了一个完整的教学计划,成为 17 世纪乃至后来三个世纪不变的教育典范。耶稣会教育重视开展精美语言的训练和练习,忽视历史、哲学和科学知识的学习。法国教育史学家孔佩雷就此指出:"耶稣会教徒首先反对的就是进步。他们不能宽容地接纳新事物。他们的教育囚禁了人类的思想,也阻挡了前进的脚步。"[①] 17 世纪,詹森派学校则注重逻辑和思维训练。詹森派在法国设立波特·诺亚尔学校,致力于培养健全的心智而不是优秀的拉丁语言学家,引导学生参与自我判断和自我反思活动,开展法语教学,改革阅读与书写教学的方法、规则。波特·诺亚尔学校的文

---

① [法]加布里埃尔·孔佩雷:《教育学史》,张瑜、王强译,111 页,济南,山东教育出版社,2013。

法教师通过让学生阅读古典著作，丰富了枯燥无味的文法规则学习。

17世纪，法国出现了以哲学家、数学家笛卡儿（René Descartes，1596—1650）和教育家芬乃龙（François de Salignac de la Mothe-Fénelon，1651—1715）为代表的理性主义教育思想。被称为"现代哲学之父"的笛卡儿以理性主义哲学观为指导，强调理性的培养和思维的发展，提出理性至上的伦理原则，形成了理性主义教育思想。作为理性主义的奠基人，笛卡儿认为，借助于感觉经验，我们只能获得个别知识或有限知识，难以获得普遍性的和必然性的真理性知识。真正的知识与感觉经验无关，而是来自天赋或神圣启示。一般来说，接受经验主义主张的教育家都强调直观教学的作用，强调教学过程应从儿童感知具体事物开始，强调教学应坚持从具体到抽象的原则，并注重发展儿童的观察力；而受到理性主义影响的教育家则强调教育应着重发展人的理性力量，认为理性的发展才是教育所要追求的目的，感性经验无非是达到这种目的的手段。在笛卡儿思想的影响下，芬乃龙对女子教育、早期教育以及教育原则与方法等问题进行了论述，提出了一些新的教育见解。

16世纪末至17世纪中期，主要由市民、农民和部分贵族组成的法国新教教派——胡格诺派（Huguenots）重视教育发展。按照胡格诺派惯例，每建立一座教堂，就要设立一所初级学校。胡格诺教徒在法国多地创设了初等学校和中等学校（时称"学院"）。学院设七个年级，主要教授拉丁文、希腊文和法文。17世纪后期，胡格诺派的初等学校被摧毁后，基督教学校兄弟会在法国承担了初等教育的主要职责。

17世纪，受笛卡儿理性主义影响而成立的圣乐会（Oratory）广设学校，发展教会教育，强调教育目的在于引导个人挚爱并追求真理，重视学习古典文学、地理和科学知识。在学生管理上，强调综合运用安慰、威吓、奖励等多种方法，慎用体罚手段。

从16世纪末开始，天主教会及相关成员在法国开展了各种类型的教育活动，其中产生较大影响的有德米亚及其创设的里昂小学、克劳德·乔利及其初等教育实践和拉萨尔的办学活动，其中尤以拉萨尔的办学活动影响最大。1685 年，拉萨尔在兰斯创设教师学院，专门为乡村地区培养教师。后来他又在巴黎建立了一所类似的学校，并为教师学院开设了一所附属小学。拉萨尔重视免费义务教育，重视阅读、书写、拼写、算术、教义问答等课程的教学。在学校纪律方面，强调学生对纪律的服从，对学生行为失当的处罚包括斥责、忏悔、戒尺、教鞭、开除。虽保留体罚，但就其实施条件作出限定。同时规定，在学校规定的惩罚措施之外，教师不得私自采用其他任何惩罚措施。

就 17 世纪法国教育的整体发展状况而言，教育发展相对缓慢，宗教组织在教育领域中居于主导地位，宗教对教育的影响无处不在，宗教学说、宗教道德、宗教仪式、宗教信仰成为学校教育的主要内容。

第四节　意大利教育

16 世纪初，意大利陷入政治上四分五裂、文化教育事业普遍衰落的困境。受 1517 年首先开始于德国的宗教改革的影响，意大利宗教改革运动也在约 1520 年启动，直指天主教会及其教阶制。虔诚的世俗人士和高级教士组成各类学会或修会，讨论推动各项宗教事务，其中卡普勤修会在复兴圣方济各派传统方面作出了贡献。

威尼斯成为意大利宗教改革的中心，犹太人、希腊人、天主教徒、新教徒、穆斯林、再洗礼教徒在此集中，社会自由和宗教自由促使此地成为独一无二的抵制反宗教改革的邦国。以伊拉斯谟为代表的宗教改革家则以博洛尼亚为中心，宣扬、传播福音主义理论，强调伦理和宗教、福音书和使徒书信，以实现革新天主教的目的。

福音主义的模范主教和教会改革家马泰奥·贝吉蒂致力于祈祷和慈善事业，决心革新天主教，在其同时代人中享有盛誉。

16 世纪前期，天主教失去了阿尔卑斯山以北地区，即使是在天主教势力强大的意大利，新教的影响也日益增大。红衣主教孔塔里尼和卡拉法热切希望通过宗教改革重振道德生活和精神生活，实现教会的重新统一。1541 年 2 月雷根斯堡会议的召开，标志着意大利宗教改革运动的终止和反宗教改革运动的启动。反宗教改革运动的一项重要举措便是改组宗教裁判所，授权它在整个天主教世界活动并受罗马教廷的管辖。教皇保罗三世直接领导宗教裁判所，任命最高宗教裁判员、宗教裁判员，组成 7 人审判团。宗教裁判所是天主教的最高法庭，整个天主教会都必须严格遵守它对信仰问题的意见。宗教裁判所有权惩罚教士和信徒，有权对整个天主教世界的出版物进行审查并公布"禁书目录"。

1559 年，教皇保罗四世将宣扬福音主义的著作全部列为禁书，薄伽丘、马基雅维利、但丁、伊拉斯谟等人的著作悉数被禁。教皇庇护四世在 1560 年至 1563 年间召开第三次特兰托宗教会议，宣布所有新教为异端，而罗马教廷的教条和仪式必须被严格遵守；教皇是教会的最高权威；教士必须独身等。1571 年，教皇庇护五世成立禁书目录委员会，授权其对禁书作者进行处罚，直到开除教籍。1596 年罗马宗教裁判所对布鲁诺进行审讯，1600 年 2 月布鲁诺在罗马鲜花广场被烧死。1616 年 2 月，宗教裁判所宣布伽利略的宇宙观为"异端邪说"。禁书目录委员会先后禁止了哥白尼的《天体运行论》(1616 年) 和开普勒的《哥白尼天文学概要》(1619 年)。宗教裁判所的宣判及其行为直接导致意大利学术界、思想界陷入一片沉寂，给意大利文化发展造成灾难性的后果。

1539 年西班牙贵族和军人罗耀拉创建耶稣会，并于 1540 年获得保罗三世认可，总部设于罗马。1541 年，罗耀拉当选为首任耶稣会会长。耶稣会成立后积极参与教育事业，宣称"特别关心孩子们的教育"，并且提供免费的教育，吸引了大批穷苦家庭子弟。1559 年《耶稣会章程》发布，其第四部分专门论述教育问题，后成为耶稣会教育发展的纲领性文件。1599 年耶稣会颁布《教学大全》，集中展示了耶稣会教育的主要信条。《教学大全》体现了那个时代的最佳教学实践并使之系统化，被认为是"迄今为止所看到的最详尽和最彻底的学校教学方案"。耶稣会重视开办面向贵族子弟的寄宿制学校，注重教学质量和教学方法，重视中等教育和高等教育。耶稣会在促进天主教复兴、遏制新教在欧洲的传播方面发挥了不可估量的作用，在一定程度上促成了近代欧洲新教与天主教并存的宗教格局。

16 世纪初，意大利大学在保持中世纪体系的同时鼓励发展新学术、传授新知识，人文主义价值观也得到传播。反宗教改革运动兴起之后，意大利大学相对开放自由的状况开始发生变化。耶稣会把大学视为战胜异教徒的主要阵地，宗教裁判所也对持有新教立场的教师、学生的学术生活构成威胁，加之各国政府对大学实施控制，导致意大利大学发展逐步表现出地方化倾向，学生数量也有所下降。与此同时，意大利大学在课程设置、招生制度和科学研究等方面进行了改革。

在宗教改革时期和 17 世纪，意大利长期处于战乱和西班牙统治之下，其文化和教育事业也随之出现了长时间的衰退。耶稣会成立后，在意大利积极创办各级各类学校，旨在培养反宗教改革的神职人员，在很大程度上促进了意大利教育的发展。

在宗教改革时期和 17 世纪，意大利教育完全掌握在耶稣会之手，耶稣会在意大利多地开设学校，开展教会教育，实施严格的教育管理，取得了较为突出的教育成就，为其他社会慈善人士和宗教团体树立了榜样。耶稣会还在重建旧大学的同时，创设新大学，将大学改造成为传播天主教教会教义、扩充社会影响和争取信徒的主要阵地，对意大利高等教育的发展产生了深刻影响。不过，为适应民族国家和新兴自然科学发展的需要，意大利大学的课程设置也表现出一些新气象，开设了解剖学、植物学、医学等课程。

第五节　夸美纽斯的教育实践与教育思想

夸美纽斯继承了文艺复兴和宗教改革的教育思想成果，并将其系统运用到自身的教育实践中，形成了独具特色的自然主义教育思想。

夸美纽斯出生于一个捷克"兄弟会"家庭，12岁失去双亲后在"兄弟会"的资助下进入拉丁语学校学习。后入德国大学学习，毕业后长期担任"兄弟会"学校校长，先后撰写《母育学校》《语言入门》《大教学论》等教育理论著作和教科书，产生了世界性影响。

夸美纽斯在继承培根"泛智论"主张的基础上，终生致力于探索将一切有用的知识教给一切人的方法，最终构建以"泛智论"为核心内容的学校教育改革计划和自然主义教育思想体系。处在新旧交替和过渡时期的夸美纽斯继承了以前时代尤其是文艺复兴时期的教育思想，而且总结了宗教改革运动中的教育实践经验。因此，"在西方教育理论与实践发展的历史上，夸美纽斯……起着承前启后的作用。文艺复兴时期的人文主义教育思想和宗教改革运动中产生的新教教育理论与实践在夸美纽斯的《大教学论》等著作中得到最集中的反映和升华。培根的知识论、认识论和方法论也被他运用于自己的教育理论探讨与实践中"①。

作为夸美纽斯自然主义教育思想的核心，"泛智论"的基本主张包括：智慧是使人实现精神丰富、心灵自由和生活美好的根本条件。个人智慧源于个

---

① 吴式颖、阎国华主编：《中外教育比较史纲》(近代卷)，"本卷引言"8页，济南，山东教育出版社，1997。

人所拥有的科学知识和积累的经验。印刷术为人类知识传播和学习提供了极大的便利，使得民众拥有智慧成为可能。教育者应探索将一切有用的知识教给一切人的全部事务。必须编写适用的教科书，使之有利于将一切有用的知识教给一切人。改革学校工作、改革教学方法，使学校从儿童"智力的屠宰场"变成发展智力的场所、变成对学生具有吸引力的机构，学校应向所有人开放。正确的教学法必须遵循自然的程序，对文字的认识必须与对实际事物的认识紧密结合，实践为人的培养提供有效途径。在教育的作用上，他高度重视教育对社会改良的作用和教育对人的发展的作用。在教育的目的上，他强调现世的人必须使自己的道德、智慧和身体诸方面都得到和谐发展，以便为来世做好准备。在教育的主导原则上，他提出教育要适应自然，并以此为依据来讨论教育原理和教学原则。在学制上，他第一次确立了一个完整的学制系统，包括母育学校（0~6 岁）、国语学校（6~12 岁）、拉丁语学校（12~18 岁）和大学（18~24 岁）。他第一次系统探讨了教学原则，提出了直观性教学原则。在教学组织模式上，他第一次提出并从理论上论证了班级授课制，同时又提出学年制和学日制，制定了考试（考查）制度。在学校管理上，他第一次倡导国家设置督学，并阐述了学校工作人员的管理职责，重视纪律在学校管理中的作用。在教师问题上，他高度评价教师在教学中的作用，并对教师提出了很高的要求。

基于 17 世纪社会政治和经济发展基础，夸美纽斯在总结前人教育经验和自己长期的教育实践经验的基础上，对人类教育问题进行了全面而系统的阐述，在很多方面超过了同时代的教育思想。夸美纽斯率先在世界上将教育作为专门的研究对象，着手创建独立形态的教育学体系，这标志着人类教育思想发展进入了一个新阶段。对西方教育思想的发展来说，其贡献就在于奠定了一个初步的理论基础。其"泛智论"中体现着理性主义、科学精神、民主愿望以及教育改革的开拓精神，代表了一种伟大的教育理想，构成 17 世纪进步教育思想的主旋律，并为 18 世纪和 19 世纪西方教育思想的发展以及现代教育改革运动提供了必要的理论启示。

第六节　北美殖民地教育

在宗教改革时期和 17 世纪，基于不同的殖民政策、风土人情和管理模式，北美地区各殖民地的教育发展也有很大差别。这一时期，北美殖民地的黑人和印第安人教育、女子教育、民众教育也得到了一定程度的发展。

欧洲教育思想相继传入北美殖民地，成为北美最早的教育思想。宾夕法尼亚殖民地的威廉·佩恩和托马斯·巴德分别提出各自的教育思想，为独立后的美国的教育思想的诞生提供了基础。威廉·佩恩强调认识世界和认识自然，将事物的教育置于重要地位，主张通过认识现实世界达到对上帝的认识。托马斯·巴德主张教授一切有用的技艺和科学，实行教学与生产劳动相结合，并为穷人和印第安人的孩子提供教育。美国早期的一些教育法规中也蕴含了宗教教育、普及教育和职业教育的思想。北美殖民地民众对教育的态度也在一定程度上影响着教育的发展。

第七节　日本教育

17 世纪的日本正处于封建社会制度走向成熟和繁荣的时期。不同于同时期的西欧社会，虽然在这一时期日本朱子学派、阳明学派以及古学派的教育思想具有各自的特征，但就这些教育思想的基本性质而言，仍然是封建主义的。不过，日本教育家们虽然在思想上尚未挣脱封建传统的桎梏，但仍有不少创造与贡献。以藤原惺窝和林罗山为代表的朱子学派提倡"神儒一体"，试图用儒学理论论证神道，成为后来武士道和军国主义教育的重要渊源。贝原益轩重视"格物"与"穷理"，强调知行并重，提倡"随年教法"，主张教育目的在于"治国平天下"。以中江藤树及其弟子熊泽蕃山为代表的阳明学派主张"致良知"，并以"良知"作为判断是非的标准，反对外在权威，实施藩政改革。17世纪后期兴起的以山鹿素行、伊藤仁斋、荻生徂徕为代表的古学派认为朱子学和阳明学违背了儒学的本质精神，要求重新认识儒学，做到古为今用。总之，17世纪日本儒学的发展为教育从"宗教本位"走向"现实本位"提供了可能。这一时期日本出现了各种类别和层级的学校，在教育教学方法上也更为强调实践教学。

第八节　印度教育

16世纪至17世纪初，印度确立君主专制的中央集权管理体制，社会经济获得较为快速的发展。德里、阿格拉、拉合尔、阿默达巴德等主要城市在发挥政治中心职能的同时，也开始发挥工商业中心的作用。印度文化艺术也进入了一个新的发展阶段。在宗教信仰上，出于调和国内宗教矛盾的需要，莫卧儿帝国实施较为宽容的宗教政策，废除针对非穆斯林的人头税，允许印度教徒恢复先前的信仰。

印度教育体系包括伊斯兰教教育体系和印度教教育体系两部分。伊斯兰教教育为学生提供宗教和道德训练，以培养其伊斯兰教宗教意识。莫卧儿帝国时期，伊斯兰教教育居于绝对统治地位，并在整个帝国时期发挥着主导作用。

一、伊斯兰教教育

在学校体系上，承担伊斯兰教教育任务的学校机构包括麦克台卜和马德拉沙。麦克台卜通常附设于清真寺，面向男女儿童提供初等教育。麦克台卜的办学资金主要来自当地富裕穆斯林的捐助，学校管理事务一般由创始人承担，教师被称为"Miyanji"或"Mawlvi"。麦克台卜一般不收学费，因为为钱而教有违伊斯兰教教义。相对于麦克台卜，马德拉沙则承担着提供高一级教育的任务，学生在完成麦克台卜的教育后，可进入马德拉沙学习。马德拉沙的办学资金一般源于赠地或政府拨付，管理权一般掌握在知名学者手中。作为高深知识的教育中心，马德拉沙的教育和教学也体现出鲜明的宗教色彩。马德拉沙的学习年限依据学生学习能力而定，多数学生在此学习10~15年。

在教育目的上，中古时期印度伊斯兰教教育的目的包括宗教目的和世俗目的。宗教目的是净化个人灵魂，为现世和来世生活做好准备；世俗目的则强调服务于现世生活。"你们之中最好的人不是为另一世界而忽视这个世界或者为这个世界而忽视另一世界的人。他是为两个世界一起工作的人。"[①]阿克巴（Abu'l-Fath Jalal-ud-din Muhammad Akbar，约1542—1605）登上莫卧儿帝国皇位后，实施宗教宽容政策，颁布新的规章制度，非伊斯兰教徒可在学院接受教育，鼓励图书馆收藏珍贵书籍，倡导教育的世俗化发展，为印度伊斯兰教教育的世俗化转向开启了先河。自阿克巴开始，莫卧儿帝国历代君主越来越注重发展公共教育，并逐渐形成了宗教化和世俗化并存的教育制度。在阿克巴之后，奥朗则布继续推进教育世俗化和规范化事业。

在教育管理上，中古时期印度伊斯兰教教育未设专门的教育管理机构，教育事业主要由宗教机构实施，政府仅以资金和土地资助的方式促成部分中小学类型教育机构的设立。学校类型主要包括穆斯林神学家管理的学校和学者主导的学校。整体言之，莫卧儿帝国时期，国家在教育管理方面几乎没有

---

① 马骥雄：《外国教育史略》，127页，北京，人民教育出版社，1991。

承担任何责任，只通过拨款的形式间接参与教育事业。教育主要掌握在教会手中，表现出强烈的宗教和等级色彩。

在教育内容上，中古时期的伊斯兰教初等学校——麦克台卜主要开展《古兰经》教育和简单的计算、写作和初级阅读教育。进入麦克台卜学习的主要为普通家庭的适龄儿童，富家子弟主要以聘请家庭教师的形式在家里学习伊斯兰教教义及基本的阅读、写作和计算知识。王子和其他皇室成员在皇宫中学习，配有专门教师，主要学习阿拉伯语、波斯语以及军事学知识。莫卧儿帝国时期的高等教育机构——马德拉沙的学习内容主要包括宗教课程和世俗课程。宗教课程主要包括《古兰经》和苏菲派教义注解，世俗课程则包括阿拉伯语、波斯语、散文、文学和逻辑、哲学、法律、占星学、算术、历史、地理、医学和农学等。[①] 该时期的高等教育强调让学生开展教师辅导下的自主学习。

在教学方法与组织形式上，中古时期印度伊斯兰教初等学校的教学方法主要是背诵和复述课文，教学组织形式主要是个别化教学，学生个性受到较多关注，师生关系也较为自由和平等。教师有时安排部分年龄较大且学习能力较强的学生担任助教，帮助教师管理和教育年幼学生。

在考试与学生学业评价上，中古时期印度伊斯兰教学校的教师在学生升级、分科、辩论与讨论、成绩评定等方面发挥着关键作用，是唯一的决定者和评判者。学业优异的学生在完成部分专业如神学的学习之后，还会获得神学教师颁授的毕业证书。学校一般不会给完成学业的学生颁发毕业证书。

受限于诸多因素，伊斯兰教教育并未形成正规、系统的教育体系。但其无论是教育规模、教育目的、教育方法还是教育机构都远远优于印度教教育，并深刻影响着印度教育的未来发展。

---

① ［俄罗斯］萨利莫娃、［荷兰］多德编：《国际教育史手册》，诸惠芳、方晓东、邹海燕主译，279 页，北京，人民教育出版社，2012。

二、印度教教育

印度教也开展了相关的教育，不过相对不受重视，甚至遭到破坏。

印度教为印度土生土长的宗教，其发展最早可追溯至吠陀时期的婆罗门教。佛教的兴起对婆罗门教的地位构成持续的挑战，致使婆罗门教颓败之势明显。以商羯罗为代表的婆罗门教徒推行改革以挽救日趋衰败的婆罗门教，最终促使印度教诞生。

印度教的教义及经典与婆罗门教保持着较大的一致性，但也存在矛盾之处。莫卧儿帝国时期，穆斯林统治印度，印度教教育发展举步维艰，印度教修道院、寺庙以及纳兰达（那烂陀）、塔西拉等宗教和教育机构遭受不同程度的损毁。发展与延续印度教教育的任务便历史性地落在印度北部地区部分学者身上，拉贾斯（Rajas）和马哈拉哈斯（Maharajas）等继续开展教育活动，在大众中传播印度教文化。

在教育政策与管理上，莫卧儿王朝早期的印度教教育实际上处于自生自灭的状态。阿克巴继位后，将发展印度教教育作为巩固自身统治的重要策略，印度教教育迎来重要的发展机遇，非伊斯兰教徒获得更多接受教育的机会。设立将印度教经典著作译成波斯文的专门机构，无疑为印度教教育的传播和发展注入了新的动力。宗教宽容和重视印度教教育发展的政策在贾汗吉尔和沙贾汗统治时期得到较好的延续，一直持续到奥朗则布登基为止。1669 年，奥朗则布下令拆毁印度教学校和寺庙，废除印度教的教育和宗教习俗，导致纯粹的印度教教育走向衰落。

在教育内容上，小学阶段的印度教教育主要开展阅读、计算和写作等基础知识和技能的教学，同时开展宗教教育。语言学习以波斯语和梵语为主。高等教育阶段的印度教教育主要学习梵语和文学研究、宇宙史、吠陀经、哲学、医学、天文学、占星学、历史和地理等课程，要求高年级学生掌握六个主要学习分支：诗歌、语法、天文学和占星学、修辞学、词库以及哲学。

在教学方法上，印度教教育与教学一般分为四个阶段：自由练习阶段，接受字母和笔画写作训练；模仿书写阶段；书写与基础知识学习阶段；高级课程学习阶段，强调学生的练习和模仿，教师发挥着至关重要的作用。在教学实践中，初步实施"导生制教学"；体罚盛行，教典和法律赋予教师使用竹棍和绳索惩罚学生的权利。

在师生关系上，印度教教育一直崇尚尊师爱生，教师应以身作则，在各方面成为学生的表率，莫卧儿帝国时期，为收取报酬而教的教师被视为罪人。不仅如此，教师还有义务向学生免费提供膳宿和教学，教师主要以帝王和富裕户主们在婚宴、葬礼和宗教仪式上赠予的礼物维持自己的开销。教师还通过制定实施学生行为条例来规范学生的日常行为，条例一般涉及学生的早起、祷告、礼拜、为教师服务以及行乞。对学生而言，每日行乞是一种义务，旨在教诲学生过一种"平淡生活"。

实施印度教教育的主要教育机构包括巴拉沙拉和托尔，此外私人导师也向部分学生提供艺术和科学教育。巴拉沙拉遍布印度北部，是印度教面向 6~16 岁儿童和青少年提供基础教育的重要机构。巴拉沙拉建筑及教学设施一般较为简单，学生自备坐凳。学校不收学费，但允许教师收取学生的节日礼物。托尔是印度教实施高等教育的机构，一般由婆罗门操纵。托尔校舍简陋，多为茅草和泥土砌成的房舍，学生在此主要学习逻辑、法律、诗学、天文学、文法等。

第九节　俄国教育

16 世纪末至 17 世纪初期，俄国农业、手工业和商业获得一定程度发展，资本主义生产萌芽出现，文化教育也随之相应发展。伴随着各类新式学校如兄弟会学校、希腊-拉丁语学校、斯拉夫-希腊-拉丁语学院等的创办，社会各阶层识字率得以提高。一些教育家也就这一时期俄国教育的发展进行了理论思考：西梅翁·波洛茨基（Симеон Полоцкий，1629—1680）注重加强青少年的公民教育和劳动教育；卡里翁·伊斯托明（Карион Нстомин，1640—1717）积极引入夸美纽斯的教育思想，重视开展自然、历史和地理课程的教学；叶皮凡尼·斯拉温涅茨基（Епифаний Славинецкий，？—1675）则为儿童编译了《儿童公民守则》，注重养成儿童遵守共同生活准则的意识。17 世纪的俄国文化教育实践及教育思想，在一定程度上为 18 世纪彼得一世的教育改革奠定了历史基础。

第十节　欧洲其他部分国家的教育

在宗教改革时期，北欧的丹麦、挪威和瑞典三国都进行了相应的宗教改革。瑞典受路德宗的直接影响，率先进行了宗教改革，并且建立了路德宗的国家教会。丹麦的宗教改革基本上是和平进行的，并经历了一个缓慢的演变过程，从天主教到路德宗的转变也比较平稳。挪威的宗教改革却遇到了很多阻碍，由于官方语言是丹麦语，《圣经》译本、教义问答等都用丹麦语，因而其宗教改革很难形成群众性运动。宗教改革对北欧三国的教育产生了极大的影响，三国都颁布了促进拉丁语学校发展的教育法规。到 17 世纪时，三国的教育状况已获得明显改善，各种教育机构纷纷建立，普通民众教育开始出现，高等教育发展也有了重大进步。

1568 年至 17 世纪末，荷兰社会政治、经济、文化、科学和艺术等都发生了巨大变化。在人文主义思想和加尔文宗教义的影响下，荷兰整体社会环境比较宽松，宗教自由思想盛行，家庭教育受到重视，初等教育得以发展。与此同时，拉丁语学校、法语学校和职业技术学校获得不同程度发展。在高等教育方面，荷兰创设一批新型大学，其中莱顿大学的科学研究成就令人瞩目，对当时荷兰乃至欧洲高等教育的发展产生了深远影响。此外，面向中产阶级的修辞学院和光辉学院等采用荷兰语教学，办学形式灵活，吸引了不少中产阶级子弟。这一时期，荷兰教育的发展表现出人文性、实用性和开放性三大特征。

16—17 世纪丹麦、挪威、瑞典和荷兰教育的发展，不同程度地表现出世俗化、公立化、义务化、实科化(或实用化)和心理化等特征。

本丛书第六卷《宗教改革与 17 世纪的教育(上)》、第七卷《宗教改革与 17 世纪的教育(下)》论述 16—17 世纪欧洲、美洲、亚洲部分国家和地区的教育实践成就与教育思想成果。其中第六卷所论述的主要内容包括：路德与路德宗的教育思想与教育活动；加尔文与加尔文宗的教育思想与教育活动；罗耀拉与耶稣会的教育思想与教育活动；英国国教会的教育改革、各级各类教育发展、教育革新思想、培根与洛克的教育思想；夸美纽斯的教育思想。第七卷则在论述法国教育实践、法国理性主义教育思想与欧洲早期空想社会主义教育思想的同时，分别对德国、俄国、日本、北美殖民地、北欧(丹麦、挪威、瑞典)、意大利、荷兰、印度等国家和地区的教育实践做了阐述。"结语"部分就该时期欧洲、美洲和亚洲国家和地区的教育发展特点和教育思想成就做了简要归纳和总结。

第七章

18 世纪的教育

　　发端于 17 世纪并在 18 世纪实现蓬勃发展的启蒙运动，使 18 世纪成为一个伟大的时代。启蒙运动反对宗教神学，努力使科学从神学中分离出来并深信理智的进步。启蒙运动成为法国资产阶级革命的先导，正如恩格斯指出的："在法国为行将到来的革命启发过人们头脑的那些伟大人物，本身都是非常革命的。他们不承认任何外界的权威，不管这种权威是什么样的。宗教、自然观、社会、国家制度，一切都受到了最无情的批判；一切都必须在理性的法庭面前为自己的存在作辩护或者放弃存在的权利。思维着的知性成了衡量一切的唯一尺度。"①启蒙运动所倡导的科学和理性协同欧美国家的社会发展需求和文化发展需要，成为 18 世纪欧美国家教育实践变革和教育思想演进的重要动力。

第一节　英国教育

　　对英国而言，18 世纪通常是指从 1688 年"光荣革命"至 1815 年反法战争

---

① 《马克思恩格斯文集》第 3 卷，523 页，北京，人民出版社，2009。

结束这一时期。其间，英国政治、经济以及文化教育完成了由传统向现代的初步转型。18 世纪，英国尚未构建起互相衔接的教育体系，教育的等级性突出。公学和文法学校主要招收贵族和富家子弟，慈善学校（Charity School）和主日学校（Sunday School，又称星期日学校）成为平民家庭子弟接受教育的机构，进而形成双轨制学校教育体系。教育内容古典性色彩浓厚，教会成为教育的主要提供者。公学和文法学校以古典语言（希腊语与拉丁语）、现代语言和古典文科（自然科学和数学的比重有所增加）为主要教授内容，以把上层社会家庭子弟培养成为现代"绅士"和有能力参与工业社会事务的个人。慈善学校和主日学校则主要培养掌握基本读、写、算技能的普通劳动者。

英国初等学校源于教区学校。17 世纪末至 18 世纪中叶，英国初等教育主要由慈善学校、主日学校和各种形式的私立初等学校承担，教育内容以宗教知识、阅读、书写为主。除教区牧师和地方文法学校的助理教师、教师外，部分粗通文墨的店主、织布工、皮匠等也成为初等学校教师的来源。

慈善学校兴起于 17 世纪末期，是当时适应英国社会贫富分化现实和继承教区学校教育传统的结果。1699 年，基督教知识促进会开始推广慈善学校教育，其因对施教者和受教者双方皆有益的特点而得到快速发展。作为初等教育的必要补充，18 世纪后期，主日学校作为一种新的初等教育形式开始出现，其主要是在星期日由兼课教师对儿童以及没有机会接受正规教育的成人进行适当的文化、宗教和道德教育。主日学校的教学和管理事务一般由牧师承担，其注重实施宗教和道德教育，注重培养学生的守时、诚实、顺从和自制品质。

18 世纪英国中等学校主要包括文法学校和公学。作为该时期最具特色的中等教育机构，文法学校源于中世纪，以拉丁语等古典语言的教学为主要教育任务。当时的文法学校保留了此前文法学校的基本特征：一间教室、一位教师、上课时间长、体罚盛行等。得益于数目可观的捐款，18 世纪英国文法学校步入快速发展时期，在继续重视古典学科教育的同时，另设法语、数学、绘画和击剑等课程。毕业生多数升入牛津大学和剑桥大学。公学则为一种特殊类型的文法学校，主要招收已接受家庭教育的贵族家庭子弟。公学对学生的身体要求极为严格，注重实施古典教育和体育锻炼，学生以升入牛津大学、剑桥大学等著名大学继续深造为主要学习目的。

18 世纪英国高等教育发展源于中世纪的牛津大学与剑桥大学，主要体现为古典大学改革和非国教学院发展。18 世纪初期，剑桥大学的《修学计划》建议开设拉丁语、希腊语、古代史、四福音、宗教训诫、宗教史、书法练习以及自然科学课程。牛津大学坚持虔诚学习、保存知识和训练理智的古典教育传统，实施导师制，注重为学生制订个性化的书目阅读计划，实施个性化指导与教育。

非国教学院出现于 17 世纪 60 年代，到 18 世纪末逐渐消失，教师主要由英国清教徒和新教牧师出任。非国教学院由于宗教立场与国教派相左而受到传统大学的压制。很多非国教学院为私人创设，规模较小，主要为新晋牧师提供职业训练，并为世俗青年提供一定程度的高等教育。

18 世纪英国职业教育的发展主要体现为对此前的艺徒教育和行会教育的继承以及成人教育的发展。成人教育主要包括教会和民间组织的教育活动，前者旨在促进教徒对教义的理解，后者则通过举办科学讲座、成立民间学社和团体来开展科学普及教育、提高成人的文化水平。

18 世纪英国教育思想的主要成就体现为亚当·斯密、威廉·葛德文和马尔萨斯就国民教育问题所做的思考。亚当·斯密在就大学教师的职业特征、大学教育经费来源和大学教师的管辖权、大学课程设置等高等教育事务发表自己思考的结果的同时，还历史性地回溯了古希腊与古罗马的国民教育，着重对英国的国民教育进行了系统思考。斯密主张，国家承担着保护本国社会的安全、保护人民免受欺侮或压迫、建立并维持某些公共机构和公共工程的职责，实施国民教育是国家的基本职责。国家实施国民教育的职责具体表现为：重视普通民众的教育，向其提供诵读、书写和算术教育；国家应在各教区、各地方设立实施儿童教育的小学校；国家应强制开展国民教育，任何人在加入某种职业团体和获得某种职业资格之前必须接受国家组织的相关考试或鉴定；国民教育应注重对接受教育者的尚武精神的培养。

作为 18 世纪英国著名的政治哲学家，威廉·葛德文在思考政体教育的同时，还提出了不同于主流的法国国民教育和英国国民教育的具体主张。在葛德文看来，国民教育是国家以及政府为影响民意所作出的一种教育干涉或教育介入。关于国民教育的危害，葛德文将其概括为：整齐划一的国民教育的实施只能束缚民众的思想自由，使民众的见解停留在已经熟知和通晓的领域，被束缚在那些已经过时的观念或已经破产的错误信仰之上；国民教育的实施往往是以忽视人类的天性为基础的，真正的教育应尊重和适应个人的天性，国家替代个人作出有关教育的选择和规划，难以保证满足个人教育意愿并获得理想的学习结果；国民教育的性质决定了其实施与国家政权的结合，对接受国民教育的个人而言，存在着个人全部发展的可能性被忽略甚至伤害的风险。

在同一时期就国民教育提出相关主张的人口学家马尔萨斯，在 1798 年匿名出版的《人口原理》一书中对当时英国的国民教育实践提出尖锐批判，认为政府将一般民众的教育交由主日学校实施既是民族的极大耻辱，也是政府不作为的表现。马尔萨斯主张，向民众提供国民教育是政府分内的责任，其应在准确掌握人口资源的基础上制订、实施切实的国民教育计划，提升国民的基础文化水平，指导民众养成健康、科学的日常生活习惯，提升国民参与社会公共生活的意识和能力，通过实施国民教育在享有政治自由权利的公民之间构建良性互动的共赢关系。

第二节 法国教育

就教育制度建设与教育实践发展而言，18 世纪初法国初等教育、中等教育与高等教育发展迟缓，学校教育事业为教会所控制，耶稣会几乎垄断了初等教育事业发展，宗教神学教育占据主导地位，教学内容普遍陈旧，教学方法强调灌输、背诵，教学管理盛行体罚和各种形式的强制措施。18 世纪中期耶稣会被解散后，该会开设的大部分中等学校由圣乐会接手，圣乐会成为法国发展中等教育的重要组织。圣乐会组建于 1611 年，最初致力于牧师培养，后开设若干学校以为年轻贵族提供教育。圣乐会所创办的学校重视古典学科与神学教育，也重视法国史、数学、地理学、物理学等近代学科课程的教学，法语为主要教学语言。这在一定程度上成为法国教育近代化发展的具体体现。

在高等教育发展上，受中央集权化影响，18 世纪初法国大学一般规模较小，且学科结构不够完善，即便是传统的人文、法学、医学和神学学科，对于一般大学而言也往往不够健全，医学常常处于缺失状态。18 世纪中后期，巴黎大学日益僵化守旧，并在法国大革命期间受到极大冲击。先是 1791 年 10 月《沙普尼埃法案》取消巴黎大学及其所属学校法人资格，继而 1794 年国民公会颁令解散外省 25（或 27）所大学，法国高等教育步入停办传统大学而改办"大学校"的发展时期。作为一类特殊的高等教育机构，"大学校"的兴起主要是为了满足法国军事、交通和商业发展对于军事工程与机械工程技术人才的需要。炮兵学校、军事学校、航海学校、路桥学校、工程学校、采矿学校等相继设立，并发展成为此后法国教育体系中特色鲜明的高等教育机构类型。

法国大革命时期，动荡的社会局势和新兴阶层的政治诉求对法国教育发展产生了直接影响。在拉夏洛泰《论国民教育》和卢梭《社会契约论》的理论引领下，世俗化成为教育发展的鲜明主题。法国国王路易十六的财务总督、重农学派经济学家杜尔阁提出，国家应为发展国民教育专设管理机构以统一管理学区、大学、中学和小学事务，主张教育摆脱宗教势力控制，注重向儿童讲授社会道德、写作、计算、丈量知识和机械运行原理。1789 年，制宪议会先后废除教会的什一税、没收教会的全部财产，这就使所有的教会学校失去了财政支持。1791 年 3 月，制宪议会颁令取消法国境内的教会团体与世俗团体，它们所开办的学校也因此失去了合法性。1793 年 9 月 5 日，共和国政府颁布实施《公共教育组织法》，关闭所有传统大学。至 1793 年年底，除极少数市镇开办的世俗初等学校以外，旧的学校教育体系已被破坏殆尽。围绕新教育的实施和新学校体系的构建出台了多项教育改革计划、方案或法案，其中较为著名者包括：1791 年的《塔列兰报告》，1792 年的《孔多塞报告》和《郎泰纳尔报告》，1793 年的《拉卡纳尔报告》《雷佩尔提法案》《罗麦法案》和《麦基埃法》，1794 年的《拉卡纳尔初等教育法》和 1795 年的《多努法》等。尽管在具体内容上有所不同，但遵循启蒙教育和国民教育理念、构建国民教育体系、国家承担管理和发展国民教育之职责等，成为几乎所有教育改革计划、方案或法案的共同要求。实施"统一的教育"的理念被写入宪法，1791 年宪法宣布"建立并组织所有公民统一的教育"，1793 年宪法第 122 条也保证向所有法国人提供"统一的教育"。法国新政府 1794 年创办了理工学校、武器学校、工艺院、军事学校和卫生学校，1795 年创办了师范学校、东方语言学校、音乐学校、测量学校等，其中以巴黎理工学校和巴黎师范学校为代表。1804 年，拿破仑为理工学校制定条例，还为该校亲授一面锦旗，上面写着"为了祖国、科学和荣誉"。巴黎师范学校的设立与发展奠定了法国师范学校的雏形，确立了师范教育的公立性质。中心学校(亦译"中央学校")的创设也是大革命时期法国政府的重要教育实践成果。中心学校介于中学与大学之间，系根据《多努法》创建，实施分级教学，并实现了快速发展。

18 世纪法国教育思想产生了世界性影响，以伏尔泰、孟德斯鸠、孔狄亚克、爱尔维修、狄德罗、霍尔巴赫为代表的启蒙教育思想，以拉夏洛泰、杜尔阁、米拉博、塔列兰、雷佩尔提为代表的国民教育思想，以及以卢梭为代表的自然教育思想，代表了这一时期法国教育思想的主要成就。

关于启蒙教育，伏尔泰主张，教育要致力于造就"理性的自由人"，理性的自由人是持有自由、平等和正义观念的人。为实现理性的自由人的培养这一教育目标，教育应该摆脱教会的束缚，清除教学内容中的神学与宗教成分。孟德斯鸠重视发挥教育的作用，认为社会之善恶取决于教育的力量，而非个人的本性。孟德斯鸠通过探讨共和政体、君主政体、专制政体的性质、原则以及与不同政体原则相适应的政体教育，表明了自己对教育与政治关系的理解。在孟德斯鸠看来，共和政体的性质是全体人民或某些家族掌握最高权力；君主政体的性质是君主掌握最高权力，并依据既成的法律行使其权力；专制政体的性质是一个人掌握最高权力，并依据自己的意志和反复无常的爱好行使其权力。品德、荣誉和恐怖分别对应共和政体、君主政体和专制政体，是三种政体的原则。为此，君主政体教育的目的就是培养具有强烈荣誉感的人，培养品德高尚、处世坦率和举止礼貌的人，培养爱戴君主、遵纪守法、忠诚君主的人；专制政体教育是一种奴性的教育，要求培养个人具有绝对服从的奴性，而真正的教育几乎等于零；共和政体教育则注重培养个人爱国、守法、献身国家事务的品德。

孔狄亚克在其感觉主义、经验主义思想的基础上提出了自己的启蒙教育主张：个人在本性、价值、智慧、才能和禀赋等方面都是平等的，因而具有同等的接受教育的可能性和权利。教育和环境对人的发展发挥着决定性的作用，需要通过创造适宜的儿童接受教育的环境为其获得经验、提升才智和养成良好的习惯提供有利的条件。孔狄亚克的启蒙教育思想对爱尔维修、穆勒和杰斐逊的教育思想均产生了直接和间接的影响，显示了其价值和生命力。

爱尔维修基于唯物主义、功利主义的理论基础，对旧教育提出了批判，就新教育做了大胆而富有前瞻性的设想。爱尔维修首先对教育的宗教性和等级性进行了激烈抨击，要求改变教育由教会控制的状况。他在《论精神》(1758年)和《论人的理智能力和教育》(1769年写成，1773年出版)中提出了"智力平等说"和"教育万能论"，主张国家创办和管理学校，为个人提供平等的教育。他认为人是教育的产物，"我们在人与人之间所见到的精神上的差异，是由于他们所处的不同的环境、由于他们所受的不同的教育所致。这个结论说明了教育的全部重要性"①。每个人都掌握着实现自身幸福的工具，那就是教育。关于教育，爱尔维修将其理解为"生活之和"，教育的作用贯穿于人的一生，其间，个人周围的对象即家庭环境、政治制度和法律制度等对其发挥着影响。

狄德罗的教育思想主要见于《对爱尔维修〈论人的理智能力和教育〉一书的系统反驳》和《俄罗斯大学计划》(1775年)，其中提出了追求"理性王国"的教育思想。狄德罗批判封建教育和封建教会，充分肯定教育的作用，主张由国家创办世俗教育，强调通过教育培养自由人和公民，要求教育民主和平等，提倡学习科学知识。《俄罗斯大学计划》是狄德罗应俄国女皇叶卡捷琳娜二世(Екатерина II Алексеевна，1762—1796年在位)之邀而制订的，该教育计划详细阐明了教育的作用，对近代西方教育思想的发展产生了较大的影响。

霍尔巴赫在其1773年出版的《自然政治论》中集中展示了自己的教育观念。霍尔巴赫抨击了封建专制教育的愚民性和宗教教育的欺骗性，认为人是环境的产物，人的思想是受到环境的影响而萌生于人类意识中的产物，且对人的行为产生影响。政府应将教育作为一项深刻影响个人思想的事业，发挥教育在个人成长过程中的作用。对社会而言，教育的职能在于帮助社会机体避免危害，实现健康发展。社会的不公道或政治对于自身义务的忽视需要通

---

① 北京大学哲学系外国哲学史教研室编译：《十八世纪法国哲学》，467~468页，北京，商务印书馆，1963。

过普及教育予以改造，教育关涉社会幸福、关涉民族道德基础的养成。

孔多塞的国民教育思想体现于其 1792 年 4 月向立法议会提交的《国民教育组织计划纲要》。孔多塞提出，国民教育的目的在于为全人类提供满足其需要的方式，保证其福利，使其认识和利用其权利、理解并完成其职责。创建健全的国民教育体系，既是国家确保个人职业技能得到发展和潜能得以实现的必要手段，也是国家或政府所应承担的必要责任。首先，国民教育是一种平等的教育。其次，国民教育是一种面向所有公民实施的普及性教育，应借助于各级各类学校的教学活动将全部人类知识传授给全体国民。再次，国民教育是一种具有一定独立性的教育。国家办教育不意味着国家对教育事业的垄断，要允许私立学校的存在，并与公立学校展开竞争，以利于国民教育质量的整体提升。最后，国民教育是一种面向所有年龄段的人实施的开放性教育。为确保国民教育的实施，国家应构建包括初级小学、高级小学、中等学校、专门学校和国立科学艺术研究院在内的国民教育体系。国民教育在实施中还应遵循普及、免费原则，以确保每一位公民都能接受良好的教育。

在国民教育问题上，拉夏洛泰著有《国民教育论》（1763 年）。在系统批判法国耶稣会教育野蛮性和毒害性的基础上，拉夏洛泰系统论述了其关于国民教育目标和制度的基本主张及构想，强调法国的国民教育是由法国政府实施的面向每一位法国公民的教育，其目标在于培养合格的法国公民。强调法国公民需要一种法国政府实施的教育，要求注重本国语言和科学知识学习。拉夏洛泰的国民教育思想可以简要概括为：法国的国民教育必须隶属于法国政府，必须由法国政府实施并最终服务于法国民众。

杜尔阁在向路易十六呈递的《回忆录——论培养合理参与良好社会生活的个人和家庭的方法》中提出，设立"国民教育委员会"专门负责法国国民教育事务，督促国民教育计划的制订与实施。国民教育的职责在于帮助指导未来社会成员明晰自己承担的社会义务。

米拉博将国民教育理解为恢复个人天赋权利的唯一途径，是造就新人的得力手段，也是建立新的社会制度的重要事务。

塔列兰认为，国民教育发展应遵循普及性和一致性原则，在准确界定国民教育功能的基础上构建包括初等、中等和高等教育在内的国民教育体系，全面实施国民教育。

雷佩尔提接受了孔多塞的四阶段国民教育体系思想，即国民教育体系由初级小学、高级小学、中等学校和专门学校组成，并力主通过创设"国民教育之家"的方式开展国民教育。

在启蒙时代的教育思想体系中，法国启蒙思想家和教育家卢梭提出的自然主义教育思想无疑占有重要地位。《爱弥儿》(1762 年)一书是自然主义教育思想的代表作。在这本著作中，卢梭从基本含义、培养目标、方法原则以及实施等方面对自然主义教育思想做了具体论述。他强调自然主义教育的核心是"归于自然"，要求教育遵循儿童的天性。他提出自然主义教育的目的是培养"自然人"，即一种能独立自主并体现出自身价值的、平等的、自由的、自食其力的人。他主张自然主义教育的方法原则是正确看待儿童和给儿童以充分的自由。他要求按照儿童的年龄实施自然主义教育，具体分成婴儿期教育(0~2岁)、儿童期教育(2~12岁)、少年期教育(12~15岁)和青年期教育(15~20岁)四个阶段。卢梭的自然主义教育思想对西方教育思想的发展产生了十分深刻的影响，《爱弥儿》一书被西方教育学者看作新旧教育的分水岭。尽管卢梭的教育思想中存在着一些以偏概全的观点，但其批判性和革命性远远超出同时代的教育思想，对新教育提出的设想更具有划时代的意义。在卢梭之后，深受自然主义教育思想影响并付诸实践的有以德国教育家巴西多为代表的泛爱派和瑞士教育家裴斯泰洛齐，还有德国哲学家和教育家康德。特别值得注意的是，卢梭提出的儿童天性问题后来成为西方数代教育家关注和研究的问题。尽管他们的见解并不完全相同，但在一定程度上都是以卢梭的教育思想为出发点的。正是在这个意义上，卢梭的教育思想一般被看作西方现代教育派理论的主要源头之一。

在 18 世纪法国教育思想体系中，让·梅叶、摩莱里和巴贝夫的空想社会主义教育思想也占有重要地位。受启蒙学者理性论的影响，空想社会主义者认为基督教会、君主专制制度、封建制度、资本主义制度都有悖于人类理性，唯有公有制才是符合人类理性的社会制度。梅叶主张所有儿童应同等地接受良好的教育，民众应获得平等接受教育的机会，以提升自身的理性水平，只有理性和教育才可确保民众获得知识和享受美好生活。摩莱里在其《自然法典》（1755 年）中将私有制视为万恶之源，主张取消私有制，建设理想社会。关于教育职能，摩莱里认为教育旨在培养人的理性，既是个人实现和谐发展的必要工具，也是纠正社会错误、建设理想社会的有力手段。在儿童养育及教育问题上，摩莱里强调母乳喂养的重要性，要求以法律形式确定每名儿童享有平等的受教育权，主张教育与生产劳动相结合，重视受教育者道德品质的培养。巴贝夫的基本教育主张包括：教育应当是国家的、公共的和平等的，即教育实施要遵循相应法律并接受国家公职人员的监督；重视实施道德教育，注重养成儿童的爱国主义精神以及对平等和正义的热爱；强调对青年开展劳动教育，使青年习惯于劳动，身体得到了锻炼，养成平等、劳动的观念和对祖国的热爱之情；在青年中普遍开展军事教育，培养青年的作战技能，以及服从、忠诚、吃苦等道德品质。法国空想社会主义教育思想是 18 世纪法国教育思想体系的有机组成部分，对当时及后来的教育民主化实践产生了积极影响。当然，法国空想社会主义教育思想也体现出普遍的平均主义和粗浅的禁欲主义色彩。

第三节　瑞士教育

在接受法国启蒙思想和卢梭自然主义教育思想影响的基础上，瑞士教育家裴斯泰洛齐开始了自己的教育生涯。在长期的教育实践工作和教育理论探索的基础上，他提出了许多富有独创性的教育见解。

在《林哈德和葛笃德》(1781—1787 年)、《葛笃德如何教育她的子女》(1801 年)等著作中，裴斯泰洛齐对教育问题进行了集中论述。他强调教育的首要功能是促进人的发展，尤其是人的能力的发展，使人成为人格得到发展的真正独立的人。他提倡爱的教育，主张"一切为了孩子"，要求学校教育模仿家庭教育的优点。他在西方教育史上第一次明确提出"教育心理学化"的思想，要求把教育和教学工作置于儿童本性发展的自然法则的基础上。他提出要素教育论，以便循序渐进地促使每个儿童在德、智、体方面得到和谐的发展。他努力探讨一种适合人类本性的、心理学的、循序渐进的方法，具体论述了初等学校各科教学法。他主张学习与手工劳动相结合，并在自己的教育活动中付诸实践。

尽管裴斯泰洛齐的教育思想中存在着一些不足，但它不仅反映了时代对教育的要求，而且反映了教育的一些基本规律。如果与卢梭的教育思想相比较的话，裴斯泰洛齐的教育思想显然具有鲜明的实践性。这种教育思想对 19 世纪欧美国家的教育曾产生过很大的影响，如普鲁士掀起了"裴斯泰洛齐运动"。赫尔巴特、福禄培尔、第斯多惠等 19 世纪欧美教育家的教育思想都直接受到裴斯泰洛齐的影响，裴斯泰洛齐提出的"教育心理学化"主张后来由赫尔巴特、福禄培尔、第斯多惠、乌申斯基等人加以理论化与扩展。裴斯泰洛齐要求学校适应时代需要进行变革的呼吁，也引起了 20 世纪初期众多教育家的关注。

第四节　德国教育

在德国，以泛爱主义为宗旨、以教育事业为主要活动的泛爱派从 18 世纪 70 年代开始传播卢梭的教育思想，并进行教育实验活动，形成了泛爱教育思想。作为泛爱主义教育的主要代表，巴西多(J. B. Basedow，1724—1790)在卢梭自然主义教育思想的影响下积极推行泛爱主义教育运动。巴西多抨击当时传统学校的弊端，主张通过实施泛爱学校教育将儿童培养成为生活幸福、身体健康且有益于社会进步的人。1774 年，巴西多在德骚建立了一所新型的示范性学校——泛爱学校(Philanthropium)。泛爱学校招收 6~8 岁的儿童，采取寄宿制，实施小组教学。在课程设置上，泛爱学校共开设自然科学、实用技术、语言和体育四大类课程。在教学实践上，泛爱学校注重遵循儿童天性，重视直观教学法的运用，注重发挥奖励和榜样的作用。泛爱主义教育运动对 18 世纪德国乃至整个西欧的教育实践都产生了广泛影响，巴西多的教育活动与教育思想在 18 世纪后期受到康德等人的关注。

直接受卢梭教育思想影响的康德(I. Kant，1724—1804)在他的《论教育》(1803 年)一书中集中论述了人与教育的关系、道德教育等问题。康德认为，人只有通过接受教育才能成为人。完整的教育包括保育、体育、心理训育和道德陶冶，即人只有通过接受保育(儿童之养育)、管束、训导和道德陶冶才能培育和发挥自身的人性。但应该看到，康德主要还是依据自己的哲学理论来论述教育问题的。在教育问题上，歌德(Johann Wolfgang von Goethe，1749—1832)主张教育的目的和任务在于发展人的心智力量、培养和谐个性，教育应该遵循受教育者的天性。席勒(Johann Christoph Friedrich von Schiller，1759—1805)的美育教育思想主要体现于其《审美教育书简》和《论崇高》，他认为审美教育可以实现个人完善人性的恢复，可以引导人在摆脱物质和道德两方面强制的过程中实现心境的自由。

18 世纪，德意志境内的普鲁士数任"开明君主"借助于立法的形式，基本确立了国民教育制度。初等教育成为国家事务，世俗性和国家性色彩日益突出。初等学校的教学内容与方法也发生了明显变化，促成这一转变的教育法案主要包括：《普鲁士义务教育令》(1717 年)，其中规定父母有送其 5~12 岁子女入学的义务，适龄儿童需要学习宗教、阅读、书写、计算及一切足以增进他们幸福与福利的课程；《普鲁士一般学校令》(1737 年)，威廉一世认为竭尽全力将各地青少年置于有识之士的指导之下是当务之急，并下令为从事教育工作者提供一定的生活待遇，任用合格的教师，允许商人充任教师；《普通学校规章》(1763 年)，就初等学校的教育目的、入学要求与保障、学时与学期、学费、教学内容、教师资格和责任等进行了全面而详尽的规定；《普鲁士民法典》(1794 年)，强调学校和大学均为国家公共机构，其职责在于将有价值的科学知识传授给下一代，获得国家认可和批准是开办学校的必要条件，所有公立学校和教育机构都应该接受国家的监管，随时接受国家考核和检查。在初等学校的教学内容与教学方法方面，受夸美纽斯教育理论与教学方法的影响，初等学校的规章都建议运用直观性教学原则，教室悬挂黑板，搜集教学标本。与此同时，受夸美纽斯和梅兰克顿的影响，采取班级授课制，所有学生同堂受教。不过，整体而言，由于合格教师数量有限，这一时期初等学校的教学质量并不高。

18 世纪德国中等教育的发展，主要表现为传统文科中学的发展以及实科学校和骑士学院等新型中等教育机构的诞生。实科学校旨在向学生传授适应现代生活需要的知识和技能，注重数学、地理、历史、自然科学和农业课程的学习。骑士学院则主要招收贵族家庭子弟，培养其具备在军队或政府机关任职的能力。骑士学院的教学具有一定的现代性和较强的功利性，主要开设古典语言、现代语言、自然科学、法学、道德哲学、骑马、跳跃、击剑、跳舞、网球等课程。

在高等教育领域，18 世纪的德国则推行了一场名为"新大学运动"的高等教育革新运动，该运动主要内容包括：哈勒大学（1694 年）和哥廷根大学（1737 年）的创设及其引领性发展，耶拿大学、特里尔大学等对大学与政府的关系的处理，大学教师学术自由权利的保障，以及其他大学改革方案的讨论等。所有这些为 19 世纪德国大学的发展奠定了历史基础。哈勒大学的设立直接得益于托马西乌斯（Christian Thomasius，1655—1728）、弗兰克（August Hermann Francke，1663—1727）和沃尔夫（Christian Wolff，1679—1754）的理念支持和实践推动，并在早期发展中引发了大学科目和方法的较大改变，第一次确立了现代大学生活的重要基石——学术自由原则，具有深远的意义。哥廷根大学的教育理念直接受到哈勒大学的影响，明希豪森（Gerlach Adolph von Münchhausen，1688—1770）将哈勒大学的办学理念引入哥廷根大学，积极推行"思想宽容"和"研究自由"，推进大学教育改革，提高大学教师的职业尊严，加强大学教学基础设施建设，为德国大学的发展提供了直接的实践典范。在哈勒大学和哥廷根大学的示范与引领下，18 世纪德国大学系统发生了意义深远的变革，新的大学理念逐步渗透到大学改革实践中，代表了该时期德国大学发展的主要成就。

第五节　俄国教育

在俄国，18 世纪的教育思想是作为社会政治思想的有机组成部分发展起来的。在彼得一世（Петр Ⅰ，1682—1725 年在位）改革时期，进步的社会活动家和思想家如费·普罗科波维奇（Ф. Прокопович，1681—1736）、瓦·尼·塔季谢夫（В. Н. Татищев，1686—1750）、安·季·坎捷米尔（А. Д.

Кантемир，1708—1744）等积极拥护彼得一世的改革政策，强调教育的作用并扩大教育的范围，使俄国教育得到发展。18 世纪中后期，俄国科学家和教育家罗蒙诺索夫（М. В. Ломоносов，1711—1765）提出创办莫斯科大学的建议并促其实现，强调俄语在教学中的地位和发展科学与文化教育事业的重要性。其他先进的社会思想家如拉季舍夫（А. Н. Радищев，1749—1802），在其著作《从彼得堡到莫斯科旅行记》（1790 年）和《谈谈祖国的儿子是什么样的》（1789 年）中提出了通过教育培养祖国的儿子和公民的问题。18 世纪，俄国的社会活动家与教育家也都受到法国启蒙思想家的影响。

18 世纪，俄国的教育事业借助于彼得一世改革、叶卡捷琳娜二世文教政策的实施而实现快速发展。彼得一世致力于推进俄国教育改革的主要目的在于切实发展实科教育，为俄国经济发展和强军事业造就一批训练有素的工程师、测绘师、冶矿技师、炮手、海员等专业人才，尤其是服务于战争需要的人才。

18 世纪前半期，俄国初等教育的发展主要体现为算术学校、初级主教学校和俄语学校的设立。算术学校借鉴莫斯科数学与航海学校的办学模式，主要向入学者提供算术和几何学知识教育。初级主教学校的创设主要是践行1721 年新《宗教条例》有关规定的结果，主要引导儿童学习《儿童初学入门》，具体包括字母、拼音、十诫和祈祷文注解等内容。俄语学校的设立源于 1717 年彼得一世颁布的一项敕令，要求凡木工、船员、冶炼工人及其他注册之所有职工，均必须接受阅读与写作教育。俄语学校主要招收 7 岁儿童入学，分两个阶段实施教育，前 4 年主要为读写教育，后 2 年则是算术与几何知识教育。

俄国中等教育的发展主要体现为 1726 年俄罗斯科学院附属文科中学的设立与发展，该中学主要开展拉丁语、希腊语、德语、法语、修辞学、逻辑学、算术、历史、地理、绘画等课程教学。1757 年，喀山文科中学创办，一批贵族青年和平民子弟获得接受中等教育的机会。

彼得一世的主要教育成就还体现在高等专业教育的发展上，莫斯科炮兵学校、莫斯科数学与航海学校、圣彼得堡海军学院、工程师学校和矿业学校等专业学校的创办和发展，为军队和工厂培养了一批专业技术人才。

莫斯科炮兵学校设初级班与高级班，实施分级教学。初级班学员主要学习俄语、算术、阅读等课程，高级班学员主要学习几何、三角、制图及炮兵技术等课程。莫斯科炮兵学校为俄国军队和炮兵工厂培养了大批技术骨干，并为当时俄国专业学校的发展提供了典范。1701 年，莫斯科数学与航海学校创设，学生主要来自贵族家庭和平民家庭，设初级班和高级班。初级班学员主要学习数学、天文学、地理学概论、测量学、航海学及其他专门世俗学科的基础知识，高级班学员学习内容则在初级班课程的基础上进一步深化。莫斯科数学与航海学校的航海班于 1715 年迁至圣彼得堡，发展成为圣彼得堡海军学院，向学员提供较为完备的科目教学，开设课程包括炮兵学、航海学、天文学、海上测量、筑城学、地理、军事、击剑与绘画等。该时期，主教学校、神学校和工程学校也得到了较为快速的发展，进一步丰富了俄国专业教育体系和内容。

1725 年俄罗斯科学院的创设，也在 18 世纪俄国的教育实践中占有重要地位。在设立俄罗斯科学院的敕令中，彼得一世强调，设立俄罗斯科学院的目的在于加快语言、科学和艺术的研究，为社会改革和进步提供充分的知识和技术支持。俄罗斯科学院主要承担科学研究和科学技术人才培养职能。作为研究机构，俄罗斯科学院为俄国科学研究事业发展培养了一批骨干；作为教育机构，俄罗斯科学院大学和附属文科中学为俄国社会造就了一批学者型人才。

1755 年莫斯科大学的创设，也是 18 世纪俄国教育事业发展中具有重大意义的事件。莫斯科大学的创设既是罗蒙诺索夫的教育事功，也是以女皇伊丽莎白一世·彼得罗芙娜(Елизавета I Петровна，1741—1762 年在位)为首的俄国政府教育决策的结果。

罗蒙诺索夫提出，莫斯科大学应发挥科学文化研究和教育教学双重职能。在大学管理上，罗蒙诺索夫主张"大学自治"和"学者治校"，由教授组成的"教师委员会"掌握课程大纲确定、学生处理等大学事务的管理权。莫斯科大学设附属中学，招收对象不限阶层，以确保其拥有广泛选择学生的巨大空间。莫斯科大学借鉴德国大学模式，以拉丁语为授课语言，聘用德国学者担任教授。就历史意义而言，莫斯科大学的设立及其在 18 世纪俄国社会发展和科学技术进步实践中所发挥的作用，使之成为俄国科学技术和文化教育发展史上的重大事件。

1731 年，陆军贵胄士官学校创设于圣彼得堡，招收贵族子弟入学接受军事训练，同时学习普通文化知识。稍后，相继创办了舞蹈学校(1738 年)、艺术研究院(1757 年)、芭蕾学校(1773 年)等。

18 世纪后期，俄国教育发展成就主要得益于叶卡捷琳娜二世期间颁布实施的一系列教育政策。深受启蒙思想影响的叶卡捷琳娜二世积极推行教育改革，兴办各种类型的学校，为俄国教育现代化的持续推进奠定了有利的文化与教育基础。

1764 年，在别茨科伊(И. И. Бецкой，1704—1795)的建议下，叶卡捷琳娜二世在莫斯科开办了一所附设产科医院并兼收养男女弃婴的儿童教养院。1764 年，发布实施《男女青年教育的基本制度》，规定政府建立寄宿制教育和教养机构，从社会各阶层招收男女青年，并将其培养成为"新型的人"。1786 年，在扬科维奇(Ф. И. Янкович，1741—1814)等国民学校委员会成员的不懈努力下，《俄国国民学校章程》获准通过，规定在各省城创设五年制中心国民学校，在各县城和中心国民学校不能满足当地教育发展需要的省城开设二年制初级国民学校。其中，中心国民学校设 4 个年级，修业 5 年，最后一个年级修业2年。依据教学计划，国民学校主要开展阅读、书写、计算、简明教义问答、圣史、书法、图画、算术、历史(世界历史和俄国历史)、地理、语法、几何、机械学、物理、自然史和建筑等课程的教学。《俄国国民学校章程》的颁布及国民学校的开设，标志着俄国教育自此开始走上法制化和制度化的道路，并为俄国近代学校教育制度的确立和近代学校教育体系的构建奠定了部分基础。

得益于这一时期积极的文教政策，圣彼得堡艺术研究院附属中等艺术学校(1757年)、圣彼得堡矿业学校(1773年)、莫斯科土地测量学校和土地规划工程师学院(1779年)、圣彼得堡医学院(1789年)先后设立，并获得积极发展。

当然，18世纪俄国国民教育体系的构建、专业学校的创设、俄罗斯科学院和莫斯科大学的创办，均致力于满足俄国社会政治利益和开明专制统治的需要。教育机会表现出明显的阶级差异性，教育的等级性和贵族性色彩仍然突出，这些成为此后俄国教育发展需要解决的问题。

第六节 美国教育

18世纪早期的美国教育，一方面移植欧洲教育传统与学校体系，另一方面则为适应殖民地时期美国社会发展的需求而实现教育革新。在初等教育方面，《美国宪法第十修正案》及相关土地法的出台为美国初等教育管理体制确立及教育发展提供了法律基础。慈善学校、贫儿学校(Pauper school)、主妇学校、星期日学校、工厂学校等成为18世纪美国实施初等教育的主要学校类型，学习内容主要为基本的阅读、写作及计算知识与技能。在中等教育方面，提供中等教育的学校主要是文法学校、私立学校和文实中学，其中文法学校渐趋式微，而私立学校和文实中学逐渐增多。文实中学的设立标志着美国中等教育开始试图摆脱欧洲古典中等教育的樊篱，代表着一种建设具有美国特色的中等教育体系尝试的开始。在高等教育方面，18 世纪殖民地学院不断涌现，先后出现了 7 所，与之前的哈佛学院和威廉玛丽学院并称为殖民地九大学院。

18 世纪，美国的教育思想主要表现为富兰克林（Benjamin Franklin，1706—1790）的启蒙教育思想、杰斐逊（Thomas Jefferson，1743—1826）的国民教育思想、华盛顿（George Washington，1732—1799）的联邦主义教育思想和诺亚·韦伯斯特（Noah Webster，1758—1843）的语言化民族主义教育思想。

富兰克林的启蒙教育思想就美国现代教育制度作出了构想，具有强烈的功利主义性质和鲜明的美利坚民族性格特征。富兰克林主张知识的价值在于对人产生实际效用，传授知识的教育应为人生和社会服务，教育是"家庭和公共财富幸福的最可靠的基础"。在《关于宾夕法尼亚青年教育的建议》中，富兰克林提出创办文实中学以为该州青年提供正规教育的动议。此动议不仅对美国中等教育的发展有着重要的意义，而且对 18 世纪美国高等教育的发展具有同样的意义。富兰克林重视个人道德观念的培养和自我教育，提倡个人对自己的言行实施自省自检，进而成为一个具有高尚道德修养的人。他认为个人道德具有政治意义，一个人只有具有高尚的道德品质，才能够主动地为社会全部成员谋福利，在社会生活中发挥积极作用。富兰克林的美利坚民族主义教育思想则要求通过教育培养美利坚民族性格，并使移民美国化。

杰斐逊的国民教育思想集中体现于其 1779 年提出的《关于更普遍地传播知识的法案》之中。杰斐逊以理想农业社会理论、共和政体理论和道德意识论为理论基础，主张通过建立统一的公共国民教育体系推行国民教育，以促进更加一致的民族精神。为此，杰斐逊还建构了以国家化、法制化、世俗化为主要特征的现代教育制度结构。

美国首任总统华盛顿在其创办"国立大学"的有关提议中，强调政府应大力促进科学和文学的发展，通过发展高深的科学和文学教育塑造理性的公民和未来的国家领导人；强调知识是公众享有幸福生活的基础，因而应在民众中广泛开展普及知识教育。

诺亚·韦伯斯特享有"美国文法和辞典之父"的声誉，主张美国在文化方面的独立是其政治独立的可靠保证。语言是国家文化不可分割的一部分，一种为国民所共同认可的国家语言是国家统一和民众团结的纽带。只有通过学校教育和采用标准课本进行教学，才能实现民族语言独立的目标。

第七节　日本教育

18 世纪的日本，历经 18 世纪前期的"享保改革"、洋书弛禁与后期的"宽政异学之禁"，"兰学"得以拓展，"国学"诞生，各学派学术发展较为自由，教育机构数量明显增加，教育新观念、新内容开始传播。幕府和各藩对学校教育机构的重视程度也在不断加强。

江户时代，日本各种社会矛盾不断激化，农民起义频繁发生。德川吉宗（とくがわ よしむね，1684—1751）推行"享保改革"，逐步形成幕府集权和诸藩分权、将军至强与天皇至尊的二元政治结构，并衍生出日本封建社会的经济形态，工商业获得较快发展。江户时代还是学术文化思想流派异常活跃的时期，朱子学说面临极大挑战，新学说层出不穷，各学说各流派相互交流。德川吉宗主政时期，推行积极的文教政策，转变教育观念，奠定教育普及的社会基础；加强道德教育，造就幕藩统治的忠良顺民；推广女子教育，培养符合道德规范的贤妻良母。

德川家齐（とくがわ いえなり，1773—1841）以"享保改革"为蓝本实施

"宽政改革"，振兴文教，奖励朱子学说，宣扬封建伦理道德，设立幕府第一所官办教育机构——昌平坂学问所（又称为"昌平黉"），发展藩校。藩校由各藩设置和管理，以昌平坂学问所为蓝本，是各藩武士子弟接受教育的主要场所，在培养目标、教师队伍、教学内容和学生入学资格等方面都与幕府直辖学校保持一致。德川幕府初期，幕府和各藩以武治为主，不重文治，轻视儒学教育，藩主中只有少数好学者奖励学问和设立学校。幕府中期以后，各藩竞相设立藩校，藩校由此兴盛起来。在此后的教育教学实践中，藩校探索实施"素读""讲释""会读""轮讲"等日本人学习汉学的教学方法和个别教学、分层教学等教学组织形式。寺子屋则以平民生活为背景，主要教授读、写、算内容，满足农民、町人经济活动的需求，并推行武士风尚，为日本近代学校的前身。

在 18 世纪日本教育思想领域，朱子学教育理念为主流观念，备受推崇。同时，随着"兰学"的拓展与"国学"的诞生，现实本位与人性平等主张、士庶教育平等与广泛设立学校主张赢得民众的普遍支持。儿童研究和适应儿童天性的教育思想、怀德堂和石门心学教育实践的教育思想得以形成和传播，对日本教育实践产生了积极影响。

第八节　意大利教育

18 世纪，意大利基础教育体系萌生。初等教育主要是为继续深造的人提供的预备教育，使用拉丁语教学，古典色彩突出。18 世纪中期，宗教团体和慈善机构参与初等教育发展，文法学校和寄宿学校获得不同程度发展，初等学校规章制度逐步健全，教学内容日益完善，教师聘任注重实施道德和宗教信仰的双重考查。中等教育主要由神学院提供，主要面向计划从事神职工作和政府管理事务的青少年。耶稣会举办的中学也发展成该时期的中等教育机构。

为促使大学更好地服务于国家和王室利益，18 世纪 20 年代意大利大学实施重组和改革，博洛尼亚大学和帕维亚大学停办了修辞学和哲学讲座，更新课程内容，强化实验室教学，改革教学方法。音乐学院的发展也成为该时期意大利高等教育发展的重要内容，那不勒斯音乐学院和威尼斯音乐学院一时间声名鹊起。

意大利哲学家维柯（Giovanni Battista Vico，1668—1744）就人性、心智发展和教育的关系做了阐述：适当的教育可以克服人性的邪恶，发展人的心智才能，使人成为具有高尚品德和智慧的人。他还对知识观、教学次序、智慧教育、大学教育和公民教育等主题发表了自己富有启发意义的主张。维柯将知识视为把握事物的要素与方式，真正的知识即创造事物本身的知识。各类知识之间存在内在联系，不可割裂；教学次序的安排应遵循儿童的心智发展次序，应依据个体不同发展阶段的能力特征确定教育目标、内容与方法；个人智慧包括知识、审慎和雄辩三要素，并表现为理论智慧和历史智慧，智慧教育的目的即在于培养个人拥有超越知识的各类智慧；在教学方法上，强调创造较为宽松和自由的教学环境，教学方法的使用应从新创造、新真知和新追求三个方面加以考量。关于公民教育，维柯主张公民教育即培养国家和民族的英雄，重视爱国精神和公民责任的教育。关于大学教育，维柯强调大学教育既是实施整体性知识和学问的教育，还是公民教育的必然形式和必经阶段；经典导读和自由研讨是大学教育的有效教学方式。

第九节　印度教育

18 世纪，英国殖民者以强力手段将印度拉进以英国为中心的世界资本主义体系。英国殖民统治对印度的政治体制、经济结构、教育制度和社会观念产生了深远影响。

18 世纪上半叶，印度初等教育由伊斯兰教初等学校麦克台卜和印度教初等教育机构婆达沙拉等实施，二者皆注重实施传统教育。中等教育和高等教育也获得一定发展。罗姆·摩罕·罗易（Ram Mohan Roy，1772—1833）从资产阶级民主思想出发，基于印度教经典理论，倡导实施社会和宗教改革，启发民智。主张抛弃中世纪经院式的教育制度，构建以英语为媒介、传授现代科学知识的新型教育体制。倡议政府建立一种更加自由、开明的教育制度，实施数学、自然哲学、化学、解剖学等各种实用学科的教育。威廉·琼斯（Sir William Jones，1746—1794）则主张在西方教育与印度文化传统之间达成平衡，并对印度教育实践产生了一定影响。

18 世纪中叶，印度教育承袭殖民地前的教育传统，并以英国教育制度为样板，教育主要由印度教和伊斯兰教两大宗教团体掌控。殖民地政府当局在 18 世纪末开始推行西方教育，东方教育和西方教育在不同办学理念下逐步向前推进。

18 世纪的教育发展成就可简要概括为：在教育思想层面，随着启蒙教育思想的成熟以及在启蒙教育思想影响下国民教育思想的成型，卢梭、裴斯泰洛齐、康德、维柯、罗蒙诺索夫等教育家在各自社会观、哲学观的基础上，回应各自所在国家社会发展对新型人才的需要，提出各具特色的教育观点和理念，代表着 18 世纪人类关于教育理性思考的成果，并对世界教育实践产生了深远影响，为各民族国家各具特色的教育实践提供了理论指导。在教育实践层面，在批判性继承文艺复兴和宗教改革时期教育制度遗产的基础上，为适应新兴资产阶级经济发展和社会进步的需要，各民族国家和政府以教育国家化和教育法制化为手段，逐步将教育发展与管理权力从教会收归国有，致力于创设包括初等学校、中等学校、高等学校在内的教育体系，以及相应的国家教育管理机构的构建与完善；教育成为国家事务，国家承担引领和促进国民教育发展的职责，通过颁布教育法令、拨付教育经费、制定教育标准等方式参与教育事业发展，强化教育的国家化、世俗化和实科化发展，注重发挥教育在促进经济和社会发展中所提供的人才支持和知识服务作用。

当然，18 世纪的教育思想和教育实践成就还带有所有教育事业革新和尝试不可避免的有限性和局限性：教育思想还需要进一步接受人类教育实践的检验以进一步充实，教育体系的建构还需要进一步完善。所有这些既为 19 世纪人类教育发展提供了历史基础和必要前提，也为人类下一个历史阶段的教育发展提出了历史使命和发展任务。

本丛书第八卷《18 世纪的教育(上)》、第九卷《18 世纪的教育(下)》分述了 18 世纪欧洲、美洲和亚洲部分国家教育思想与教育实践的发展历程。其中，第八卷在概述 18 世纪国际社会变迁与文化发展的基础上，集中论述主题包括：英国的教育实践与国民教育思想；法国的教育实践、启蒙教育思想、国民教育思想、空想社会主义教育思想与卢梭的自然主义教育思想；瑞士的教育实践与裴斯泰洛齐的教育思想。第九卷则主要论述了德国的教育实践与教育思想、意大利的教育实践与维柯的教育思想、俄国的教育实践与教育思想、美国的教育实践与教育思想、日本的教育实践与教育思想以及印度的教育实践与教育思想。"结语"部分就 18 世纪人类教育实践与教育思想成就做了简要总结。

第八章

19 世纪的教育

随着近代民族国家的发展以及自然科学和文化教育的进步,近代西方的国民教育制度开始确立,并对 19 世纪教育思想的发展产生了重要影响。欧美国家的教育家在社会学、哲学、心理学等不同学科的基础上对教育问题做了比以往更深入的思考和探讨,提出了更为丰富、更为多样化的教育思想。

第一节　英国教育

在英国,出现了以艾吉渥兹父女(Richard Lovell Edgeworth, 1744—1817; Maria Edgeworth, 1769—1849)为代表的儿童教育思想;以贝尔(Andrew Bell, 1753—1832)和兰卡斯特(Joseph Lancaster, 1778—1838)为代表的贫民教育思想;以边沁(Jeremy Bentham, 1748—1832)、詹姆士·穆勒(James Mill, 1773—1836)和约翰·穆勒(John Stuart Mill, 1806—1873)为代表的功利主义教育思想;以纽曼(John Henry Newman, 1801—1890)、托马斯·阿诺德(Thomas Arnold, 1795—1842)和利文斯通(Richard Winn Livingstone, 1880—1960)为代表的古典人文主义教育思想;以斯宾塞(Herbert Spencer, 1820—

1903)和 赫 胥 黎(Thomas Henry Huxley,1825—1895)为代表的科学教育思想。英国哲学家和教育家斯宾塞、生物学家和教育家赫胥黎批判古典人文主义教育,强调科学知识的重要性,大力提倡科学教育,要求改革学校教育课程和方法。科学教育思想推动了19世纪中期英国的科学教育运动,也在科学教育运动中得到更广泛的传播,并对欧美国家及世界其他国家的学校教育改革和发展产生了重要的影响。

在适应并促进19世纪英国社会政治、经济和科学文化发展的过程中,英国初等教育、中等教育、高等教育、特殊教育、女子教育、师范教育以及教育行政体制等各方面也都实现了不同程度的发展。

19世纪英国初等学校类型多样,其中英格兰和威尔士的初等学校基本上由教会资助或私人捐款开设,苏格兰的初等学校则大多为政府创办,并提供教育经费。慈善学校主要招收贫困儿童,帮助儿童掌握一定的职业技能。家庭小学(Dame and Private-venture School)为私立学校,由成年女性开办,招收10岁以下的男女儿童入学,主要开展基础性的读、写、算教育。主日学校又称"星期日学校",最初由福音派教会人士罗伯特·雷克斯(Robert Raikes)于1781年创设,后在英格兰各地推广开来,主要教儿童和成人阅读《圣经》,宗教色彩突出。产业学校(School of Industry)主要向贫困家庭的儿童提供手工训练和初等教育,女童学习纺织、纺纱、编织、草编、针线活,男童学习钉鞋、制鞋、羊毛和园艺工作等技艺。导生制学校(Monitorial School)主要学习内容为《圣经》及相关基督教教义,实行由贝尔和兰卡斯特创立的导生制教学方式。教会学校由成立于1811年的"英格兰和威尔士按英国国教原则促进穷人教育国民社"创办,注重传授英国国教教义,实施导生制教学。幼儿学校(Infant School)由罗伯特·欧文(Robert Owen,1771—1858)于1816年在格拉斯哥新拉纳克为工人家庭子弟创办,承担儿童看管与读、写、算课程教学等责任,后其他地方陆续设立幼儿学校。此外,乞儿学校(Ragged School)、高等小学

（Higher Grade School）和私人预备学校（Private Preparatory School）也都不同程度地参与了英国初等教育的发展。

在 19 世纪英国初等教育的发展中，教会发挥了重要作用。教会及宗教团体或直接创办各类初等学校，或参与各类初等学校事务。英国政府也通过"公助私立"或颁布相关教育法案的形式，发挥自身对初等教育的影响。1870 年，英国政府颁布《初等教育法》（又称"福斯特法案"），规定全国分为数千个学区，由地方选举产生学校委员会管理地方教育，征收地方税并接受中央拨款资助，为 5~12 岁儿童提供初等教育服务。初等学校重视提供基本的阅读、写作与计算教育。1880 年的《教育法》则将儿童接受义务教育的年龄确定为 5~10 岁。1891 年的《初等教育法》规定实施免费的初等教育。1899 年的《教育法》又将儿童离校年龄提高到 12 岁。20 世纪初，英国基本上普及了初等教育。

英国中等学校类型主要包括文法中学和公学。19 世纪，文法中学增设部分现代课程，以适应社会发展对新型人才培养的需求。类似的改革也在公学中得以开展，较有影响的公学改革包括：塞缪尔·巴特勒（Samuel Butler）的什鲁斯伯里公学改革（1798—1836 年），增设英语、地理、几何和英格兰历史课程，增强学生学习的竞争性；托马斯·阿诺德的拉格比公学改革（1828—1841 年），构建包括古典学科课程和现代课程（法语、数学、英语、德语、古代史和现代欧洲历史）在内的课程体系，以更好地实现造就具有虔诚宗教信仰的绅士的教育目的。

19 世纪，英国高等教育的发展可以概括为古典大学改革、新大学运动兴起和大学推广运动开展。古典大学改革主要体现为英格兰古典大学——牛津大学和剑桥大学的改革和苏格兰古典大学的发展。英格兰古典大学的改革内容主要包括考试制度改革和课程改革。在考试制度方面，牛津大学和剑桥大学设立了"公开招考制度"。在课程改革方面，主要体现为开设部分现代课程，以应对时代和各界的需求。《1862 年牛津大学法案》为新增学科教席制定了章程,《1871年大学考试法令》放宽了牛津大学、剑桥大学和杜伦大学等古典大学对学生的宗教测试。

19世纪,苏格兰古典大学包括爱丁堡大学、格拉斯哥大学、阿伯丁大学和圣安德鲁斯大学。不同于英格兰古典大学,苏格兰古典大学的教育经费主要来自政府拨款,课程设置和教学讲究实用,注重招收贫困家庭、工人家庭和商人家庭子弟入学,学生来源更为多样化。18世纪末至19世纪上半叶,苏格兰古典大学的医学、道德哲学和自然哲学教育水平远超同期的英格兰古典大学。苏格兰古典大学借助于知识传授和创新促进社会进步,并最终实现自身的快速发展。

新大学运动始于1828年伦敦大学学院的建立。伦敦大学学院重视实施自然科学教育,不再实施宗教教育。1829年,英国国教会成立英王学院,重视开展实科教育。1836年,伦敦大学学院和英王学院合并成立伦敦大学。稍后,在曼彻斯特、诺丁汉、雷丁、南安普顿、利兹、利物浦、谢菲尔德、伯明翰等主要工业城市相继创设了城市学院。城市学院重视工业和科技等实用学科教学,注重为城市经济发展培养经理、工程师和技术人才。

大学推广运动始于19世纪40年代,主要内容为伦敦大学、牛津大学和剑桥大学等全日制大学以校内或校外讲座方式将大学教育推广至非全日制学生,强化大学与社会的联系,发挥大学的社会服务职能,向社会中下层子弟和女子提供更多接受高等教育的机会。

在教育行政体制建设及职能发挥上,自19世纪30年代开始,英国政府一改此前任由教会垄断初等教育的旧制,为初等学校校舍建设拨付资金。1839年,英国枢密院教育委员会成立,被视为英国政府干预国民教育事业的开端。枢密院教育委员会实施督学制度,指派督学检查接受政府拨款学校的事务,并以教育评价报告的方式作出反馈。

1856年,英国政府设教育部,取代此前的枢密院教育委员会。此后,《英格兰普及教育状况皇家委员会报告》(又称《纽卡斯尔报告》，1861 年)、《皇家公学委员会报告》(又称《克拉伦敦报告》，1864 年)、《学校调查委员会报告》(又称《汤顿报告》，1868 年)相继出台，对英国 19 世纪中后期的教育改革产生了直接影响，并直接促成 1870 年《初等教育法》的出台与实施，预示着英国政府指导教育事业发展新阶段的到来。

第二节　法国教育

在法国，出现了以孔德(Auguste Comte，1798—1857)和涂尔干(Émile Durkheim，1858—1917)为代表人物的功能主义教育思想；以圣西门(Claude-Henri de Rouvroy de，Comte Saint-Simon，1760—1825)、傅立叶(Charles Fourier，1772—1837)、邦纳罗蒂(Filippo Michele Buonarroti，1761—1837)、德萨米(Théodore Dézamy，1803—1850)和卡贝(Étienne Cabet，1788—1856)为代表人物的空想社会主义教育思想。

作为 19 世纪的法国哲学家、社会学家和实证主义哲学的创始人，孔德强调知识的"确定性"和"实证性"，主张一切知识都源于经验，必须建立在观察和实验的基础上，提出人类知识发展经过神学阶段、形而上学阶段和实证阶段。孔德认为人性由"思想""情感"和"行动"组成，道德教育的实施要以人性论为基础。道德教育的目的在于引导个人的同情心超越其自私自利的本能，实现社会情感超越个人情感。道德教育过程包括个人、家庭和社会三阶段。

涂尔干的功能主义教育思想主要见于《教育与社会学》(1922 年)、《道德教育》(1925 年)和《法国教育思想的演进》(1938 年)等著作，《教育与社会学》被视为早期教育社会学的经典著作。涂尔干将教育理解为成年人对年青人的影响，教育目的就是实现年青人的系统的社会化、实现儿童从"个体我"向"社会我"的转变。关于教育功能，涂尔干批判了"教育万能论"和"教育无用论"，力主教育是个人实现社会化必不可少的条件和保证。关于道德与道德教育，涂尔干认为道德最初与宗教密切结合，后与宗教分离，成为人类社会的道德。道德具有一种权威性力量，具有一种强迫我们对其予以尊重的特征。道德教育内容应该是一种唯理的教育，应该维护道德的神圣性，应该适应社会的变迁。涂尔干主张国家对发展教育事业承担着不容推卸的责任，具体包括：提出所有学校应遵守的办学原则；直接兴办学校；监督私立学校；认定教师资格。

圣西门是法国空想社会主义者，在批判耶稣会等宗教教育和封建教育的基础上，提出在理想社会制度——"实业体系"的建设中，教育是确保民众获得精神和物质幸福的重要条件，要由最有才能的学者管理发展国民教育的工作，大力推行普及教育。教育需依据青少年身心发展特点分阶段实施，即：换牙转变期(7~14岁)，主要向儿童传授知识，帮助儿童培养习惯、陶冶情感、锻炼一般的预见能力；情欲旺盛期(14~21岁)，注重知识教育，学习物理学、化学、博物学、天文学和生理学；成熟期或成年期(21岁后)，在高等学校学习专业知识。成人教育应该承担"一般教职""道德学教职"和"实证科学教职"。

傅立叶是法国空想社会主义者，其教育思想主要体现于《经济的和协作的新世界》第3编《和谐制度下的教育》及《自然教育》等著作中。傅立叶认为资本主义教育存在"教育过程颠倒"、"行动简单化"、教学手段具有强制性、教学方法单一以及儿童舞蹈、体操与体力训练受到忽视等缺陷。他主张教育在新社会制度——"和谐制度"的建设中居于重要地位，教育是巩固和完善"和谐制度"的重要环节，是建构未来理想社会的重要基础。傅立叶主张通过教育和生产劳动的结合、体力劳动和脑力劳动的结合、工业劳动和农业劳动的结合等，培养既会用手又会用脑、全面发展的人。

邦纳罗蒂是法国革命家、空想社会主义者，1828年发表《为平等而密谋》。他曾秘密草拟了空想社会主义的教育计划，直接继承和发展了巴贝夫的教育观点。德萨米是法国革命家、空想社会主义者，1842年出版《公有法典》。该书第10章"教育"引述了邦纳罗蒂的教育计划，对邦纳罗蒂的教育思想进行了补充和发挥。德萨米提出教育平等是实现社会平等的基础。邦纳罗蒂认为，在未来的共产主义社会，"教育应该是国民的、社会的、平等的"。邦纳罗蒂和德萨米认为，新国民教育应实现的目标包括"身体强壮和灵活""智力发展""心地善良而有毅力"，让每个人的体、德、智都达到最高的发展程度。

卡贝是法国空想社会主义者、傅立叶主义的信徒，1840年发表《伊加利亚旅行记》。该书第10章、第11章论述伊加利亚的教育，集中反映了卡贝的教育思想。卡贝主张教育是社会政治制度的根基，共和国应把教育视为头等重要的事务，将青年视为祖国的财富和希望。国家应以立法方式对体育、智育、德育、生产教育和公民教育的教学内容、学习时间、教学次序和教学方法等作出具体规定。在儿童与青少年的教育中，体育"是所有其他教育的基础"，要从小培养儿童从事体育活动的习惯。智育则主要通过教授儿童学习阅读、语法、书写以及自然科学知识来实施，在教学中注重培养儿童的学习兴趣，做到学习和游戏相结合、理论和实践相结合、使用实物和教具进行教学等。德育主要包括德育课和公民教育两大部分。

19世纪法国空想社会主义教育思想对资本主义教育进行了尖锐批判，提出在未来的新社会实行平等的、普及的和公共的教育。教育目标是培养全面发展的人。教育与生产劳动相结合作为促进人的全面发展的一种基本途径和手段，强调学习要理论联系实际，并采用正确的教育和教学方法。19世纪法国空想社会主义教育思想为马克思主义教育思想的形成提供了丰富的材料和启示，这是对世界教育思想发展乃至整个人类社会发展所作出的重大贡献。

在教育实践层面，拿破仑教育改革对于 19 世纪法国教育发展产生了深远影响。拿破仑第一帝国时期颁布实施了《关于创办帝国大学及其全体成员的专门职责的法令》（1806 年）以及《关于帝国大学组织的政令》（1808 年），将帝国大学作为帝国教育事务的管理机构，帝国大学总监为最高教育管理负责人，掌管全国学校设立与取缔、教职员任免与提升等事务。帝国大学下设评议会，协助帝国大学总监管理全国教育事务，形成以帝国大学为首的中央集权式教育行政管理体制。在此后的复辟王朝、七月王朝、第二共和国、第二帝国、巴黎公社与第三共和国等不同历史时期，该管理体制虽进行了某些调整，但基本框架一直得以保留下来，对法国教育实践产生了深远影响。

关于初等教育，19 世纪法国各届政府先后于 1816 年、1833 年、1848 年、1881/1882 年、1886 年颁布了多部初等教育法案。其中，1833 年的《基佐法案》规定各地开办初级小学和高级小学，允许举办私立学校和教会学校，因而被称为法国"第一部初等教育宪章"；1882 年的《第二费里法案》把初等教育的免费性、义务性和世俗性原则进一步具体化，规定 6~13 岁的儿童都必须接受强迫和义务的初等教育。

关于中等教育，自 19 世纪四五十年代起，法国政府积极推行中等教育实用化改革，逐步减少古典语言课程教学，加大自然科学等实用课程教学。19 世纪末，在调查中等教育领域文实分科情况的基础上，制订实施相应的中等教育改革方案。其中，中等教育调查委员会发布的报告《关于中等教育的调查》为 1902 年法国中等教育改革提供了法律保障。

关于高等教育，拿破仑第一帝国时期法国高等教育发展的主要成就表现为专科学校、军事学校及巴黎高等师范学院的创办与发展，这些学校后发展成为法国高等教育体系中的"大学校"。高等教育发展在复辟王朝和七月王朝时期遭受较大冲击，致使部分高等教育机构停办，高等教育日益僵化。第三共和国初期，新型高等教育成为法国高等教育改革主题。政府增加拨款，加强高等学校的教学管理工作，赋予高等学校接受捐赠的权力，使高等教育获得进一步发展。1878 年成立的"高等教育问题研究会"则注重为高等教育改革事务提供咨询服务。1896 年 7 月 10 日，议会颁布了《国立大学组织法》，决定在原 15 个大学区内原有学院的基础上建立 15 所大学。从 1898 年起，政府规定大学所收取的学生学费、注册费、图书费、实验费等皆归大学所有，导致各大学不断扩大办学规模和增加招生人数。

关于师范教育，法国 1833 年颁布相关法令，要求各级政府设立初等师范学校。19 世纪 30—40 年代，师范学校引入裴斯泰洛齐实物教学法，教学质量得以提升。1880—1882 年，枫丹纳女子高等师范学校(1880 年)、塞弗尔女子高等师范学校(1881 年)和圣克鲁男子高等师范学校(1882 年)先后创办。

第三节　德国教育

在德国，出现了以费希特(Johann Gottlieb Fichte，1762—1814)、黑格尔和第斯多惠(Friedrich Adolf Wilhelm Diesterweg，1790—1866)为代表人物的国民教育思想；以洪堡(Karl Wilhelm von Humboldt，1767—1835)为代表人物的新人文主义教育思想；以梅伊曼(Ernst Meumann，1862—1915)和拉伊(Wilhelm August Lay，1862—1926)为代表人物的实验教育学思想；以及赫尔巴特(Johann Friedrich Herbart，1776—1841)的教育思想和福禄培尔(Friedrich Wilhelm August Fröbel，1782—1852)的教育思想。

在 19 世纪的世界教育思想中，占有最重要地位且影响最大的无疑是德国教育家赫尔巴特的教育思想。赫尔巴特以心理学和伦理学为理论基础，从理论和实践上认真探索发展裴斯泰洛齐提出的"教育心理学化"思想，更系统地论述了教育问题，从而构建了一个完整的教育思想体系。从《普通教育学》

(1806 年)和《教育学讲授纲要》(1835 年)来看，赫尔巴特构建的这个教育思想体系包括管理论、教学论、德育论三个部分。在管理上，他强调通过强有力的管理手段使儿童养成守秩序的精神，否则就不可能进行任何教学活动，同时提出了一系列管理方法。在教学上，他在西方教育史上第一次明确提出了"教育性教学"的概念，指出既没有"无教学的教育"，也没有"无教育的教学"。他强调在接触自然和社会交往的过程中培养儿童的多方面兴趣，并在多方面兴趣的基础上制定范围广泛的学科课程体系。他以观念心理学为依据，提出了形式教学阶段理论，把教学过程分成明了(或清晰)、联合(或联想)、系统、方法四个阶段。还提出了三种教学方法：单纯提示的教学、分析教学和综合教学。在德育上，他强调道德是教育的最高目的，提出教育的唯一工作与全部工作可以总结在道德的概念之中。他主张通过德育来培养性格的道德力量，注意影响道德性格形成的因素，他还提出了一些训育的方法。

　　由于强调把系统知识的传授放在学校教育过程的首位，赫尔巴特的教育思想被看作西方传统教育理论的主要标志。尽管其教育教学理论表现出一些机械或形式主义的缺陷，但赫尔巴特努力探讨教育理论和构建教育思想体系，被一些西方教育学者誉为"科学教育学的奠基人"。应该说，赫尔巴特的教育思想不仅在不少方面确实揭示了教育规律，而且在理论的广度和深度上明显高于同时代的教育思想。教育历史表明，赫尔巴特的教育思想是一种对世界上很多国家的学校教育产生了很大影响的教育思想。

　　推动赫尔巴特教育思想在世界范围内传播的主要是赫尔巴特学派。其中，德国赫尔巴特学派以齐勒尔(Tuiskon Ziller，1817—1882)、斯托伊(Karl Volkmar Stoy，1815—1885)和莱因(Wilhelm Rein，1847—1929)为代表人物，美国赫尔巴特学派以德加谟(Charles De Garmo，1849—1934)和麦克墨里兄弟(Charles A. McMurry，1857—1929；Frank M. McMurry，1862—1936)为代表人物。在宣传和推广赫尔巴特的教育思想的同时，赫尔巴特学派也对其做了某些修正。因此，赫尔巴特学派的教育思想在一定程度上丰富和发展了赫尔巴特的教育思想。

德国教育家福禄培尔的教育思想，在西方教育史特别是西方幼儿教育史上占有十分重要的地位。正是在裴斯泰洛齐教育思想的影响下，福禄培尔开始了自己的教育生涯。他创设了世界上第一所幼儿园，并构建了以游戏和作业为基本框架的幼儿园教育理论体系。在《人的教育》(1826 年)和《幼儿园教育学》(1861 年由福禄培尔生前好友将他在 1838—1840 年发表的有关幼儿教育的论文汇集而成)等著作中，福禄培尔论述了儿童身心发展的连续性和阶段性以及本能的发展，并对幼儿园的任务、教育内容和方法做了比较全面的阐述。此后，通过"福禄培尔运动"，福禄培尔的教育思想在世界上很多国家得到了广泛传播，他本人也被誉为"幼儿园之父"。

18 世纪末 19 世纪初，德国政治、经济相对于法国、英国等国家而言处于落后状态，但唯心主义哲学、古典文学和浪漫文艺的发展将德国带入文化繁荣的发展时代，为 19 世纪德国借助文化教育力量改变国运和实现民族复兴提供了条件。

初等教育方面，在裴斯泰洛齐初等教育思想和费希特国民教育思想的影响下，19 世纪德国初等教育发展开始受到更多重视，注重以组建教师学习班和创设师资培训学院的方式为初等学校培养更多掌握新式教学方式的合格师资。不过，1854 年《普鲁士国民学校法规》的颁布导致师资培训学院改变教学计划，削减教学科目，剔除教育学原理、教育理论和心理学等内容，从而降低了教师的知识水平和初等学校的办学标准。

1872 年颁布的《普鲁士国民学校和中间学校一般规定》将初等教育发展引向正确轨道：国民学校和中间学校的教学目标在于提高各学科的学习效能，重视历史和自然学科；教学方法限制死记硬背，提倡促进学生理解和思考力发展。恢复师资培训学院的教育理论、心理学和逻辑学等方面的课程，增加数学、自然科学和现代外语等教学内容。19 世纪末，德国初等教育实现了国民教育制度的意图，并在欧洲甚至世界范围内都处于领先地位。

中等教育发展主要体现为文科中学的创设。文科中学注重向学生传授拉丁语、希腊语、德语和现代科学知识，培养其掌握基本的科研方法，实施"全面"教育，为接受大学教育做准备。1892 年《文科中学教学规则》的颁布与施行导致文科中学中古典课程地位有所下降，德语学习受到进一步重视。其他类型的中等学校还包括文实中学和实科学校。

在新人文主义教育理念以及因《提尔西特和约》签订所激发的德意志民族主义精神的影响下，在洪堡、费希特、施莱尔马赫（Friedrich Schleiermacher，1768—1834）等人的积极筹划和腓特烈·威廉三世的大力支持下，体现"教学和科学研究相统一""学术自由和大学自治"等新型大学理想的柏林大学得以创立，德国大学模式形成。德国大学发展自此逐步形成超越传统大学的新特点和新面貌：大学科研功能和自由原则确立；哲学院取得领先地位。习明纳（Seminar）逐渐发展成为大学基层和中心的学术组织，其使用的"教学-学习"方式在大学中得到普及，使科学理念和大学理想发生改变。在适应 19 世纪 20 年代启动的德意志工业化转型的过程中，原先提供技术教育的技术学校升格为技术高等学校，部分技术高等学校于 19 世纪末获得博士学位授予权，在学术地位上已经等同于大学。德国还先后设立了高等教育层次的工、农、商、军等单科技术学校或专业学院，但是其规模和影响要远远逊于前者。

第四节　俄国教育

在俄国，出现了以别林斯基（Виссарион Григорьевич Белинский，1811—1848）、赫 尔 岑（Александр Иванович Герцен，1812—1870）、车尔尼雪夫斯

基（Николай Гаврилович Чернышевский，1828—1889）、杜勃罗留波夫（Николай Александрович Добролюбов，1836—1861）、乌申斯基（Константин Дмитриевич Ушинский，1823—1870）、托尔斯泰（Лев Николаевич Толстой，1828—1910）等为代表人物的民主主义教育思想。

俄国的民主主义教育思想是在反对封建农奴制、沙皇专制制度及其教育政策和教育制度的基础上形成的。别林斯基、赫尔岑、车尔尼雪夫斯基以及杜勃罗留波夫等人是革命民主主义者，他们的教育思想是其革命民主主义思想的组成部分，影响了19世纪中期以后俄国文化与教育思想的发展，其中尤以乌申斯基和托尔斯泰民主主义教育思想的影响最为显著。

乌申斯基是俄国杰出的教育改革家和俄国教育学的奠基人。在19世纪中期俄国的公共教育运动中，他发表了一系列教育论文，指出改革俄国教育和建立符合俄国社会发展需要的国民教育制度的各种主张，提出了开展教育理论研讨的必要性。他最重要的一篇论文是发表于1857年的《论公共教育的民族性》。在该文中，他提出并论证了教育的民族性思想，反对盲目抄袭别国的教育理论和机械搬用别国的教育制度；要求俄国教育工作者在创建教育理论方面为表现俄罗斯民族的智慧与力量作出自己的贡献。

此后十余年，乌申斯基主要致力于其教育理论著作《人是教育的对象——教育人类学初探》（简称《人是教育的对象》）的撰写。这部著作的第一卷出版于1868年，第二卷出版于1869年。他还为第三卷积累了资料，并完成几章初稿的撰写。在他病逝后，这些资料和遗稿经其追随者阿·尼·奥斯特罗戈尔斯基整理，于1908年以《康·德·乌申斯基未发表的论文集（〈教育人类学〉第三卷资料和传记材料）》为名出版。乌申斯基区分了狭义教育和广义教育，认为狭义教育即学校、教育者和教师们的教育，在人的生活中具有重要意义。但是狭义教育的作用是有限度的，这种限度是人身心的自然条件和人注定要生活于其中的世界的条件使然。乌申斯基所说的广义教育是大自然、家庭、社会、人民及其宗教和语言。他认为广义教育也起着很大的作用，但是学校及其学习与秩序对儿童和尚未完全成长起来的一代人精神改变的引起、发展和抑制能够发挥直接的和强大的影响，因此确定教育的目的是十分重要的问题。"怎样确定教育目的是任何哲学、心理学和教育学的理论的最好的试金石。"①乌申斯基认为教育学不是科学，而是建立在范围广大的人类科学知识基础上的艺术。他所说的人类科学包括解剖学、人体生理学和病理学、心理学、逻辑学、语文学、地理学、统计学、政治经济学和广义的历史学(历史、宗教史、文明史、哲学史、文学史、艺术史以及严格意义上的教育史)，其根据是："如果教育学希望全面地去教育人，那么它就必须首先全面地去了解人。"②不过，他在《人是教育的对象》这部著作中着重论述的还是使教育工作者和教师能够认识儿童身心发展规律的生理学和心理学，以及生理学和心理学知识在教育、教学工作中的运用问题。他在《人是教育的对象》第一卷的"生理篇"论述了有机体的概念，动植物生存与气候、地理条件变化的关系，人的生理规律问题；详细地说明了人的神经系统、感觉器官、肌肉、发音器官及其活动机理；讨论了反射运动、习惯和熟巧问题，以及习惯的道德意义和教育意义、神经系统参与记忆行为和神经系统对想象、情感和意志的影响等一系列问题，也就是说明生理学是心理学的基础，以及掌握生理学知识对教育工作的重要性。在第一卷"心理篇"的"意识"部分，乌申斯基论述了"意识"的各种心理现象与过程，其中包括注意、记忆、想象和思维等问题。针对教育工作的需要，他着重阐释认识过程及其规律。在阐释概念的形成、判断、推理、时间、空间、归纳和演绎问题时，他介绍了自古代至他所生活时代许多心理学家和哲学家的论断，分析了他所认为的这些论断的正确与谬误之处，

---

① [俄]康·德·乌申斯基：《人是教育的对象——教育人类学初探》上卷，郑文樾译，14页，北京，人民教育出版社，2007。

② 同上书，16页。

并提出了自己的见解。《人是教育的对象》第二卷包括"心理篇"的"情感""意志"两部分。在"情感"部分,乌申斯基论述了情感的生理基础、情感的各种表现、关于情感的各种理论见解,并结合教育过程论述了恐惧与勇敢、羞耻与自满、期待、受骗感、惊奇、信心等各种表现。在"意志"部分,论述了形成人的意志和性格的条件,强调意志必须在活动、劳动与实际生活中才能得到锻炼,还讨论了确立生活目的的重要性与从事自由劳动的道德和心理意义。他在该书的结束语中通过引述康德的观点特别强调,"从仔细的心理分析中我们可以得出结论:人所喜爱的、合意的自由劳动,是只有人才能享受的幸福,而且只有通过这种劳动,心灵才能维持其正常的状态而不为局部的现象所歪曲,所吸引";"要懂得劳动和生活的必然的心理规律:如果你想按照心灵的规律生活,如果你不想由于违反这些规律而受苦,那么你就应该具有严肃的生活目的,这个目的你可以通过自由劳动而达到;如果你能恰当地选择好劳动并把自己的整个心灵都倾注到这种劳动中去,那么幸福自己就会找到你"。①乌申斯基在其著作中将赫尔巴特和贝涅克(Beneke,1798—1854)等人视为一个学派,对他们的心理学与教育学理论既有肯定也有批评。他批评该学派完全忽视人的心理活动的生理基础,在心理方面也只重视"意识"的研究,还批评了他们在教育理论方面的主智主义倾向。乌申斯基的教育思想对俄国与苏联教育理论和实践的发展产生了重大影响,同时,他也被认为是"自古以来世界各国最杰出的 20 位教育家之一"②。

托尔斯泰是世界著名作家,他从 21 岁(1849 年)起就关注农民子弟的教育,在亚斯纳亚·波利亚纳教农民的孩子识字。从 1859 年开始,他更积极地开展教育活动。当年,他开办了亚斯纳亚·波利亚纳学校(或译雅斯纳亚·波

---

① [俄]康·德·乌申斯基:《人是教育的对象——教育人类学初探》下卷,张佩珍等译,1106 页,北京,人民教育出版社,2007。

② [摩洛哥]扎古尔·摩西:《世界著名教育思想家》第 4 卷,梅祖培等译,220 页,北京,中国对外翻译出版公司,1996。

利亚纳学校，亚斯纳亚·波良纳学校），并在学校担任教师。他还创办了名为
《亚斯纳亚·波利亚纳》的杂志，宣传自己的自由教育主张，交流学校的教育
经验。"列夫·托尔斯泰以及他的学校的教师们鼓励学生独立思考、培养创造
能力，并成功地使学生们自觉而积极地吸收知识……亚斯纳亚·波利亚纳学
校最突出的一点是，对儿童们从校外学到的知识及各种能力和技能的态度。
对于这种校外知识的重要性，不仅不像许多别的学校那样持否定态度，而认
为这类知识是在学校取得成功的必备条件。在学生们的周围世界有着无数知
识源泉，但他们远远不能给予正确的解释。因而，学校的任务就是把学生们
从周围环境得到的知识上升到理性认识的水平。"①亚斯纳亚·波利亚纳学校
没有确定的教学计划、教学大纲和固定的课程表，有时候学生与教师讨论某
件有趣的事，可以一直谈到很晚。在学校也没有惩罚和处分，但学生学习的
积极性很高，学校里洋溢着对儿童善意的、创造性的氛围；学生在和教师的
关系上是坦率诚恳的，他们能发展自己的认识性兴趣，掌握许多知识，独立
思考和工作。② 托尔斯泰有意将亚斯纳亚·波利亚纳学校办成一所教育实验学
校，许多人包括外国教育家和作家都到这所学校参观，一些国家还出版了有
关托尔斯泰的学校及他的教育观点与活动的著作。但是这所学校受到地方保
守势力的反对，还被宪兵搜查，被迫于1862年停止办学活动。《亚斯纳亚·
波利亚纳》杂志也于1863年12月停办。19世纪70年代，托尔斯泰在完成《战
争与和平》的撰写后，重新关注教育工作。他恢复了亚斯纳亚·波利亚纳学校
的教学活动，并协助整个地区组建学校。这时候，他在办学的问题上维护了
农民的发言权。1872年，他编写出版了《识字课本》，以后又进行了修订，于
1875年再版，名为《新识字课本》，还编写出版了四册《阅读课本》。托尔斯泰

① [摩洛哥]扎古尔·摩西：《世界著名教育思想家》第4卷，梅祖培等译，202页，北京，中国
对外翻译出版公司，1996。
② 同上书，202页。

热爱儿童，深信儿童本性善良，尊重儿童的个性，善于激发和发展儿童的创造性。他认为自由是教育学的唯一标准，教育学只有在全面研究学校教学工作经验的基础上才能写成。托尔斯泰晚年的教育思想有所改变，其主要表现是强调宗教在教育中的作用，他认定教学中最主要的是体现"纯正的基督教"精神的宗教道德教育。但是，托尔斯泰还是以其独创性的教育思想见解与富有特色的教育改革活动在俄国教育史上占有重要地位，而且受到世界教育学者的重视。

别林斯基是 19 世纪俄国文学批评家、革命民主主义者和教育家。在抨击俄国农奴制教育的专制、愚民和空疏无用的基础上，别林斯基提出每个人都拥有接受教育的可能性，应享有同等的接受教育的权利。教育目的在于培养"完全的人"，"完全的人"所具有的品质包括富有人性、富有个性、热爱本民族、热爱人类且有能力为人类美好生活而无畏斗争。关于教育和教学实践，别林斯基还提出了一些极富指导意义的主张，如儿童生来具有优良天性，教育的艺术在于发现、发展和发挥儿童的优良天性；个人的全面发展只有在一个全民平等的社会中才能成为现实；个人只有与社会结合在一起，才可实现个性充分发展；教育应体现并遵循人民性原则；等等。关于道德教育，别林斯基认为其在儿童教育事务中居于首位。道德教育的任务在于教育儿童摆脱奴性，养成正义感、人道主义精神、意志坚定、勇于行动等道德品质。关于道德教育的内容与途径，别林斯基提出，要注重对儿童实施培养道德情感、树立道德榜样、养成道德习惯、发展道德意志、培养劳动习惯的教育。

赫尔岑是 19 世纪俄国革命民主主义思想家、文学家和教育家。在以文学创作的方式批判俄国农奴制的基础上，赫尔岑激烈抨击了俄国东正教会教育的愚民性和沙皇政府教育的专制性，主张教育应培养儿童的责任感、义务感和自觉性，要造就仁爱的自由人。智育的任务在于向儿童提供数学、自然科学、文学(含古典文学)、外语和历史知识的教育，道德教育则要注重培养儿童的人格、尊严和自我意志。

车尔尼雪夫斯基和杜勃罗留波夫均为 19 世纪俄国革命民主主义理论家、实践家和教育思想家，对于沙皇政府的教育政策、公共学校教育制度以及为沙皇专制教育辩护的官方教育理论实施了抨击。他们主张教育目的在于培养"新人"，智育的任务在于向儿童传授自然科学知识和社会科学知识、发展学生思维能力，课堂教学实践应遵循循序渐进、直观性、发挥学生积极性与自觉性等原则。道德教育的任务在于培养儿童具备爱国主义、人道主义、热爱劳动、诚实守信等道德品质，在道德教育方法上注重发挥榜样示范作用与开展纪律教育。

关于初等教育，19 世纪俄国初等教育发展遵循"东正教、专制制度、民族性"三位一体的原则。19 世纪初，城乡所有堂区建立一年制的堂区学校，每个县城和省城建立一所两年制的县立学校。19 世纪七八十年代，初等学校获得快速发展，1874 年颁发了《初等国民教育章程》，1884 年又颁发了《堂区学校章程》。不过，这一时期的初等教育宗教色彩较为浓厚，在一定程度上影响了其教育质量。

关于中等教育，19 世纪俄国实施中等教育的主要机构为文科中学。文科中学设于省城，学制 4 年，主要开展拉丁语、德语、法语、历史、统计、初级哲学、数学、物理学等学科课程的教学。文科中学的毕业生通过相应考试升入大学学习。稍后实施的一系列教育政策，在一定程度上促进了中等教育的发展，包括 1828 年的《大学所属各级学校规程》，1864 年的《文科中学和中学预备学校章程》，1871 年的《中等学校规程》，1872 年的《女子文科中学章程》。《文科中学和中学预备学校章程》规定，中学分为古典文科中学和实科中学，学制均为 7 年；古典文科中学的毕业生可升入任何类型的高等学校学习，实科中学的毕业生则进入高等专科学校学习。不过，俄国中等教育的性质并未发生根本变化。

关于高等教育，根据 1803 年的《国民教育暂行条例》和 1804 年的《大学附属学校章程》，到 1825 年时在全国六大学区各设立一所大学以培养国家官吏。1863 年 6 月颁布实施《俄罗斯帝国大学章程》，在一定程度上恢复了大学的自治权，规定大学校长、副校长、系主任和教授均经选举产生。为进一步实现政府对高等教育的控制，1884 年颁布实施《俄罗斯帝国大学章总程》，大学的自治权和大学生的集会权均被取消。

关于师范教育，1804—1859 年，莫斯科大学附设了三年制师范学院。此外，1804 年设立了圣彼得堡师范学院（1816 年被改组为中央师范学院）；1817 年开办了附设于中央师范学院的第二部，以培养堂区学校和县立学校的教师。

19 世纪，俄国职业教育、女子教育、家庭教育与留学教育也都实现了不同程度的发展。

第五节　美国教育

在美国，出现了以贺拉斯·曼（Harace Mann，1796—1859）、巴纳德（Henry Barnard，1811—1900）和哈里斯（William Torrey Harris，1835—1909）为代表人物的公共教育思想；以吉尔曼（Daniel Coit Gilman，1831—1908）和埃利奥特（Charles William Eliot，1834—1926）为代表人物的高等教育革新思想。公共教育思想是美国独立后产生和发展起来的一种教育思想，因为其代表人物贺拉斯·曼、巴纳德和哈里斯都曾经到欧洲国家访问和学习，所以显然受到欧洲国家的国民教育思想的影响。应该看到，随着公立学校运动在美国的兴起和发展，公共教育思想得到广泛传播，并推动了美国近代公立学校制度的确立。因此，公共教育思想成为一种富有美国特色的教育思想。

贺拉斯·曼在其教育实践、相关著述和演讲中强调了普及教育的重要性，认为普及教育是实现社会进步的不可或缺的条件，是造就掌握更多知识和具有高尚品德的人的重要手段。贺拉斯·曼还主张公立学校面向所有儿童开放，要将公立学校发展成为建设国家的工具、发展民主的学校、实施公民教育的中心和提供公共服务的基地。关于公立学校教师，贺拉斯·曼认为，一位合格的公立学校教师，不但应该是学校的主持者和知识的掌握者，而且应该是道德品质高尚的人，熟练运用有效的教学方法，对学生和教育工作充满热情。

巴纳德是美国教育政治家和19世纪美国公立学校运动的领袖，被誉为"美国公共教育早期发展的领导人"。巴纳德重视普及教育，认为普及教育是将知识传授给每个人的重要手段，获得受教育机会是每一个公民的天赋权利，建立公立学校是开展普及教育的必要措施。他重视师资培养，以保证公立学校的教育质量，强调"教学的关键是教师"，"教育的关键是教师"，"课程的关键是教师"。他主张师范学校应该成为州学校教育制度的一个组成部分，应该得到州行政当局、学校委员会、公立学校校长以及民众的支持。

哈里斯是美国教育政治家和美国公立学校的领导人，著有《教育的心理学基础》《初等教育》《公立学校的道德教育》和《师范学校的未来》等。哈里斯认为，教育作为一种社会活动，其目的在于促使个人在掌握种族文化的基础上实现理性的发展。只有通过教育把每个人培养成为富有理想的社会成员，民主社会的建成才有可能。因而，政府有责任发展一种面向每名儿童的公共教育，而发展公共教育的最好形式在于创设并发展公立学校。公立学校在向儿童传授语言、算术、地理、历史等学科知识的同时，还应注重培养儿童养成适应民主社会生活的道德品质，如守序、守时、安静、勤奋等。

美国公共教育思想适应了19世纪美国社会的时代需求，获得社会人士、政府领导人和民众的广泛支持，体现了美国教育特色，推动了美国公立学校运动和公立师范学校的发展。

19世纪早期，美国公立学校制度确立。公立学校面向所有社会阶层的儿童，为其提供文化知识教育，培养其具备必要的道德品质。1852 年，马萨诸塞州最早颁布《义务教育法》。至 1898 年时，美国已有 32 个州颁布《义务教育法》。有关教育法明确规定儿童每年在校学习的总学时数和学习内容，同时也规定了对违反该法令的人进行法律处罚。有关义务教育法的颁布与实施不仅促进了美国公立学校的迅速发展，而且为美国义务教育的普及切实奠定了基础。到 19 世纪最后 25 年，基本上确立了各州发展、管理公共教育的合法权利。

19 世纪美国中等教育的发展主要体现为文实中学和公立中学的发展。文实中学不仅承担帮助学生进入大学的任务，而且担负使学生毕业后迅速适应社会的责任；公立中学是由州政府出资兴办的一种新式学校，也是美国公立学校运动的重要成果之一。1821 年，马萨诸塞州波士顿市创建了美国第一所公立中学。美国公立中学数量和入学人数在 19 世纪 70 年代后进入快速增长时期。中学的学制也随之进行调整和变革，由原先的"6—6 学制"改为"6—3—3 学制"和"8—4 学制"。

州立大学、农工学院(亦称"赠地学院")、研究型大学以及初级学院运动构成 19 世纪美国高等教育发展的主题。美国高等教育结构逐步完善，高等学校教学、研究与社会服务职能以及学位制度得以确立。1825 年开办的弗吉尼亚大学被认为是美国第一所州立大学。南北战争前，在当时的 27 州中，已有 25 州建立了州立大学。1820—1860 年，私立大学发展步入鼎盛时期。南北战争后，大学现代化运动兴起。1862 年《莫里尔法案》颁布后，各州开始兴建农工学院。创建于 1876 年的约翰斯·霍普金斯大学，被公认为美国高等教育发展新纪元的标志。此外，各州政府通过公共财政拨款创立研究型大学，大力发展研究生教育。19 世纪末，芝加哥大学校长哈珀(W. R. Harper)首先提出将大学的四个学年一分为二：前两年为"初级学院"阶段，后两年为"高级学院"阶段。受此思想影响，19 世纪末 20 世纪初美国兴起初级学院运动，成为美国高等教育实施结构改革的探索与尝试。

19 世纪，美国教师教育在为满足公立学校增多而导致对合格教师的需求增加的过程中获得发展。19 世纪二三十年代，通过文实中学培养教师成为一种普遍现象。1823 年，佛蒙特州公理会牧师塞缪尔·霍尔在康科德市创办私立师范学校，成为美国创设师范学校的最早尝试。1825 年，俄亥俄州首先颁布教师资格证书法令，为美国教师资格证书制度奠定了基础。1839 年 7 月，美国第一所公立师范学校在马萨诸塞州列克星敦成立。南北战争以后，由政府用公共税收建立的师范学校加速发展。到 19 世纪 70 年代，部分大学以开设教育讲座的方式举办"教师短训班"，着重提高中等学校教师的专业修养。1898 年，纽约州一所师范学校并入哥伦比亚大学，成为该大学的师范学院。

第六节 日本教育

在日本，出现了以福泽谕吉(ふくざわゆきち，1835—1901)、森有礼(もりありのり，1847—1889)和井上毅(いのうえ こわし，1844—1895)为代表人物的明治维新时期的教育思想。

福泽谕吉是日本明治维新时期的启蒙教育家，著有《文明论概略》和《劝学篇》等著作。他主张教育是国家实现文明开化和独立富强的基础和保障；智育的目的在于修习学问，注重实用知识教学，向学生传授天文、地理、物理、化学等学科知识；德育的目的在于培养学生具有国家观念与独立意识；体育的目的在于造就健康的国民。

森有礼是日本明治维新时期知名的政治家和教育家，日本近代国家主义教育体制的奠基人。他的主要教育主张包括：教育以国家利益为重，为实现国家富强而办；构建国家教育体系，确立国家教育制度；大学位居学校教育体系顶端，对高等教育实施国家治理；高等教育肩负教学与研究职能；发挥师范教育在国家教育体系中的基础作用，注重为教育事业发展提供合格师资。

井上毅也是日本明治维新时期知名的政治家和教育家，他重视发挥职业教育在实现国家富强中的作用，主张构建国家职业教育体系，加强职业教育师资培养。

19世纪前半期，日本初等教育主要有三类：幕府直辖学校和藩校教育，以武士教育为重点；寺子屋和乡校教育，以平民子弟为主要教育对象；其他社会教化活动。1872年明治政府颁布《学制令》，规定设公立小学，主要类型包括普通小学、女子小学、农村小学、贫民小学、小学私塾、幼儿小学等。《学制令》同时确定实施强制性的8年制、收取学费并接受国家补助的义务教育制度。1886年颁布《小学校令》，将初等教育年限定为8年：前4年为寻常小学阶段，实施义务教育；后4年为高等小学阶段，实施收费制教育。

《学制令》还规定设立中等学校，催生了日本近代中等学校。1886年颁布《中学校令》，将中学分为寻常中学与高等中学两类：前者属普通教育学校，由地方政府设置与管理；后者具有大学预科性质，由文部大臣领导。19世纪80年代后期，明治政府重视中等教育发展，为中学教学设施修缮等提供教育补助金，中学数量和入学人数均有明显增加。

日本近代高等教育发展始于明治维新时期的教育改革。在利用江户时期创设的昌平坂学问所、和学讲习所、开成所、医学所、讲武所、军械操练所的基础上，1877年设立东京大学，下设法学部、理学部、文学部、医学部，成为日本近代第一所大学和高级人才培养机构。后得益于1886年《帝国大学令》的颁布，东京大学改为帝国大学，此后又相继开办京都大学、东北大学、九州大学、北海道大学等，日本近代高等教育体系逐步得以确立和巩固。

明治维新时期，还确立了日本近代师范教育制度。师范学校、高等师范学校和教员养成所得到发展，教师职业道德、教师资格证制度和教师待遇等事务也受到高度重视。1873 年建立了第一所师范学校，后改名为东京师范学校。到 1876 年年底，所有的府县都已建立师范学校。从 1886 年到 1889 年，高等师范学校仅有东京高等师范学校；1890 年后，又设立女子高等师范学校一所。就普通师范学校而言，基本上贯彻一府县一校制。

第七节　加拿大教育

在英属殖民地时代，英国殖民政府加大对殖民地教育的介入与管理力度，上加拿大率先创建公共教育制度。1867 年加拿大自治领建立后，创建公共教育制度渐渐成为加拿大各地教育发展的重要内容。

《1816 年公共学校法案》颁布后，地方公共学校开始在上加拿大各地得以兴办。地方公共学校在教学中注重采用个别教学方式。19 世纪 40 年代起，英属加拿大逐步从农商社会向工业社会转型，经济和社会发生了巨大的变革，加拿大人的民族意识和国家观念不断增强。《1846 年公共学校法》规定设立省教育委员会，由一名教育长官和六名委员组成，并对教材作出了详细而切实的规定，将创建师范学校提上了议事日程。此后颁布的《1850 年教育法案》和《1871 年教育法案》为加拿大公共教育制度的确立提供了法律保障，温哥华岛地区、不列颠哥伦比亚省、西北地区、艾伯塔省等地的公共教育制度逐步确立。

19 世纪中期起，加拿大法裔和英裔地区的高等教育逐渐得到发展，东部地区和西部地区创办了诸多高等院校。

19 世纪 40 年代前，在法属殖民地时期，魁北克和蒙特利尔设立了 7 所高等学校。19 世纪 40 年代后，随着《1846 年公共学校法》在上加拿大的颁布以及同年下加拿大颁布实施由政府支持的教会学校制度，拉瓦尔大学得以设立，共同致力于实现加拿大法裔地区高等院校培训神职人员和培养未来社会领导人的目标。1876 年，拉瓦尔大学在蒙特利尔建立了一所独立的分校；遵照教皇的《永恒之父通谕》，于 1879 年在魁北克重建了神学院。

19 世纪 50 年代之前，加拿大英裔地区最早创办的学院和大学是分设在温莎、弗雷德里克和多伦多的国王学院，以及非教派的麦吉尔大学和达尔豪斯大学。学院与大学旨在培养牧师与未来社会领袖。

19 世纪 60 年代至 19 世纪末，加拿大安大略地区、东部沿海地区、西部地区的高等教育也都实现了不同程度的发展。整体而言，加拿大高等院校的数量在此期间不断增加。加拿大东部和中部此前就已创办了诸多院校，后来沿海地区有达尔豪斯大学、圣约瑟夫大学以及圣安妮学院，安大略省有阿桑普申学院、麦克马斯特大学以及西安大略大学，魁北克省有拉瓦尔大学蒙特利尔分校及其他诸多古典学院。同时，高等院校逐渐向西部地区扩展，其中有 1890 年创办的马尼托巴大学，以及艾伯塔省、萨斯喀彻温省、不列颠哥伦比亚省的一些未延续至今的小规模院校。

埃杰顿·赖尔森(Egerton Ryerson，1803—1882)是加拿大教育家，在加拿大公共教育制度确立中作出了重要贡献，其教育思想集中体现于他的报告、讲演以及在《教育杂志》上发表的文章之中。他主张公共教育制度对于一个年轻国家的发展至关重要，民众接受公共教育是应对贫困以及随之而来的苦难和罪恶的最有效措施。公共教育制度具有普及性、实用性特征，并需要图书馆与书籍与之配套。公立学校的教育内容应该包括阅读、书写、算术、英语、音乐、绘画、体育、地理、历史、自然历史基础、生理学基础、自然哲学、公民和政治经济学基础等。提出在公共教育制度建设和公共学校发展中，教师和师资训练至关重要，哪里没有好的教师，哪里就不会有好的学校，哪里也就不会有好的技师、律师或医生。赖尔森认为，在一个法治国家的教育中，教育立法与教育管理是保证公共教育制度有效性的重要条件之一。他的教育思想为加拿大公共教育制度的确立提供了有益的理论支持。

第八节　印度教育

印度原住民教育：19 世纪初期，印度设立各类初级学校；推行印度"导生制"；家庭教育较为流行；教师教学多为经验式教学，教师待遇较低；女性接受教育机会有限。

印度殖民地教育制度确立：《1813 年宪章法》的颁布标志着英国政府正式介入印度教育事务，并谋求在印度建立现代殖民教育体系。从 1813 年到 1857 年，在东印度公司的控制下开办了许多学校和学院，为印度英语教育体系奠定了基础。《1833 年宪章法》将《1813 年宪章法》中所规定的东印度公司每年拿出 10 万卢比来发展教育增加到 100 万卢比。1835 年，麦考利勋爵的《印度教育备忘录》提出"渗透论"，创立西式印度教育体制，勾画了印度殖民教育发展的蓝本。1835 年 3 月，《印度教育决议案》规定将西方科学和文学作为高等教育教学的主要内容，将英语作为教授西方科学和文学的媒介，英语也成为印度官方语言。《1854 年伍德教育急件》提出：教育政策的宗旨和目标在于向印度人传授西方文化知识；设立公共教育部；推广大众教育；设立大学；重视英语教学。

印度各级各类教育发展情况如下。

初等教育：英国殖民统治前期，印度初等学校主要由基督教传教士设立。《印度教育决议案》颁布后，东印度公司开始负责印度的初等教育。1838 年，印度首次开始实施初等义务教育；《1854 年伍德教育急件》规定政府要向那些没有能力通过自己努力获得教育的广大群众传播实用知识，推行助学金制度和部分自给制度，改善地方私立学校。《1859 年教育急件》废除小学资助金制度，反对引入国家教育体制，征收地方教育税，设立由人民代表组成的特别机构维持和控制公立学校系统，并强制 5～13 岁的儿童入学。

中等教育：19 世纪上半叶，中等教育发展获得印度富裕阶层支持和众多传教士帮助，殖民地政府参与中等教育发展。1854—1921 年，相对于高等教育和初等教育来说，中等教育发展迅速。《1854 年伍德教育急件》强调发展中等教育，建议在每个地区建立学校，为年轻人提供更多的受教育机会。公立学校和教会学校得到发展，受过教育的印度人开始进入教育领域开办私立中学。1882 年成立的以亨特为主席的印度教育委员会鼓励创办中学，尤其是私立中学。

高等教育：在印度教育殖民化时期，高等教育受到殖民当局更多的重视，获得了较大程度的发展。在移植伦敦大学办学模式和接受印度教育委员会对高等教育的建议的基础上，现代大学获得发展。印度教育委员会推行"放任政策"，高等教育尤其是学院教育逐渐交由个人和非政府团体负责。从大学建立到印度教育委员会成立的 25 年间，得力于中学的迅速发展和政府的积极鼓励，学院发展迅速。

职业教育：19 世纪，印度已经出现了现代意义上的职业教育。《1854 年伍德教育急件》明确提出职业教育概念；1882 年印度教育委员会就中等教育提出学术性课程和职业性课程分化的建议和构想。19 世纪印度职业教育发展分为两个时期：前一个为 1822 年加尔各答地方医学院成立至 1857 年大学普遍开设医学院、工程学院和法学院；后一个为 1857 年至 1901 年，寇松（George Nathaniel Curzon）勋爵在此期间曾在西姆拉举行公共教学主任会议。

女子教育：19 世纪前半期，印度女子学校出现，传统家政教育的变化标志着现代女子教育的兴起。此后，印度公立女子学校建立，私立女子学校蔚然成风。

19 世纪，印度高等教育与初等、中等教育发展严重失衡：初等教育被忽视；高等教育内容重文学和法律，轻农、工、商、医等科技教育。受教育群体的性别比例也严重失衡，女子教育远远落后于男子教育。19 世纪印度教育发展历程是印度传统教育被全面殖民化的过程，教会和民间力量成为推动 19 世纪印度教育发展的重要因素，殖民地教育的发展孕育了促进民族觉醒的知识分子阶层。

第九节 北欧四国的教育与丹麦教育家格龙维的民众教育思想

一、瑞典教育

在基础教育方面，1842 年瑞典政府颁布《公共教育法》，规定在全国实行强迫教育，确保绝大多数 7~13 岁儿童能够接受基础教育；教学内容包括路德宗教义、阅读、写作和计算；每个教区须承办至少 1 所小学，每所小学须配备 1 名符合资质的教师；国家任命视导员监督学校办学质量，并形成视导报告，反馈办学情况。到 1880 年，瑞典 6 年制义务教育得以在全国确立。19 世纪 80 年代末期，瑞典社会民主工人党推行社会改革，将教育视为缓解社会矛盾和缩小阶级差距的重要手段，基础教育获得快速发展。

在职业教育方面，19 世纪中期，斯德哥尔摩和哥德堡等地陆续开办职业培训学校（如星期日学校和夜校），以培养新兴工业和商业所需的各种职业技术人才。

在高等教育方面，19 世纪瑞典大学既继承了中世纪大学传统，又受到法国、德国大学办学模式的影响。1877 年斯德哥尔摩大学创办，在政府大力资助下开设自然科学课程，同类高等学校还包括瑞典皇家理工学院（1827 年成立，1877 年改建）和哥德堡大学（1891 年创设）。传统大学乌普萨拉大学和隆德大学也在 19 世纪 80 年代得以重建。

二、丹麦教育

丹麦教育在 19 世纪稳步发展，国家和政府逐渐取代教会而掌握教育管理权，教育步入现代化、普及化和义务化轨道；开明绅士也逐渐取代教士而成为教师的主要来源。教育内容越来越适应国家经济和社会发展的需要，自然科学开始取代宗教教义成为教学重要内容。

在基础教育方面，1814 年 7 月丹麦"最高学校委员会"制定法令，就儿童受教育权利、义务和初等学校的办学目的作出规定，促进了公立小学的发展。免费学校(Free School)也得到较大程度发展。中等学校包括拉丁语学校、实科中学与高级中学，以实科中学与高级中学为主。1903 年颁布的《教育法》催生了新型中等教育机构——中间学校。

在职业教育方面，1800 年，部分星期日学校设置了一些职业技术课程，并招收手工业学徒。1857 年颁布《自由贸易法》，加强职业教育规划。1875 年，丹麦政府替代行会接管职业技术教育。1889 年，丹麦颁布第一部《学徒培训法》，进一步提升了丹麦职业教育的制度化、规范化和法制化水平。

在高等教育方面，19 世纪丹麦高等教育机构主要集中在哥本哈根。哥本哈根汇聚了哥本哈根大学、哥本哈根多科工业学院、国家兽医及农业学院，在丹麦高等教育领域形成一枝独秀的格局。

除上述三所国立高等学校之外，丹麦还拥有独具特色的民众高等学校。这一类型的教育机构由丹麦民众教育思想的主要代表人物格龙维(Nikolaj Frederik Severin Grundtvig, 1783—1872)倡导创建，并于 19 世纪中叶纳入丹麦教育体制。

在西方教育思想史上，格龙维构想的民众高等学校对丹麦社会和教育的发展产生了十分重要的影响，被誉为"民众高等学校之父"。

　　格龙维民众教育思想的主题包括："活的语言"，主张把口语作为表达精神生活的工具；"生活启导"，对真知、真理的理解绝不源于课堂教学科目的死记硬背，只能从生活本身获得；"民众启蒙"，通过智慧而有远见的政策创造新社会；"平衡与平等"，分解权力结构，使各社会组织、各权力中心以及各个人之间通过平等对话达成共识；"民智为优"，民众的智慧优于少数智者，启蒙的源泉来自民众。

　　格龙维主张建立一种全新的教育制度，各级各类学校都必须是为了生活的学校，即生活学校（School for Life）。生活学校旨在培养人类作为个人和社会一分子的两重性格，还必须使人成为文明社会的一分子。生活学校开设历史、国语、唱歌三大主要科目。

　　格龙维提出，理想的教育分为初等教育、中等教育和成人教育三个主要阶段，生活学校也分为三级。初等教育在家庭中进行，由父母亲自教育自己的孩子，或由一位专职教师教一两个学生；中等教育在学校里进行；18 岁以上青年应在生活学校中接受生活教育——一种能够使他们在离校后继续自修的教育。民众高等学校是格龙维将"活的语言""生活启导""民众启蒙""平衡与平等""民智为优"等基本命题有机熔铸而设立生活学校的最佳典范，他的民众教育思想对丹麦以及其他国家的民众教育实践产生了一定影响。

三、芬兰教育

　　在基础教育方面，1809 年，芬兰颁行教育法令，确立了学校制度，规定学校要为有志从事教士和文官职业的青少年提供适当的基础教育。19 世纪 50 年代之后，芬兰推行教育改革，将教育控制权与管理权从教会剥离。1869 年成立教育委员会，将大部分教育权收归国有，国家直接管理教育。此时，只有初等学校仍被教会和教士控制。19 世纪 50 到 70 年代，芬兰社区初等学校诞生，其实施地方初等教育，使得地区受教育儿童的数量大幅上升。

承担中等教育任务的学校类型包括：文法学校、男子学校、女子学校。其中，男子学校主要开展拉丁语教育，人文主义色彩突出；女子学校则主要招收社会上层家庭女童，具有贵族性。男子学校和女子学校只承担了少数人的教育任务。19 世纪 70 年代初期实施中等教育改革，男子中学成为开展中等教育的主要学校类型。

19 世纪初，芬兰大量出现新型的商业学校和工业学校，开始进入有组织、有规模的职业教育发展时期。1842 年，芬兰颁布第一部职业教育法令《关于手工业者培训》，职业教育开始走上法制化轨道。

在高等教育方面，芬兰高等教育起步于 1640 年图尔库学院的诞生。1822 年图尔库大学迁至赫尔辛基，更名为赫尔辛基大学。

在师范教育方面，1806 年芬兰创办第一所教育学院，学生修业年限为 3 年，采用学期课程制度。学生所学内容包括教育理论、学科专业知识、实际教学技能训练等。1847 年，全国学校教师职业协会成立，该协会召集全国教师研讨学校教育问题。

四、挪威教育

在初等教育方面，1827 年 7 月挪威政府颁布教育法，在乡村设立小学；各主要教区须设立一所固定学校，并根据情况增设流动学校；担任教学工作的是教会神职人员，教学内容是阅读、写作和宗教知识。同时开办常设学校和巡回学校，开创了挪威的现代教育。到 1848 年，城乡教育得到进一步发展，强制入学制度推行，学校教育被逐步纳入正规化和系统化轨道。1860 年，新的乡村教育法令出台，取代了 1827 年的教育法令。1869 年颁布《高等公费小学法》，开始了改革的第二个周期。1889 年的教育法把义务教育延长到 7 年。1869 年，挪威进一步确立了中等教育的组织结构，分别建立了中间学校和文科中学。中等教育"双轨制"确立，其中文科中学分为两类：一类以学习拉丁语、希腊语为主；另一类则侧重于数学、英语和自然科学的教学。1889年，针对当时社会教育发展的新情况，又进一步完善了相关法律法规，并制定了新的教育法。

在高等教育方面，1811 年，奥斯陆大学建立。其后，1864 年创设民众高等学校，1875 年创办郡立学校，1893 年成立青年学校。民众高等学校和青年学校为私立学校，而郡立学校则归属郡级政府管辖。1885 年创设劳工学院，教育对象为成年男女，主要是工人群众，学习内容为自然、人文、社会生活及文化发展等方面的知识，教学方式为问答与讨论。

在教育制度层面，19 世纪世界教育制度发展表现出整体性、等级性、民众性、实用性和创新性的特点。

19 世纪，欧美国家和日本不同程度地构建起整体性的学校教育体系。该体系包括了幼儿教育、初等教育、中等教育、高等教育、师范教育和教育行政管理等各教育分支体系的发展，较好地实现了国家的教育发展目标。

19 世纪欧美国家和日本的教育发展还表现出不同程度的等级性，不同阶层家庭子弟的受教育权和受教育机会表现出差别，部分国家实施双轨制教育。

为适应工业革命后社会生产对劳动者文化知识水平逐步提升的需求，加之社会底层民众对自身受教育权利的争取，19 世纪欧美国家和日本的教育、尤其是初等教育发展的民众性色彩日益突出，具体体现为英国儿童教育和贫民教育、德国国民教育、丹麦民众教育和美国公共教育的发展。

实用性也成为 19 世纪世界教育发展的主要特征。19 世纪三四十年代，文科教育和实科教育之间进行了激烈的论争，表现在学校类型上就是文科中学和实科中学之争。到 19 世纪中期，自然科学开始在人类认知生活的世界的过程中获得巨大的声望和权威。科技发展成就和工业革命成果的影响，不仅改变了世界面貌，而且影响了学校教育。实科中学数量增加和课程改革实施，初等学校基础课程内容扩展，以及高等教育领域新型院校出现，都体现了 19

世纪教育体制发展的实用性特征。

创新性是 19 世纪欧美国家和日本教育制度发展的又一特征，具体表现为：在初等教育领域，公立学校作为一种新型初等学校出现，普及义务教育制度确立；在中等教育领域，实科中学、初级中学、女子中学等新型中等学校的出现，美国"6—3—3 学制"的确立；在高等教育领域，农工学院、初级学院、女子学院的出现以及大学社会服务功能的发挥；在教育行政管理领域，中央集权教育行政管理、地方分权教育行政管理出现；等等。

在教育思想层面，19 世纪欧美国家和日本的教育思想发展表现出多样性、继承性和批判性等诸多特征。多样性特征既体现为教育思想类型与形式的多样性，也表现为教育思想内容与观点的多样性。继承性特征主要是指 19 世纪欧美国家和日本教育思想发展多以先前的时代尤其是 18 世纪的教育思想为基础，是直接或间接继承此前教育思想并依据 19 世纪教育发展需要作出改造的结果，一些教育思想甚至就是 18 世纪教育思想的直接延续和发展。如 19 世纪教育思想中占有主导地位的赫尔巴特主知主义教育思想以及具有重要影响的福禄培尔幼儿园教育思想，在许多方面从裴斯泰洛齐教育思想中直接汲取了养料；德国国民教育思想、美国公共教育思想、丹麦民众教育思想都在不同程度上受到了 18 世纪法国国民教育思想的影响。批判性特征主要体现为 19 世纪欧美国家和日本的教育思想是批判和扬弃此前教育思想的结果，如英国科学教育思想形成过程中对英国古典人文主义教育思想的批判和扬弃，俄国民主主义教育思想对沙皇政府国民教育政策和学校教育的批判。

特别应该强调的是，19 世纪 40 年代至 90 年代形成了马克思（Karl Marx，1818—1883）和恩格斯（Friedrich Engels，1820—1895）的教育思想。马克思和恩格斯凭借他们创立的辩证唯物主义及历史唯物主义世界观和方法论，基于对人类社会发展规律的综合考察，紧密结合无产阶级革命的理念与实践，论述了一些重要的教育问题，从而形成了一种独特的教育观。他们对 19 世纪欧美各国的教育进行了评论，对空想社会主义者圣西门、傅立叶和欧文的教育思想既有批判又有继承，对教育与社会的关系、教育在社会物质生产中的意义和作用、人的本质和个性形成、人的全面发展、教育与生产劳动相结合、综合技术教育等重要教育理论问题都进行了科学论证，高瞻远瞩地揭示了未来教育的发展方向。

本丛书第十卷《19 世纪的教育（上）》、第十一卷《19 世纪的教育（中）》、十二卷《19 世纪的教育（下）》就 19 世纪人类教育思想与教育实践成果做了全面阐述。其中，第十卷内容为：英国教育发展、英国儿童教育与贫民教育思想、功利主义教育思想、古典人文主义与科学教育思想；法国教育发展与巴黎公社教育改革、欧文的教育活动和教育思想、法国功能主义教育思想与空想社会主义教育思想。第十一卷内容为：德国教育发展、德国新人文主义教育思想、国民教育思想、赫尔巴特的教育活动与教育思想、赫尔巴特学派的教育思想、第斯多惠的教育活动与教育思想、福禄培尔的教育思想与世界幼儿园运动的发展；俄国教育发展、俄国的民主主义教育思想、乌申斯基的教育活动与教育思想；北欧国家的教育发展与丹麦民众教育思想。第十二卷内容为：美国教育发展、美国公共教育思想与高等教育思想；加拿大的教育发展与赖尔森的教育思想；日本教育发展与明治维新时期的教育思想；英国殖民时期印度的教育；近代欧美国家和日本的文官教育；马克思和恩格斯的教育思想。"结语"部分总结分析了 19 世纪世界教育实践与教育思想发展的主要成就与基本特征。

第九章

19 世纪末至 20 世纪前期的教育

在 19 世纪末工业-技术革命、殖民争霸与民族主义、社会民主化、科学革命、哲学社会科学发展等因素的综合影响和推动下，欧美国家的教育实践和教育理论研究步入一个新的发展时期。教育科学研究运动、儿童研究运动、欧洲新教育运动和美国进步主义教育运动的全面推行，进一步提升了人类认识教育本质和把握教育规律的能力，提高了人类教育理论研究的科学性和人类教育实践的自觉性，新教育思想、进步主义教育思想以及改造主义、要素主义、永恒主义和新托马斯主义等教育思潮和流派逐步形成，对教育实践产生了直接而深远的影响。

为满足促进社会政治、经济与文化发展，造就合格国民与培养各类专业技术人才的需要，20 世纪美国、英国、法国、俄国与苏联、德国、日本、印度、埃及、巴西等国家分别就各自的教育管理体制、学前教育、初等教育、中等教育、高等教育、职业教育和师范教育等实施改革。各国教育家在总结教育实践经验的基础上，积极运用哲学、心理学、文化学以及其他相关学科的研究成果，形成了各自富有特色的教育思想，将人类教育理论研究提升到一个新的历史水平。

第一节　19 世纪末至 20 世纪前期的教育改革运动与教育实验

对于近代西方教育发展来说，工业革命是一个具有决定性的重要因素。工业革命不仅改变了经济结构和社会面貌，而且推进了自然科学的发展和运用。1859 年，英国生物学家达尔文（Charles Robert Darwin，1809—1882）出版《物种起源》一书，系统地阐述了生物进化论思想，对近代西方教育发展产生了深刻影响。教育科学研究运动、儿童研究运动、欧洲新教育运动和美国进步主义教育运动的出现，就清楚地表明了这一点。

欧美国家 19 世纪末至 20 世纪前期开展的教育科学研究运动是教育研究领域一次具有深远意义的运动，也是欧美心理学家、教育家共同努力推进教育研究科学化的一次尝试。运动历经欧美学者的思考和认识、教育科学实验机构的建立和发展、教育科学研究运动的多方面开展以及教育科学研究观念和方法的多样化、专业化发展四个阶段，进一步提升了人类对教育科学本质性认识的水平。

在教育科学研究运动中，德国教育家梅伊曼和拉伊提出实验教育学思想，倡导对教育问题的实验研究和客观分析，要求将自然科学中的实验方法运用到教育研究领域，重视对儿童身心发展及其特征的研究。实验教育学把教育学从哲学中解放出来，并在实验心理学的基础上为教育研究开辟了新的研究领域，从而推动了教育科学的发展，促进教育学真正走向科学化。实验教育学思想因而成为 20 世纪初期教育科学研究运动的一个组成部分。

在教育科学研究运动中，在现代心理学科学方法的影响下，作为心理学重要分支的教育心理学诞生。1903 年美国心理学家桑代克（E. L. Thorndike，1874—1949）出版《教育心理学》，标志着教育心理学学科体系的出现和教育心理学学科的独立。桑代克大力倡导采用科学的方法改革教育，将教育心理学视为严格的实证科学，将纯粹基于心理学动物学习实验研究所得的原理原则作为教育心理学的主要内容，建立起以人的本性、学习心理的个性差异为主要内容的教育心理学体系。继而出现以华生（John Broadus Watson, 1878—1958）为代表的行为主义和以斯金纳为代表的新行为主义学习理论。华生认为，心理的本质是行为，心理学研究的对象应是行为。心理学研究的目的在于探讨刺激与反应之间的联系规律，以便预测和控制行为。心理学应该运用观察法、条件反射法、言语报告法、测验法和社会实验法等实证方法研究人的行为，真正认识人类行为的规律和原理，从而达到预测并控制人的行为的目的。新行为主义学习理论的创始人斯金纳（Burrhus Frederic Skinner, 1904—1990）坚守行为主义立场，反对任何理论假设，坚持用描述的、归纳的、实验（个案）的方法研究有机体的行为，他在操作性条件反射、强化理论、程序教学等方面所取得的研究成果对教育心理学的发展产生了重要影响。

当然，桑代克的教育心理学理论在一定程度上夸大了遗传的作用，贬低了教育和环境在个别差异形成中的影响；华生的行为主义和斯金纳的新行为主义学习理论夸大了环境的作用，而忽视了遗传因素对个体差异的影响。但整体来说，伴随着教育心理学的发展，教育心理实验推动了教育实验研究的开展，教育心理测量促进了教育测量研究的开展。

在教育科学研究运动中，欧美国家尤其是美国采取社会调查的研究方法，开展了影响巨大的学校调查运动。调查内容主要包括学校各方面事实、学校管理、学校效率以及学校变革等信息。美国学校调查运动历经滥觞与初兴（1910—1920 年）、勃兴（1921—1929 年）、余音（1929 年以后）三个阶段，其中克利夫兰市学校调查为其经典案例。学校调查运动的根本目的在于提升"学校效率"。学校督学斯波尔丁（Frank E. Spaulding, 1866—1960）和教育管理学者博比特（Franklin Bobbitt, 1876—1956）将"科学管理"引入学校管理理论和学校调查实践，促进了学校调查运动的开展。学校调查运动对美国城市学校管理产生了较大影响，提升了教育研究方法的科学性和教育学的科学地位，促进了教育管理学科和专业在美国大学的发展。

儿童研究运动是 19 世纪中期以后在欧美国家出现的，代表人物主要包括英国的高尔顿（Francis Gaiton，1822—1911）、法国的比奈（Alfred Biner，1857—1911）和美国的霍尔（Granville Stanley Hall，1844—1924）。儿童和儿童教育研究以实验心理学为基础，与实验教育学颇为相似，强调采用问卷法、观察法、测量法等方法研究儿童智力来源、测量儿童心理内容。欧美许多国家开展的儿童研究运动对欧洲新教育和美国进步主义教育产生了积极影响。

19 世纪末至 20 世纪前期的教育史，以几乎同时兴起的欧洲新教育运动和美国进步主义教育运动为起点。两者均以革新教育为目标，因此又被称为教育革新运动。欧洲新教育运动和美国进步主义教育运动拥有共同的时代背景（均是针对第二次工业革命深入发展所引发的一系列社会问题进行的社会改革运动的组成部分），并以抨击形成于 19 世纪的旧的教育体制、教育内容与方法及其理论依据，建立符合现代社会要求的新型教育为共同目标。但因活动的地域、兴起的具体历史背景、继承的文化传统和发展轨迹不同，二者又具有许多差异。

欧洲新教育派和美国进步主义教育派（特别是后者）组成的所谓"现代教育"派与"新（老）传统教育派"进行的理论论战，基本上构成了 20 世纪前半期西方资本主义世界教育思想发展的主旋律。而且从深层次看，这一论战还延续到 20 世纪后半期。

欧洲新教育运动是适应 19 世纪末 20 世纪初欧洲各国社会发展需要而兴起的教育革新运动。19 世纪后期自然科学的发展特别是生物学和心理学的发展，为发起这场运动的新教育家教育思想的形成提供了科学依据和方法论基础。卢梭的自然教育思想对新教育家的思想也产生了重要影响。在新教育联谊会的组织与协调下，欧洲新教育运动历经自发兴起期(1889—1914 年)、自觉成熟期(1914—1936 年)、承负使命期(1936—1945 年)和"甘当助手期和终结期"(1945—1966 年)。欧洲新教育运动以英国教育家雷迪(C. Reddie, 1858—1932)1889 年在阿博茨霍姆创办第一所"新学校"为开端，他的教育思想与办学经验很快传播到欧洲其他国家，法国、德国、瑞士、意大利、比利时都创设了进行教育改革实验的新学校。其中，法国教育家德摩林(E. Demolins, 1852—1907)开展的"罗歇斯学校"教育实验，德国教育家利茨(H. Lietz, 1868—1919)开展的"乡村教育之家"教育实验，瑞士教育家克拉帕雷德(Edouard Claparede, 1873—1940)等合作开展的"卢梭学院"教育实验，比利时教育家德可乐利(O. Decroly, 1871—1932)开展的"德可乐利学校"教育实验，葡萄牙教育家瓦斯孔塞诺(Faria de Vasconcelos, 1880—1939)开展的"彼爱尔实学校"教育实验，以及意大利教育家蒙台梭利(M. Montessori, 1870—1952)创设的"儿童之家"等新学校教育实验，都产生了较大的影响。新教育家们在借鉴现代科学文化成果和总结教育实践经验的基础上，提出了较完整和丰富多彩的教育理论，引起了教育思想和教育价值观念的巨大变化。欧洲新教育运动从产生、发展到衰落经历了半个多世纪，对世界教育理论与实践的发展产生了广泛而深远的影响。新教育家的著名代表人物除雷迪以外，还有英国的沛西·能、怀特海(A. N. Whitehead, 1861—1947)、罗素、尼尔(A. S. Neil, 1883—1973)，德国的凯兴斯泰纳(G. Kerschensteiner, 1854—1932)，瑞典的爱伦·凯(Ellen Key, 1849—1926)，瑞士的费里埃尔(A. Ferrière, 1879—1966)，等等。此外，蒙台梭利既是欧洲著名的新教育思想家，又是杰出的幼儿教育思想家和改革家。她在教育领域长达半个世纪的活动，促使世界幼儿教育发生了根本性的变革。

沛西·能适应时代潮流，探索新教育理论，推动教育改革，在英国乃至欧美教育史上具有重要地位。沛西·能在其《教育原理》中提出，一切教育努力的根本目的在于帮助男女儿童实现最大限度的个人发展。他将个性自由发展作为个人发展的集中体现，重视为个性自由发展营造适应的外部环境和学校教育环境。在课程问题上，沛西·能提出，课程要适合社会生活和学生未来职业的需要，要具有"心理训练"价值。他还分析了集体教学与个别教学、游戏、自由学习法、活动教学的教学价值。

关于儿童发展，蒙台梭利的基本主张包括：儿童发展受遗传因素影响，但环境发挥着主导作用，儿童有机体与环境之间存在相互作用；儿童发展受内部潜能驱使；儿童具有一种"吸收"文化的心理；儿童发展存在各种敏感期，具有阶段性特点。

蒙台梭利认为，教育具有影响社会发展的功能，教育的社会功能的发挥主要通过影响个体的发展来实现，教育具有生物学和社会学的双重目的。儿童最初几年的生活具有极其重要的意义，所有的社会习惯和道德习惯都在此时期形成并影响一生。科学教育学的基本原则是给学生以自由，工作是协调自由与纪律的中介。儿童的教育内容包括感官教育，读、写、算练习和实际生活练习。蒙台梭利要求幼儿教师具备观察的素质，了解儿童特点，善于指导或引导儿童，成为学校与家庭、社区的联系者与沟通者。科学的教育学的建构要求在理论及实践中将科学与教育融为一体，创办科学实验学校；鼓励教师进行科学观察，以便他们通过实践掌握科学方法要领。蒙台梭利毕生致力于探索"童年的秘密"，在努力实现教育学科学化发展上作出了自己的贡献。

整体而言，欧洲新教育运动既是继承欧洲优秀教育文化传统的结果，又是创造性地适应 19 世纪末 20 世纪前期欧洲社会发展对新型人才培养需求的结果，并在现实的教育实践中发展成为一场以追求人的和谐发展为目标的高质量教育实验运动，一场多方位的教育民主化运动，一场民族主义和世界主义良性交融的国际理解教育运动。

美国进步主义教育运动是兴起于 19 世纪末、延续到 20 世纪前 20 年的一场波及全美的资本主义改革运动——进步主义运动的组成部分，但持续的时间比进步主义运动要长得多。它与欧洲新教育运动相似，从兴起、成型、兴盛到衰落也经历了半个多世纪。在运动中涌现出帕克（F. W. Parker，1837—1902）、杜威（John Dewey，1859—1952）、约翰逊（M. P. Johnson，1864—1938）、沃特（W. Wirt，1874—1938）、博德（B. H. Bode，1873—1953，又译波德）、克伯屈（W. H. Kilpatrick，1871—1965）、帕克赫斯特（H. Parkhurst，1887—1973）、拉格（H. O. Rugg，1886—1960）、华虚朋（C. W. Washburne，1889—1968）等一大批教育家，他们进行了各种教育改革实验并进行教育理论探讨，形成了强大的进步主义教育思潮。进步主义教育家就进步主义教育的理想开展了各自的教育实验，产生较大影响的进步主义学校教育实验主要包括：马萨诸塞州帕克的昆西学校（1875 年），威斯康星州斯陶特（J. H. Stout）的梅诺莫尼学校（1889 年），伊利诺伊州科克（F. J. Cooke）的弗兰西斯·帕克学校（1901 年），密苏里州梅里亚姆（J. L. Meriam）的密苏里大学初等学校（1905 年），亚拉巴马州约翰逊的有机教育学校（1907 年），印第安纳州沃特的葛雷学校（1907 年），纽约市普拉特（C. Pratt）的游戏学校（1914 年）、农伯格（M. Naumberg）的沃尔顿学校（1915 年）和弗莱克斯纳（A. Flexner）的林肯学校（1917 年），伊利诺伊州华虚朋的文纳特卡学校（1919 年），马萨诸塞州帕克赫斯特的道尔顿学校（1920 年），科罗拉多州纽伦（J. H. Newlon）的丹佛课程改革计划（1922 年）以及克伯屈的设计教学法（1918 年）等。

在进步主义教育协会的组织与倡导下，美国中学与大学关系委员会还开展了为期八年的"三十校实验"（Thirty Schools Experiment），亦称"八年研究"（Eight-year Study，1933—1941）。参加该项教育实验研究的有从美国各州挑选出来的 30 所中学，以及近 300 所学院和大学。"三十校实验"的初衷是针对大学入学问题作出一个回应，后来成为修订中学课程以适应变化中的社会需求的里程碑，被誉为最重要和最全面的课程实验。

　　进步主义教育思想家和改革家对旧教育或被杜威称为"传统教育"的教育理论与实践进行了深刻的批判，提出了关于"现代教育"的系统见解。杜威曾将"进步学校"所体现的现代教育的共同原理概括为："反对从上面的灌输，主张表现个性和培养个性；反对外部纪律，主张自由活动；反对向教科书和教师学习，主张从经验中学习；反对通过训练获得孤立的技能和技术，主张把技能和技术当作达到直接的切身需要的手段；反对或多或少地为遥远的未来作准备，主张尽量利用现实生活中的各种机会；反对固定的目的和教材，主张熟悉变化着的世界。"[①]但是他警告说，绝不能用极端对立的公式进行思考，迷恋于把自己的信念归结为非此即彼，认为它们之间没有种种调和的可能性。

　　杜威是20世纪最有影响的教育家之一。在20世纪前半期，杜威的实用主义教育思想无疑是最为重要的教育思想之一，也是对世界各国的教育实践产生广泛和深刻影响的一种教育思想。在实用主义哲学、机能主义心理学和民主主义信念的理论基础上，杜威构建了他的实用主义教育思想体系。"在本世纪初和第一次世界大战之间的这段时期，教育也已从赫尔巴特主义的时代转移到杜威主义的时代，这是一个从静态观点到动态观点的转变。"[②]杜威于1916年出版的《民主主义与教育》一书成为实用主义教育思想确立的标志。

　　应该说，杜威的实用主义教育思想体系是综合而完整的。在教育与生活的关系上，他提出"教育即生活""教育即生长""教育即经验的改造"，主张教育就是生活的过程、生长的过程和经验的改造的过程。在学校与社会的关系上，他提出"学校即社会"，主张作为雏形社会的学校本身就是社会生活。在经验与课程的关系上，他提出"课程教材心理化"，主张课程应该以儿童现在生活的经验为基础。在知与行的关系上，他提出"从做中学""从经验中学"

---

　　① ［美］约翰·杜威：《我们怎样思维·经验与教育》，姜文闵译，250页，北京，人民教育出版社，1991。

　　② ［澳］W.F.康内尔：《二十世纪世界教育史》，张法琨、方能达、季乐天等译，180~181页，北京，人民教育出版社，1990。

"从活动中学"，主张儿童在自身的活动中进行学习。在思维与教学的关系上，他提出"思维五步"和"教学五步"，主张教学应该唤起儿童的思维，培养儿童的思维能力。在教育与职业的关系上，他提出反对狭隘的职业训练，主张把职业教育和普通教育结合起来。在教育与道德的关系上，他提出"学校道德的三位一体"，主张通过学校生活、教材和教学方法三个方面来进行道德教育。在儿童与教师的关系上，他赞同和提倡"儿童中心论"，主张学校生活以儿童为中心，但同时又指出教育过程也是教师和儿童共同参与、相互合作的过程。

与西方传统教育理论相比，杜威的实用主义教育思想具有时代性和新颖性，成为西方现代教育理论的主要标志。也许正是因为时代性和新颖性，杜威的实用主义教育思想才在 20 世纪前半期对世界各国教育产生了广泛而深刻的影响。由于杜威的实用主义教育思想批判的主要对象是传统学校及传统教育理论，因此它与同时代的进步主义教育思想是密切联系的，有时甚至被看作进步主义教育思想的代表。毋庸讳言，杜威的实用主义教育思想自身存在着一些不足之处，并引发同时代人和后人的批评。但是，应该看到，杜威的实用主义教育思想对激励人们批判和改变传统学校教育作出了极大的贡献，它促使人们广泛地去重新思考教育目标、教育原理和教育方法。正如美国教育学者罗思（Robert J. Roth）指出的："未来的思想必定会超过杜威……可是很难想象它在前进中怎样能够不通过杜威。"[1]

杜威与改造主义教育思想的关系也是很密切的，改造主义教育思想是进步主义教育思潮分化的产物。虽然杜威从一开始就十分注意教育的社会功能，但是在其早期著作中，他从批判旧学校脱离儿童生活、强调教育应尊重儿童的需要和兴趣的角度出发，的确说过改革将是学校工作重心的转移，从而明确提出了"儿童中心论"，并将之比作哥白尼式的革命。在美国进步主义教育

---

[1] R.J.Roth. *John Dewey and Self-Realization*, Prentice Hall, Inc., New Jersey, 1962, preface.

运动早期进行的一系列教育改革实验中，虽然也有"社会目标"和"双重取向"的实验，但"儿童中心"取向的实验是居于主导地位的。进步主义教育协会于 1920 年公布的七项教育原则，突出的也是"儿童中心"主义思想。长期形成的规范和思维模式及 20 世纪 20 年代的社会发展和教育成就，导致美国进步主义教育运动的多数活动家对 1929—1933 年经济危机引发的变革需要缺乏敏感，遂使改造主义教育思想作为一个派别在进步主义教育运动中凸显出来。

克伯屈是设计教学法的创立者，著有《对蒙台梭利体系的考察》（1914 年）、《方法原理：教学漫谈》（1925 年）、《为了变化的文明的教育》（1926 年）、《教育与社会危机》（1932 年）、《教育哲学》（1951 年）等。他提出现代学习理论，将"学习"界定为"一个人经历过的任何部分或者方面留存在学习者的身上以备在将来的经验中相机再现的一种倾向"①，学习的意义在于如何把学习应用到生活中去。在应用杜威教育理论的基础上，他提出设计教学法，把建立在儿童兴趣和需要之上的有目的的活动作为教育过程的中心，强调有目的的活动是设计教学法的核心。他将设计教学法分为四类：生产者的设计，或称建造的设计；消费者的设计，或称欣赏的设计；问题的设计；练习的设计，或称特种练习设计。他主张在民主社会中要通过建设新型学校推行品格教育，以培养学生具备民主社会所需要的道德品格。

布克·华盛顿（Booker Taliaferro Washington，1856—1915）是 19 世纪末 20 世纪初非洲裔美国教育家。他主张非洲裔美国人的教育目的在于培养黑人群体具备公民素养，主动适应和融入美国社会，成为名副其实的社会公民。学校教育应融入现实生活，注重以黑人学生为中心开展教育教学，通过与社会环境、真实社会活动的有机联系发展黑人的智力、技能、品德，帮助他们成为对社会有用的人。华盛顿还主张教授黑人青年实际、有用的课程，并培养其节俭、诚实、正直、自尊和自信等品质，使之能摆脱奴隶状况，争取公民

---

① 王承绪、赵祥麟编译：《西方现代教育论著选》，58 页，北京，人民教育出版社，2001。

平等, 赢得白人的信任和尊敬。华盛顿的非洲裔美国人教育思想具有进步主义教育的基本精神, 并对非洲裔美国人的教育实践产生了积极影响。

作为发生于不同地域的两场教育革新运动, 美国进步主义教育运动和欧洲新教育运动表现出一些共同特点: 反对学校教育的知识灌输, 主张学校的责任在于鼓励学生应用科学方法解决问题; 反对传统学校课程与现实社会的脱节, 强调学校课程应该更多地反映现代社会生活, 主张学生应该有更多的机会去锻炼能力和参加具有生活特点的活动; 反对固定不变的学校生活和呆板僵化的管理组织形式, 强调学校的一切要适合于学生以及手工劳动, 适应社会生活的变化; 反对学校在精神上对学生的压抑, 强调学校应该为学生的个人自由和完善发展创造条件。

美国进步主义教育运动在教育实践中还表现出批判性、多样性、群众性和创造性等特征。

第二节　20 世纪前期的教育

在人类社会发展进程中, 20 世纪是变化最大和最快的一个世纪, 也是各方面取得成就最多的一个世纪。无论是就世界政治经济还是就文化教育发展的一般特点来说, 都可以大体上以 1945 年第二次世界大战结束为标志, 将 20 世纪的教育划分为 20 世纪前期的教育和 20 世纪后期的教育两个阶段。

从 19 世纪 70 年代开始的以使用电力为主要内容的第二次工业革命推动了各国经济的进一步发展, 并使德、美两国后来居上。19 世纪末 20 世纪初, 欧美主要资本主义国家和日本都进入了帝国主义发展阶段。帝国主义国家间的各种矛盾导致了第一次世界大战 (1914—1918 年) 的爆发。在战争进程中, 俄国于 1917 年先后发生二月资产阶级民主革命和十月社会主义革命, 结束了沙皇专制统治，建立了人类历史上第一个社会主义国家，形成了资本主义和社会主义两种社会制度并存、共处和竞争的世界新格局。俄国十月革命和随后建立的苏联，不但为后进国家树立了一个进行革命与建设的新榜样，促进了殖民地半殖民地民族解放运动的发展，而且还促使欧美各资本主义国家对其政治经济制度进行调整与改革。在两次世界大战之间，资本主义制度的内在矛盾和资本主义国家之间的矛盾、资本主义国家和苏联的矛盾、宗主国和殖民地半殖民地之间的矛盾错综复杂。1929—1933年，资本主义世界爆发了一次最严重的经济危机，不仅导致各国经济发展遭受极大破坏和出现严重倒退，而且激化了资本主义世界的各种矛盾。在这种形势下，英、美、法等国坚持资产阶级民主制度，并在资本主义范畴内对其社会中的某些弊病加以改革，以缓和矛盾与危机，恢复资本主义的稳定与发展；德、意、日等国则迅速走上对内镇压人民、对外进行野蛮侵略的法西斯专政道路。唯有苏联在短短的20余年时间里，不仅恢复了被长期战争破坏的国民经济，而且建立了强大的工业基础，实现了社会主义工业化，由落后的农业国变成仅次于美国的工业强国。20世纪30年代中期，德、意、日结成"柏林—罗马—东京"轴心，在"反共产国际"的旗号下实行联合，开始扩大对邻国的兼并和掠夺，进而发动了人类历史上规模最大的世界性战争——第二次世界大战，给包括侵略国家在内的人民带来了最严重的灾难。第二次世界大战后，诞生了中华人民共和国等一系列社会主义国家，亚洲、非洲和拉丁美洲的一系列国家逐步摆脱殖民统治而获得独立，持续3个多世纪的殖民体系迅速瓦解。

20世纪前半期，自然科学获得了新发展，科学技术与经济的联系越来越密切。随着电力、内燃机、冶炼、化工等技术的发展，许多国家兴起了电力、电信、汽车、飞机制造、石油化工、高层建筑等一系列新型的产业部门，极大地提高了社会生产力。

20世纪的哲学社会科学的发展出现了革命性变化。马克思主义发展到列宁主义阶段，辩证唯物主义和历史唯物主义方法论受到更广泛的重视。西方哲学领域出现了科学主义和人本主义思潮。属于科学主义思潮的主要是实证主义的各个流派，其中影响较大的是逻辑实证主义。属于人本主义思潮的有生命哲学、实用主义哲学、现象学和存在主义。20世纪的心理学在19世纪取得的成就的基础上获得了极大的发展。在西方，20世纪前期比较流行的心理学派有机能主义心理学、行为主义心理学、格式塔心理学。由弗洛伊德（也译弗洛依德）创立于19世纪末的精神分析心理学在20世纪前期也发展起来，新行为主义心理学、结构主义心理学（属认知心理学派）也已兴起。

就教育发展而言，20世纪则是教育改革的世纪。欧洲新教育运动和美国进步主义教育运动，极大地改变了欧美各国的整个学校教育制度，促使教育发展进一步适应个人成长和社会发展的需要。20世纪50年代中期至60年代的以课程改革和中等教育结构改革为目标的教育改革运动，则进一步增强了欧美国家的科技竞争力。20世纪80年代中期以后，为了应对日益激烈的国际竞争特别是21世纪的挑战，以追求优异教育和提升教育质量为目的的教育改革运动再次兴起，其间还有由联合国教科文组织推动的两次重要的教育改革。

20世纪各国教育发展尽力反映并回应处于急剧变化中的社会发展所提出的各种要求，因而各国呈现出教育理论异彩纷呈、教育实践变革频发的总体发展状况。教育科学进一步繁荣，教育实践和教育政策也表现出更强的理论色彩。杜威以及蒙台梭利的教育思想的影响逐步显现，改造主义、要素主义、永恒主义和新托马斯主义等教育思想流派对教育实践的影响也在得以延续。

在西方教育思想发展的历史进程中，要素主义、永恒主义和新托马斯主义教育流派合称为"新传统派"或保守主义教育派，是作为进步主义教育思想和新教育思想的批判者与对立面出现的，并产生了世界性影响。其中，要素主义和永恒主义的影响更大一些。

要素主义教育兴起于20世纪30年代末，在20世纪五六十年代实现强有力发展，并一度成为美国占统治地位的教育理论。在 20 世纪三四十年代，要素主义的主要代表人物是巴格莱（Bagley，1874—1946）；在 20 世纪五六十年代，代表人物有科南特（Conant，1893—1978）、贝斯特（Bestor，1908—1994）和里科弗（Rickover，1900—1986）。要素主义教育强调把人类文化遗产中的"共同要素"作为学校教育的核心内容，提倡按学科组织教学，实施严格的智力训练，推行天才教育，主张教师在教育和教学中应处于中心地位，要求学生刻苦和专心学习。他们对进步主义教育和杜威的实用主义教育提出批评，认为进步主义教育应对美国的教育落后于苏联负直接责任。要素主义教育为 20 世纪 60 年代美国中小学的教育改革提供了理论武器，对欧洲主要资本主义国家和 20 世纪六七十年代的苏联的教育改革产生了一定影响。

永恒主义教育产生于 20 世纪 30 年代，美国教育家赫钦斯（Hutchins，1899—1977）和阿德勒（Adler，1902—2001）、英国教育家利文斯通（Living-stone，1880—1960）、法国教育家阿兰（Alain，1868—1951）等是这一流派的主要代表人物。永恒主义教育强调教育的本质因其表现基本的人性而不应随意改变；认为理性是人的最高属性，因此教育的根本目的是发展人的理性，培养具有理性的人；主张加强理智训练；提倡学习经典名著，掌握具有永恒价值的知识；提倡通才教育，反对狭隘的职业教育；认为教育不是生活本身，而是生活的准备；认为教师应在教育中发挥主导作用。永恒主义教育批评实用主义哲学未给人们提供好与坏、善与恶的智力标准；认为进步主义教育只重视个性而忽视共性，在教育内容上过分强调经验与活动，忽视了基础学科的学习。

新托马斯主义教育在 20 世纪 30 年代产生于意大利、法国等西欧国家，第二次世界大战后也曾在美国流行。新托马斯主义教育以宗教学说为理论基础，主要代表人物是法国神学家和教育家雅克·马利坦（Jacques Maritain，1882—1973），力图使托马斯主义教育为现代社会服务，是宗教人文传统的继承者。其基本论点是教育应以宗教为基础，教育目的在于培养真正的基督教徒和有用公民，实施宗教教育应该是学校教育的核心；教育属于教会。

第三节　美国教育

20世纪前期，得益于第二次工业革命的助推，美国工业总产值跃居世界首位，随着欧洲移民的持续涌入以及城市化进程的不断加快，日益加速的工业化促使美国社会生产与生活发生了巨大变化，进而对美国教育改革提出新的要求。美国的学前教育、普通教育、高等教育、师范教育等都实现了相应的发展。

学前教育发展主要体现为公立幼儿园的发展、进步主义幼儿园运动的开展、"蒙台梭利热"的兴起和幼儿看护的出现。1873年，威廉·哈里斯（William Harris，1835—1909）和苏珊·布洛（Susan Blow，1843—1916）在密苏里州圣路易斯创设美国第一所公立幼儿园。此后，公立幼儿园在旧金山、辛辛那提、芝加哥、费城、波士顿等城市设立。联邦、州和市政府成为公立幼儿园的创设主体。1912年联邦政府劳动部下设的联邦儿童局和1913年联邦教育局下设的幼儿园部，成为美国推动公立幼儿园普及的重要力量。

进步主义幼儿园运动的开展主要以儿童研究和实用主义哲学为理论基础，主张依据儿童身心特点对传统的福禄培尔教育方法进行创造性改革，在教育实践中以幼儿自由游戏和自我活动取代幼儿与上帝进行精神对话的集体教学。该运动在一定程度上完成了幼儿园教育的美国化，使幼儿园发展成一种同小学教育紧密结合的新型教育机构，并对该时期的学校教育理念产生了深远影响。

伴随着进步主义幼儿园运动的兴起，蒙台梭利幼儿教育思想传至美国，引发美国学前教育人士和社会民众的极大兴趣，最终形成"蒙台梭利热"。《蒙台梭利方法》英文版在美国受到极大欢迎，蒙台梭利也于1913年与1915年受邀赴美讲学。在讲学期间，杜威出席欢迎仪式并致辞。1914年，克伯屈在《对蒙台梭利体系的考察》一书中对蒙台梭利学说提出严厉批判，蒙台梭利逐步失去主流媒体的支持。这使"蒙台梭利热"降温，并在20世纪20年代之后淡出美国主流学前教育思想的舞台。

幼儿看护之于幼儿健康成长的价值受到关注。1915年，芝加哥大学教授夫人团体设立芝加哥合作保育学校。1919年，纽约实验保育学校设立，开启美国保育学校运动的序幕。联邦政府、幼儿教育机构以及民众利用日间托儿所、保育学校等开展幼儿看护工作，幼儿早期教育受到全社会的普遍重视。

初等教育主要由此前建立的公立小学实施。1918年，美国本土48个州都已实施强迫义务教育，适龄儿童入学率显著提升。第一次世界大战以后，初等教育继续朝着普及化方向发展。第二次世界大战爆发前，美国适龄儿童已基本进入公立小学，少数进入私立小学。强制义务教育法案颁布近两个世纪之后，美国在20世纪前期基本实现了初等教育普及化。

中等教育发展主要体现为中等学校学制改革和中等教育原则确定，中等教育实践表现出实用化、多元化和注重个人发展的特征。1893年，"十人委员会"报告提出小学6年制的设想。稍后成立的"十五人委员会"和"十三人委员会"分别发布报告，提出小学与中学的衔接问题，为"6—3—3学制"确立提供了必要的理论基础。1910年，加利福尼亚州伯克利市率先设立"6—3—3学制"学校。1918年，中等教育改组委员会发布报告《中等教育的基本原则》，进一步确立"6—3—3学制"。该报告还就美国综合中学的地位、美国中等教育的七项具体目标作出明确表述，直接影响了该时期美国中等教育的发展。

高等教育的快速发展主要表现为高等学校及其教师、学生数量呈几何级数增长。美国高等教育开始向普通民众开放，并向高等教育大众化迈进。包括州立大学、私立大学、社区学院和师范学院在内的多层次、多职能的高等教育体系逐步构建成型。

师范教育的发展主要表现为师范学校的消失和师范学院的兴起。在社会经济与教育迅速发展的背景下,原承担师范教育责任的师范学校因规模较小、物质基础薄弱、招生标准低、学生学习时间短等问题,逐步被师范学院取代。后综合性大学所设的教育学院也承担了师范教育的任务,美国师范教育体系初步成形。师范学院一般开设基础知识、专业知识、实践观察以及教学实习类课程,并设主修和选修课程供学生选择。为满足社会发展对师范教育的需求,自 19 世纪末期开始,部分综合性大学开设教育学专业课程与教育学讲座。1906 年,共计 9 所综合性大学设立教育学院;1915 年增至 66 所;至 20 世纪 30 年代,几乎所有的综合性大学都设立了教育学院。

在职业教育方面,美国联邦政府先后颁布了《史密斯–休斯法案》《乔治–里德法案》《国防训练法案》等一系列职业教育法规,直接促进了该时期美国职业教育的发展,较好地满足了该时期美国推进工业化与城市化以及摆脱经济危机的需要。

美国社会教育主要体现为大学推广教育、移民"归化教育"以及公共图书馆、博物馆公共文化教育。社会教育成为这一时期美国学校教育等正规教育的有益补充。

康茨(Counts,1889—1974)是 20 世纪三四十年代美国改造主义教育的代表人物。他主张充分挖掘杜威教育思想中强调社会功能的一面,批评"儿童中心论"者忽视社会形势的变化,认为进步主义教育运动的弱点是对社会问题不够重视,指出教育应当致力于社会的改造,为建立新的社会秩序作出贡献。杜威和克伯屈也赞同和支持他的主张。在科学技术迅猛发展和美苏"冷战"的形势下,改造主义教育在 20 世纪 50 年代获得了更大发展,并且发展成一个独立的教育流派而发挥作用。改造主义教育的另一代表人物布拉梅尔德(Brameld，1904—1987）将改造主义称为"危机时代的哲学"，认为教育改造是社会改造的前提条件。他提倡以行为科学为基础改造课程和教学过程，要求教师劝导学生参加社会改造活动。改造主义教育批判地继承了进步主义教育的遗产，同时又从要素主义、永恒主义教育中吸取了营养。马克思主义对它的形成与发展也有一定的影响。

巴格莱著有《教育价值》《课堂管理》《教育决定论》和《教育与新人》等，主张教育是传递具有永恒价值的人类知识的过程。他提出学校教育具有实用价值、预备价值、常规价值及社会价值：实用价值表现为人们通过对教育材料的学习能够控制自己的行为，进而提高经济效率；预备价值表现为教育能为学生未来的学习、生活做准备；常规价值是指那些所有人均有必要学习的知识对于学习者所具有的发展意义；社会价值是指教育对社会发展所产生的促进意义。他还提出教育目的分为经验和伦理两类：经验类目的意味着学生能够通过教育获得知识、形成理想，成为适应社会发展的新人；伦理类目的包括生计目的、知识目的、文化目的、和谐发展目的、道德品质目的和发展个人在社会上的效能的目的。在教授学生知识的过程中，他强调以系统、科学的方式编排教材，并根据知识的形式选择课堂组织方式，采用多种客观、全面的方法评价学生。他重视教师培养，设计出一套系统的职前教师教育课程体系，并且具体阐述了优秀教师所应具备的品格与技能。

赫钦斯（R. M. Hutchins，1899—1977）的主要教育著作包括《美国高等教育》《为自由而教育》和《民主社会中教育的冲突》等。他认为，作为实现社会和个人双重发展的社会活动，教育的功能主要表现为促进文明社会的进步、培养人的智慧和理性。他主张重视人的理性发展的意义，力求实施一种引出人类共同天性、开展个人理智能力训练的"普通教育"。他注重发挥古典学科和经典著作的教育价值，主张永恒课程应居于普通教育的核心地位。他还主张高等教育的学习内容应包括普通教育和专业教育两个层次。

第四节　英国教育

关于学前教育，1918 年《费舍教育法》和 1933 年《哈多报告》将保育学校纳入国民教育制度，为其发展提供相应经费，在一定程度上促进了保育学校以及英国学前教育事业的发展。英国学前教育事业深受蒙台梭利运动的影响，在英国引发蒙台梭利热潮，在传播新教育理念的同时，也为英国学前教育实践变革提供了理论指导。

关于初等教育，1902 年英国政府颁布《巴尔福教育法》，取消了学校委员会，赋予郡、郡自治市议会、拥有 1 万以上人口的自治市议会和拥有 2 万以上人口的城区发展世俗性公共初等学校教育的权利和责任，并协调当地各类教育事业发展。初等学校分为原公立学校发展而来的"供给学校"和原私立学校发展而来的"非供给学校"。关于初等学校的办学宗旨，1904 年发布的《公立小学规则法典》规定，公立小学的办学宗旨是形塑并提高儿童道德品质，发展儿童智力。此外，得益于以坎贝尔·班纳曼和阿斯奎斯为首的自由党政府（1905—1914）所奠定的国家福利制度基础，初等学校得以享有校餐和校园医疗等相关福利。1906 年的《教育膳食法案》授权地方教育当局成立学校餐食委员会，以低价向由于缺乏食品而不能从教育中充分获益的学生提供适当的膳食，授权地方教育委员会为此提供相应的场地、设备和服务，并向家长收取一定的费用。对于无力支付膳食费用的家长，经过中央教育委员会的批准，可适当降低费用。关于校园医疗制度，1907 年发布的《教育行政法案》规定地方教育当局有义务在学生入学前、入学时、入学后或者中央教育委员会规定的时间为他们提供医疗检查，自此开创了英国学童医疗检查制度。

中等教育主要由捐办文法学校、郡立或市立中学及中心学校等承担，英格兰和威尔士的女子中等教育也获得相应发展。英国政府于 1907 年在中等学校引入免费学额制，要求所有接受政府补助的中等学校为曾在公立小学至少学习满 2 年的学生提供免费名额，以确保学生能适应中等学校的教学进度。1922 年，《人人受中等教育》报告发表，正式提出中等教育大众化理念。在 1926 年《哈多报告》、1938 年《斯宾斯报告》和 1943 年《诺伍德报告》的指导和规范下，英国调整了中等学校结构，构建起包括文法中学、技术中学和现代中学在内的三轨制中等教育结构和体系。《巴特勒教育法》对此予以了法律确认。

高等教育有所发展。1919 年创设的大学拨款委员会对英国政府与大学之间的关系重新加以界定，深刻影响了第一次世界大战后英国高等教育的发展。女子高等教育发展、城市学院升格和新大学建立也成为此时期英国高等教育发展的主要表现。为适应时代发展需求，牛津大学、剑桥大学和伦敦大学就科学学科学习、科学研究、组织结构、学位制度和宗教限制实施了相应改革，力图实现大学与社会发展的良性互动。

师范教育提升至高等教育层次，地方公立师范学院得以设立，日间培训学院逐步向大学附属教师培训部（教育系）转型。

职业技术教育的优先发展体现为初级职业技术学校的发展、高等专业技术教育的兴起、技术学院和新建理工科大学的设立以及技术人员国家资格证书制度的确立等。

在教育行政体制与教育管理制度建设方面，自《巴尔福教育法》颁布实施后，英国构建起国会、教育委员会和地方教育当局相结合并以地方教育当局为主的新型教育行政管理体制。之后，中央教育行政机构和地方教育当局虽历经变革，但地方教育当局直接掌握教育管理权的状况一直得以延续。

英国政府还以教育立法作为参与和管理教育事业发展的有效手段：借助《巴尔福教育法》将中等教育纳入国民教育体系，确立了英国教育管理的基本形式，开创了英国教育的新纪元；借助《教育膳食法案》和《教育行政法案》开启了学校健康服务制度，推动了儿童福利政策的发展；借助《费舍教育法》和工党的"人人受中等教育"政策推进了教育的民主化；借助《巴特勒教育法》建立起初等教育和中等教育相互衔接的国民教育制度，为战后英国教育重建与发展提供了政策依据。

《哈多报告》《斯宾斯报告》《诺伍德报告》《弗莱明报告》《麦克奈尔报告》《珀西报告》和《巴洛报告》等教育报告，在推动不同历史时期英国国民教育制度建设、中等教育结构改革、民主化发展和三轨制确立、师范教育改革和高等教育发展中，切实发挥了方向指导、政策规范和制度保障作用。

罗素是英国哲学家、数学家和教育家，其教育思想主要体现在《社会改造原理》《教育与美好生活》《幸福之路》和《教育与社会秩序》等著述中。他认为，人类教育的目的在于培养人的活力、勇气、敏感和理智等品质。他主张儿童道德教育的基础是良好的习惯和进取心，要在游戏中培养儿童的合作精神，还要注重养成儿童诚实的品性，要合理运用表扬与责备。他强调学校教育的核心在于发展儿童的智力，还提倡民主自由的教育，反对传统教育对儿童的压制和束缚，尊重儿童、关怀社会。其教育思想表现出鲜明的创新性。

利文斯通主张，教育的目的与作用源于人的物质生活需要、融入社会的需要和追求美好生活的需要，满足此三种需要的教育分别为职业教育、社会教育和精神教育。教育的目的包括两个方面：教育要铸造学生的精确性、专注力、同情心和判断力等品性；教育要让学生了解自我和认识世界。为克服科学教育的功利化弊端，他认为需要开展古典教育以培养学生的思想品质。古典教育主要是用古希腊和古罗马的文学作品进行教育。他主张改革学校中的古典教育，挖掘古典著作的内在价值，将古典课程与学校其他课程联系起来。利文斯通永恒主义教育的实质是以学习古典著作为主的人文教育，宣扬了古典教育以人为核心的真正价值，提出要改革学校中的古典课程。

苏珊·艾萨克斯（Susan Isaacs，1885—1948）是20世纪英国新教育家，注重将精神分析理论运用于其在马尔廷学校的教育实践之中。欧洲新教育运动时期艾萨克斯在马尔廷学校的管理和实践，使其发展成为当时英国进步教育的典范。

赫伯特·里德（Herbert Read，1893—1968）是 20 世纪英国文学评论家、艺术教育家。在《通过艺术的教育》中，他提出艺术是一切教育的基础，应该通过艺术教育的有效实施实现儿童个性的充分协调发展。他主张通过艺术的教育是"为了和平的教育"，不仅可以实现道德教育的目的，还可以帮助人们摆脱心灵压制，进而达成民主社会的教育目标。

第五节　法国教育

20 世纪前期，法国先后经历法兰西第三共和国、维希法国、法兰西共和国临时政府和法兰西第四共和国等不同时期。法国教育管理体制、学前教育、初等教育、中等教育、高等教育等在改革中发展。

在教育管理体制方面，继续实施大学区制度，加强国家对教育的控制，设立公共教学部，负责全国的学制、课程设置、考试和教师任免等教育事项。在教育实践层面，通过实施免费教育、义务教育和教育的世俗化加强国家对教育的控制。

在学前教育方面，强调母育学校的教育职责在于满足幼儿体、德、智等方面发展的要求。母育学校应成为保护儿童安全的安置所和避难所，而不应过度开展知识教育和智力培养活动。在此理念的引领下，母育学校与幼儿班实现稳定发展，学前教育制度得以确定。

在初等教育方面，继承发展了《费里法案》所确立的世俗化、免费性、义务性三原则，以强制性、免费性、公共性为根本特征的法国初等义务教育制度最终确立。始于 1919 年的统一学校运动致力于初等教育与中等教育的衔接，1923 年，法国政府开始在初等教育阶段实施统一的学校制度。1933 年，法国政府开始在中学设立统一入学考试制度，让学生拥有平等的入学机会。1937 年，法国教育部部长让·泽（Jean Zay）提出在中学初级阶段实行统一学校制度方案，后又以"方向指导班"的设立为学制改革的开始。统一学校运动及其引发的学制改革，冲击了法国双轨制教育，在一定程度上加速了法国教育的民主化进程。

在高等教育方面，在两次世界大战、国内政局动荡以及经济危机的影响下，法国高等教育朝着民主化、制度化和现代化方向缓慢发展。20 世纪 20 年代，新大学同志会积极推进高等教育民主化，致力于促成高等学校的大门向所有中学毕业生开放。高等院校加强校际联系，积极参与地方社会事务；强化大学科学研究职能，创设法国国家科学研究中心，负责全国科学研究机构的组织管理和科学研究成果的推广。高等学校内部也实施了教学与课程改革，辅导课和讨论课等教学组织形式得到更多运用，课程内容科学化和现代化水平得到一定程度的提升。应用技术型学院也得到一定发展。

职业教育发展主要围绕享有法国"技术教育宪章"之称的《阿斯蒂埃法案》的颁布与实施进行。《阿斯蒂埃法案》规定，教育部设立专门机构管理职业教育事务，设立职业学校；18 岁以下青年须履行接受免费职业教育的义务。该法案的实施促使职业教育在法国成为国家管理的事业。

随着马克思主义的广泛传播、工人运动的蓬勃发展，教育民主化呼声空前高涨，法国中等教育现代化进程明显加快，其免费和民主化发展得以稳步推进。在 1928 年 12 月的《财政法》中，明确提出实施中等教育的免费原则。1933 年 5 月，《财政法》再次扩大免费范围，要求国立中学和市立中学所有班级全部实施免费政策，推动了法国中等教育的发展。虽然 1941 年 8 月法国当局恢复了高中收费制度，但最终于 1945 年重新明确了国立中学和市立中学的免费制度，后又将免费制度拓展至大型国立中学的大学预备班和其他中学后班级。

20 世纪前期法国教育思想的成就，集中体现为阿兰的永恒主义教育思想和马利坦的新托马斯主义教育思想。阿兰在批判传统教育忽视儿童理性和现代教育过度强调儿童本能和兴趣的基础上，主张教育要重视发挥古典主义教育和古典名著的永恒价值，重视培养学生的思维能力。在坚持新托马斯主义教育立场的基础上，马利坦强调从宗教哲学的视角理解自由教育和人的教育，主张信仰教育与现实教育协调和并行。他重视学校教育管理在儿童发展中的作用，把学校管理与让学生形成秩序感和规则意识联系起来，赋予学校管理新的理解和价值；强调儿童发展中的学校教育管理，发挥学校教育之于儿童发展的价值和意义；主张研读古典名著和学习古典语言的目的不仅在于引导学生理解和掌握永恒知识，而且在于发展学生的思维能力。马利坦的永恒主义教育思想在一定程度上揭示了现代教育的本质特征。作为一个新托马斯主义教育家，马利坦主张教育以宗教为基础，强调学校课程应体现基督教精神，表现出鲜明的宗教特征。

第六节　俄国与苏联教育

一、十月革命前的俄国教育(1894—1917 年)

十月革命前，俄国社会冲突激烈，阶级斗争尖锐，文化危机凸显，教育问题丛生。普及小学教育、发展女子教育、改革学校乃至整个教育体系，成为教育发展迫切需要解决的问题。同时，教育改革都以维持沙皇专制为前提，保守势力竭力维护已有教育体系。国内动荡加上外部战争，使得俄国国民教育领域改革困难重重，尽管历经改革，教育发展水平仍然落后于欧美发达国家。

在初等教育方面，得力于 1864 年《初等国民学校条例》和 1874 年《初等国民学校规程》的颁布与实施，俄国初等教育获得一定发展。初等学校类型包括国民教育部下属的农村及城市国民学校、圣教会的单班和双班教会堂区学校，此外设有内务部、铁路等部门学校。教会在俄国初等教育领域发挥重要作用，19 世纪末，俄国已形成完整的教会堂区学校体系。教会堂区学校在完成小学教学目标的同时，对学生进行宗教教育。1904 年，国民教育部开始制订普及教育方案，计划在 10 年内在全国普及初等教育。1908 年 5 月 3 日，尼古拉二世签署了一项关于向初等国民教育进行补充拨款的法律，其中包含"关于俄罗斯帝国普及初等教育"条款内容。法律颁布以后，普及教育得以全面展开，初等教育机构获得进一步发展，为俄国新教育体系奠定了基础。

在中等教育方面，19 世纪末期俄国形成由古典文法学校、实科中学、神学院、女子文法学校等构成的中等学校体系。1901 年 3 月《普通中等学校结构基本条例》颁布，中等教育改革进一步推进，建立 7 年制普通中等学校成为中等教育改革主题。不过，相关改革在万诺夫斯基辞职后被迫中断。俄国中等教育改革遵循劳动原则，中等学校注重开设自然科学课程、艺术课程、体操、手工劳动，开始重视选修课程、兴趣小组和俱乐部。在教学方式与组织形式上，中等学校亲近自然，让学生参加劳动，将教育与农业劳动联系在一起。

在高等教育方面，19 世纪 60 年代颁布的《大学章程》规定，大学教育职能为教学和科学研究，不得参与政治斗争。大学委员会有权改变院系结构，合并和划分教研室，建立学术协会。1884 年的《俄罗斯帝国大学总章程》则剥夺了高等学校所拥有的有限自治权，在高校强化实施严格的中央集权管理制度。在经历了 19 世纪 60 年代的教育民主化与 19 世纪 80 年代的教育集权化改革后，19 世纪末 20 世纪初的俄国高等学校已成为进步力量和保守力量不断斗争的舞台。1905 年，大臣委员会通过《国民教育部高等教育机构管理暂行规则》，规定恢复大学自主权和教授选举制，扩大大学委员会权力，允许创办学生组织。大学委员会权力明显扩大，并开始着手制定新的大学章程。但是，第一次资产阶级革命失败后，高等教育管理民主化倒退。女子高等教育和私立高等教育也在此时期获得一定发展。俄国高等教育在遭遇重重阻力之下仍获得较为明显的规模性发展，高等教育结构也有所变化。

在学校体系方面，十月革命前夕，俄国形成四层级连续性的普通学校和职业学校教育体系：第一层级为 3~4 年制小学；第二层级为 4 年制文法学校和高等初级学校，以及相应层级的职业教育机构；第三层级为 4 年制完全中学；第四层级为高等教育机构，包括综合性大学和专业院校。另外还设有成人教育机构，其在 1914 年后快速发展。

二、十月革命至 1945 年的俄国和苏联教育（1917—1945 年）

1917 年 11 月 7 日（俄历 10 月 25 日）十月革命的爆发及其胜利，标志着俄国步入一个崭新的历史阶段。新生的苏维埃政府大力改革旧教育，积极构建社会主义教育制度与体系，重大教育改革与建设主题包括集权化教育管理体系建设等内容。1917 年 11 月 8 日，全俄苏维埃第二次代表大会召开，成立第一届俄罗斯苏维埃联邦社会主义共和国人民委员会，卢那察尔斯基（А. В. Луначарский，1875—1933）任教育人民委员。1917 年 11 月 9 日，由全俄中央执行委员会和人民委员会联合下令成立国家教育委员会，作为过渡性教育管理部门，卢那察尔斯基担任主席。

1918 年 2 月，卢那察尔斯基签署通过《关于将所有教育机构移交教育人民委员部》的决议，提出组建教育人民委员部。1918 年 6 月 18 日，教育人民委员部组建完成，该部同时拥有立法权力和管理权力，卢那察尔斯基担任主席，波克罗夫斯基（М. Н. Покровский，1868—1932）和克鲁普斯卡娅（Н. К. Крупская，1869—1939，或译克鲁普斯卡雅）等担任副主席。1918 年 6

月 26 日，列宁(В. И. Ленин，1870—1924)签署《俄罗斯苏维埃联邦社会主义共和国人民教育组织法令》，明确了不同管理部门的职权以及国家教育委员会和教育人民委员部的组成、职责和指导原则，基本确立了国家教育管理体系。

建立统一劳动学校制度： 1918 年 10 月，全俄教育工作者第一次代表大会讨论通过并公布了《统一劳动学校规程》和《统一劳动学校基本原则》：凡属教育人民委员部管辖的俄罗斯苏维埃联邦社会主义共和国的一切学校(高等学校除外)，统一命名为"统一劳动学校"；生产劳动应当成为学校生活的基础；统一劳动学校分两级：第一级学校，学制 5 年，招收 8~13 岁儿童；第二级学校，学制 4 年，招收 13~17 岁儿童。统一劳动学校制度因与当时的社会经济和文化发展矛盾突出，自实施时起便不得不建立各种过渡性质的学校作为补充。1919 年，俄共(布)八大提出确保所有 17 岁以下男女儿童接受免费与义务普通教育和综合技术教育，并为 17 岁以上儿童提供职业教育。1920 年，俄共(布)九大提出取消 9 年制统一劳动学校，建立 7 年制基础学校。7 年制学校分为两个阶段，第一阶段为 4 年，第二阶段为 3 年。同时决定，在 7 年制学校的基础上，以 3 到 4 年制职业学校的形式开展职业教育。

开展群众性扫盲教育： 十月革命后，新生的苏维埃政府将扫除文盲视为一项重要的教育任务和政治任务。1919 年 12 月 26 日，列宁签署由人民委员会制定的《关于扫除俄罗斯苏维埃联邦社会主义共和国人口中文盲的法令》，法令规定："所有年龄 8 岁至 50 岁不会读写的人，必须学习用母语或俄语读写。"1920 年 7 月 19 日，建立了全俄扫盲特别委员会，专门领导扫盲工作。特别委员会在地方设立分委员会，帮助地方开展扫盲工作，并监督其执行情况。

促进教育世俗化： 教育世俗化是苏维埃政权建立初期教育政策的重要取向，也是其区别于沙俄教育的重要特征之一。1917 年 11 月，列宁签署《将教会部门的教育和教养事业移交教育人民委员部管理的决议》。1917 年 12 月 4 日通过的《土地委员会法令》包含了教会土地世俗化的条款。1918 年 1 月 20 日

颁布的《关于信仰自由和教会宗教团体的法令》，宣布宗教信仰自由。1918 年
1 月 23 日，人民委员会出台了《关于将教会从国家、将学校从教会分离的法
令》，宣布教会必须同国家分离，学校必须同教会分离；禁止各类教育机构
教授宗教教义以及与宗教信仰相关的内容，禁止在中小学校举行宗教仪式。

　　义务性职业教育、高校招生制度和管理制度改革等，也在十月革命结束
后的这一时期得到有效开展。

　　20 世纪 20 年代，依据国内社会经济与文化教育发展的需要，苏联及时调
整了教育改革与发展主题。着重开展的教育调整与教学改革包括：1. 调整普
通教育体系。设立 3 年制工厂艺徒学校和 7 年制工厂学校，编订实施综合性
单元教学计划，开设综合课程，发布实施《统一劳动学校第一级教学计划》。
2. 建立职业教育管理体系。1920 年成立职业教育总委员会，领导全国职业教
育事务。同年颁行《职业技术学校条例》，创办工厂艺徒学校。1929 年 9 月 11
日，苏联中央执行委员会和人民委员会《关于建立统一的工业技术教育体系的
决议》规定，实施职业技术教育的具体形式包括职业技术学校、工厂艺徒学
校、工人补习教育机构和职业夜校等。3. 建立完善高校管理制度。1921 年 9
月，列宁签署《俄罗斯苏维埃联邦社会主义共和国高等教育机构条例》，明确
高等教育机构的任务是通过培养人才为科技和工业机构服务，特别是为高等
教育机构本身服务。

　　20 世纪 30 年代，苏联教育改革与发展的主题包括：强化集权化教育管理
体系，重要教育决议由联共 (布) 中央直接作出；重组教育人民委员部，管理
除高等教育机构外其他层次和类别的教育；逐步普及义务教育。1930 年 7 月
25 日，联共 (布) 中央委员会作出《关于普及初等义务教育的决议》，规定从
1930—1931 学年起对 8~10 岁儿童实行 4 年制的普及初等义务教育，要求没
有接受过初等教育的青少年接受 1~2 年的速成教育。为工业城市、工厂区、
工人居住区接受过初等教育的儿童提供 7 年制的义务教学，调整普通教育体

系，制订实施初等学校、中等学校条例和教科书条例。依据《关于苏联中小学结构的决议》(1934 年)，规定普通学校包括小学(1~4 年级)、不完全中学(1~7 年级)和中学(1~10 年级)，统一中小学教学计划和教科书。改革高等教育，着重发展技术大学，重视工程技术教育；调整专业设置，革新教学方法，强调教师、教授在教学过程中的主导作用。

卫国战争期间(1941—1945 年)，为适应战争需要，苏联教育人民委员部实施战时普通教育政策，调整教学内容和教学组织形式，修订教学计划和教学大纲，引入军事防卫项目和军事体育培训项目，增设灭火、防空防毒、战时医疗等内容。在高等教育领域，根据战时条件积极调整教学进程，修改教学计划。通过缩短假期时间、压缩生产实践和设计学时、增加讲座课时，尽可能保证授课学习时间。这些政策不仅在艰苦的战争时期保存了教育体系，而且为战后教育重建以及国民经济的迅速恢复奠定了基础。

20 世纪初，俄国部分教育家以尊重个人原则为基础，强调童年时期的独创性，教育目的在于保持和发展儿童个性。作为自由教育思想的代表，文策尔(К. Н. Вентцель，1857—1947)和沙茨基(С. Т. Щацкий，1878—1934)基于对儿童个体独特性的认识，提出儿童教育过程中童年期的价值，强调儿童在学习时应该走自己的路、考虑个人的特点，并以让儿童最大程度自我表现和自我实现为教育目的。他们认识到社会环境的重要性，强调社会环境对年轻人成长的重要性。卡普捷列夫(П. Ф. Каптерев，1849—1922)作为该时期第一批系统介绍俄国教育学史的学者之一，将教育学史与俄国发展史联系起来，系统地提出了自己对俄国教育发展的历史分期。他分析了俄国学校过去的经验和教学理念，引入"教育过程"概念，将教育过程理解为儿童发展过程中的生物(自然，遗传)和社会(文化，社会)的统一，积极推动高中阶段的劳动教育和培训，反对中学的职业化。卡普捷列夫是儿童个性全面发展的坚定倡导者，还是建立在人道主义原则上的家庭、学校和社会教育统一思想的倡导者。

卡普捷列夫在俄国教学法发展方面也取得了较大成就，涉及家庭教学、直观教学、教学过程、学校和课程多样化等多个领域，其研究成果为新的人道主义教学理论奠定了科学基础。

20 世纪前半期，苏联的教育思想占有特别重要的地位。同马克思和恩格斯一样，列宁也没有撰写过专门论述教育问题的著作。但是，他在自己一生的革命实践活动中结合无产阶级革命斗争的需要，就教育问题做过大量论述，继承和发展了马克思和恩格斯的教育思想。他的教育思想对苏联的教育实践和教育理论建设发挥了重要的指导作用。在新生的社会主义国家苏联，列宁非常重视文化教育建设，对改革教育和建设社会主义文化教育事业提出了一些指导思想。

克鲁普斯卡娅是苏联著名的革命活动家和最早的马克思主义教育家之一，在十月革命前就发表了许多教育论著，探求俄国教育革新之路。其中，最重要的是《国民教育和民主主义》（1915 年）。这部书的主题是考察在民主主义条件下国民教育必须使生产劳动同智力发展相结合的观点是怎样产生和发展起来的，对 20 世纪 20 年代苏联的教育改革起了指导作用。十月革命后，她长期担任各种教育领导职务，发表了大量有关教育问题的报告和论文，涉及幼儿教育、普通教育和成人教育问题。她坚持教育与生产劳动相结合的原理，在劳动教育与综合技术教育、青少年的政治思想教育和道德教育方面都有一些独到的见解。

卢那察尔斯基是苏联著名的文艺理论家、社会活动家和教育家。作为苏俄第一任教育人民委员，他主持领导苏联文化教育工作长达 12 年（1917—1929 年），发表了大量教育言论，贯彻了教育为无产阶级政治服务、为经济建设服务的方针和马克思主义有关人的全面发展的思想。

20 世纪 20 年代，由克鲁普斯卡娅领导的国家学术委员会科学教育组在进行教学改革时，以变通的形式全面推行欧洲新教育运动和美国进步主义教育运动中的某些教学形式与方法(主要是德可乐利的综合教学法、克伯屈的设计教学法和道尔顿制),在克服教学脱离实际生活方面取得了一些成绩,但不利于系统知识的传授和学生学习技能、技巧的培养。20 世纪 30 年代,联共(布)中央出于普及义务教育和发展高等教育以培养工业建设人才的需要,颁布了一系列整顿中小学教育的决定,其中强调普通学校的重要任务是使学生掌握系统的科学基础知识与读、写、算的技能和技巧,以便为中等专业学校和高等学校培养合格新生;要求实行分科教学,编制比较稳定的分科教学大纲和各门学科的教科书;肯定班级授课制度,强调教师在教学中的主导地位等。这些教育政策和教学主张成了凯洛夫(И. А. Кайров,1893—1978)主编《教育学》(1939 年第一版,1948 年第二版,1956 年第三版)的教学论部分论证与发挥的基本观点,这部著作是 20 世纪 40 年代和 50 年代前期苏联师范院校教育学课程的主要教学参考书。

马卡连柯(А. С. Макаренко,1888—1939)是苏联杰出的教育理论家和教育实践家,他以辩证的观点论述了环境、遗传和教育的关系,教育和教学的关系,教育目的与方法的关系以及师生关系。他的许多著作在集体教育、劳动教育和家庭教育等方面提出了系统而深刻的见解,对苏联教育的发展起了积极的推动作用。20 世纪前期的苏联教育思想指导了为人民利益服务的教育改革,总结了苏联前期教育的实践经验,是 20 世纪前期苏联教育思想的光辉篇章。

第七节 德国教育

德意志帝国时期,德国初等与中等教育主要由国民学校、中间学校和文科中学三类学校实施。中等教育改革主要围绕减少文科中学教学中古典语言的分量进行，发展实科中学和文实中学，将它们的地位提升至等同于文科中学。

魏玛共和国时期，依据《魏玛宪法》，教育权归属各州所有，废除普通教育的"双轨制"，建立统一的公立学校体系。在初等教育方面，实施4年制的统一初等学校制度，开展八年义务教育后教育；在中等教育方面，取消中学预备学校教育，在原中间学校、文科中学、文实中学和实科中学的基础上增设德意志中学和上层建筑学校；在高等教育方面，坚持大学学术自治、教学与科研相结合的原则，高等教育面向大众开放。

德国社会教育思潮的主要代表人物包括威尔曼（O. Willmann，1839—1920）、纳托普（P. Natrop，1854—1924）、赖希魏因（A. Reichwein，1898—1944）、诺尔（H. Nohl，1879—1960）等。文化教育学派的代表人物则有斯普朗格（F. E. E. Spranger，1882—1963）和李特（T. Litt，1880—1962）。朗格威尔德（M. J. Langeveld，1905—1989）的现象学教育学是由文化教育学派的理论演化出来的。这些教育思想对西方教育的发展均产生了一定的影响。

第八节 日本教育

日本《教育敕语》强调日本教育要实现儒家伦理规范与日本民族意识培养的结合。依据《再改正小学校令》，全部私立小学改办为公立小学，学制6年，实施义务教育；依据《高级中学令》（1918年），兴办国立高中、私立高中和地方设立的高中，同时注重发展中等职业技术教育；依据《大学令》（1918年），进一步明确大学教育目的，在国立大学之外设地方公立大学和私立大学，明确大学的学部制结构。高等专科学校也得到相应发展，为日本经济和社会发展培养了一批技术人才。

受国内普选运动、工农运动和社会主义运动升温与欧美教育思想传入的双重影响，日本兴起"大正新教育运动"，出现以"八大教育主张"为代表的新教育思想，并设立实践新教育的私立学校。"八大教育主张"包括：东京高等师范学校教授樋口长市的"自学教育论"；日本女子大学教授河野清丸的"自动教育论"；千叶师范学校附属小学主任手塚岸卫的"自由教育论"；奈良女子高等师范学校附属小学千叶命吉的"一切冲动皆满足论"；早稻田大学教育学教授稻毛诅风的"创造教育论"；明石女子师范学校附属小学主事及川平治的"动的教育论"；教育家小原国芳的"全人教育论"；文艺教育家片上伸的"文艺教育论"。"八大教育主张"强调自学、个体学习与活动性学习，在教育内容上注重贴近生活的实学、科学以及艺术教育等，对日本的教育实践产生了较大影响。

第九节　印度、埃及与巴西的教育

20世纪前期，在吸纳他国教育思想以及促进本国社会发展的过程中，印度、埃及与巴西的教育获得了相应的发展。

1947年独立前，印度一直处于英国的殖民统治之下，教育发展深受《诺伍德报告》的影响，殖民色彩十分突出。20世纪初，印度国民教育问题受到普遍关注。1901年，泰戈尔在桑蒂尼克坦创办学校，标志着印度民族教育的开端。"民族教育委员会""促进技术教育委员会"等组织推动了印度民族教育的发展。1909年后，印度民族教育渐趋衰落，印度教育重返殖民教育旧途。1913年，殖民征服者颁布有关初等教育的政策法令。1918—1928年，印度各大行政区和土邦相继颁布初等义务教育法令。20世纪20年代，印度民族教育运动得以蓬勃开展：借鉴运用甘地所倡导的"非暴力不合作运动"的斗争策略，重点实施普及初等教育；创办民族学院和民族学校，发展民族教育事业，调整实施中等教育和高等教育。

20 世纪三四十年代，印度推行"基础教育运动"。为推进普及免费义务初等教育，甘地在《哈里真》连续发文宣传其初等教育思想，主张将发展初等教育作为改良社会的手段。第一次全印国民教育大会（1937 年）提出推进教育改革，加强学校与社会的联系，满足农村发展对教育的需要等主张。《瓦尔达基础教育方案》（1938 年）的颁布与实施，最终促成初等教育运动在全印度的蓬勃开展。

同一时期，印度中等教育也实施了相应改革，中等职业技术教育发展受到较多重视。1936 年发布的《伍德－艾伯特报告》重点分析了印度普通中等教育与中等职业技术教育的关系，提议建立一个平行于普通中等教育体系的中等职业技术教育体系。不过，囿于当时社会经济发展水平对职业技术人才需求数量有限以及轻视职业技术教育的传统观念的影响，上述提议未得到较好实现。

关于高等教育，20 世纪 30 年代，印度在创设新大学的同时，注重发挥大学的科学研究、技术培训、考试组织等教育职能，不断推进高等教育的近代化。

印度民主主义教育思想的主要代表人物是泰戈尔（R. Tagore，1861—1941）和甘地（M. K. Gandhi，1869—1948）。泰戈尔是印度诗人、社会活动家和教育家。他的教育思想的理论基础是自然主义、人道主义和民族主义，并基于印度哲学传统中的"梵我同一"理想，强调教育的目的是实现人的和谐发展。他批评英国对印度施行的殖民教育，但不反对吸收外国文化的精华。他提倡普及农村教育并亲自创办学校，按照自己的教育观点进行教育实验。他的教育思想与实践活动，和他的伟大诗篇一起对印度人民的觉醒起了很大的促进作用。

甘地是印度民族民主革命的先驱和领袖，他的教育思想侧重于人民的基础教育，强调通过以手工劳动为中心的教育改造重建印度农村乃至整个印度社会。他的教育思想和他的政治思想与革命方略是紧密联系的，对促进印度的民族解放起了重要作用。

19 世纪末至 20 世纪前期的埃及教育分为英国占领埃及（1883—1922 年）和埃及独立后两个时期。英国占领埃及时期，免费教育被取消，教育经费被削减，初等教育发展受到极大影响和制约，许多学校被迫关闭。基础教育未能实现相应发展。学校教学理念和教学方式落后，死记硬背成为学生应对考试的主要学习方式。鉴于宗教信仰以及宗教人士在民众生活及社会中的重要地位和作用，宗教教育得到较大的发展。

1922 年 3 月埃及独立后，埃及教育在完成大规模消除文盲和培养管理者与技术人才的任务的过程中获得较为快速的发展。在初等教育方面，增加教育经费，设立更多的初等学校，构建包括 4 年制义务公立学校、4 年制初等学校和私立学校在内的初等学校体系。在中等教育方面，注重解决中等学校宗教目标和世俗目标之间的矛盾，开设更多实用课程，改革教学方法，建立完善教学视导制度，完善考试评价制度，不断提高中等学校教学质量。在高等教育方面，爱资哈尔大学注重保持自身作为伊斯兰学术、文化和教育中心的地位，除开设宗教和语言课程外，还注重开设部分自然科学课程，以适应外部社会对实用人才的需要。埃及大学则发展成为拥有文学院、理学院、医学院和法学院的国立大学，推行学位制。

19 世纪末至 20 世纪前期的巴西教育主要包括共和国初期（1889—1930 年）和专制统治时期（1930—1946 年）两个阶段。共和国初期，巴西确立了教育管理的双轨制体系，初等教育与中等教育事务由各州政府负责管理，高等教育事务则由联邦政府负责管理。里约热内卢大学、布坦塔学院等一批新型高等教育机构得以设立。专制统治时期，瓦加斯政府基于培养推动经济发展所必需的工程技术人才的需要，于 1931 年颁布《巴西高等和中等教育组织法》，重点发展工程技术教育，中等教育分为基础知识学习与专业学习两个阶段实施，使巴西教育获得较大发展。

　　本丛书第十三卷《19世纪末至20世纪前期的教育（上）》、第十四卷《19世纪末至20世纪前期的教育（中）》、第十五卷《19世纪末至20世纪前期的教育（下）》论述了19世纪末至20世纪前期外国教育的发展历程和成就。第十三卷在分析对该时期教育产生影响的工业-技术革命、殖民争霸与民族主义、社会民主化、科学革命与哲学社会科学的新进展以及新教育等诸因素的基础上，分别就教育科学研究运动、儿童研究运动、欧洲新教育运动、美国进步主义教育运动及杜威、克伯屈与布克·华盛顿的教育思想进行了较为深入的阐述，展示了该时期欧美国家教育变革与教育科学发展所取得的新成就与面临的新问题。第十四卷从教育发展的社会背景、教育管理体制、各级各类教育发展与教育思想四个层面，分别论述了美国、英国、法国、北欧主要国家的教育实践与教育思想。第十五卷的主要内容包括：20世纪俄国与苏联时期的教育实践，列宁、克鲁普斯卡娅、卢那察尔斯基、沙茨基、布隆斯基与马卡连柯的教育活动与教育思想，苏联教育学科的发展成就；德国的教育实践、社会教育学思潮、文化教育学理论；日本的教育实践、新自由主义教育思想、"八大教育主张"、小原国芳的全人教育思想；印度的教育实践、印度民族主义教育思想、泰戈尔的教育思想与甘地的教育思想；埃及教育；巴西教育。"结语"部分就20世纪前期外国教育发展的主要成就和基本特点做了总结。

第十章

20 世纪后期的教育

第二次世界大战结束以后的半个多世纪里，和平与发展成为世界主题，但国际竞争日趋激烈，地区冲突此起彼伏。国家经济实力和军事实力的竞争、第三次工业革命的进行、科学技术的迅猛发展和心理学与哲学社会科学研究成果的广泛传播，都成为推动教育理论与实践发展的重要因素。

第一节　教育发展的社会基础

第二次世界大战结束后，各国在医治战争创伤、消除战争隐患的基础上积极开展社会重建，物质生产和精神生活渐趋正轨，科学技术迅猛发展，各类社会文化思潮不断涌现，极大地改善并改变着人类的生活内容和生活方式。作为对人类生存与生活产生持久影响的发展手段，教育受到越来越多的关注与重视。教育实践变革与教育思想进步成为 20 世纪后期世界各国教育发展的主旋律。

世界反法西斯战争的胜利，标志着世界正义力量在与非正义力量的对决中取得最终的决定性胜利。战争以德国、意大利和日本为核心的轴心国彻底失败，以苏联、美国、英国、法国和中国为核心的同盟国取得胜利宣告结束，世界政治格局发生了根本性变化，主要表现是：社会主义阵营力量增强，一系列社会主义国家相继诞生。许多饱受帝国主义和资本主义政治经济势力压迫和剥削的亚洲、非洲和拉丁美洲的殖民地和半殖民地国家也在战后得以实现民族独立和国家解放，走上独立自主的发展之路。欧洲主要资本主义国家统治世界的历史宣告终结，美国和苏联两个超级大国在政治、经济、军事、科学技术等各个领域展开激烈竞争，"冷战"格局形成，极大地塑造和影响了20世纪后期的国际政治格局，导致资本主义国家与世界经济体系分化。20世纪50年代之后，随着英、法、西德等欧洲资本主义国家经济的发展与复苏，其与美国的经济摩擦和贸易冲突不断激化。20世纪80年代后，就世界经济格局而言，美国、西欧和日本三大经济体呈三足鼎立之势。三大经济体之间冲突不断，资本主义国家与世界经济体系走向分化。

20世纪是科学技术迅猛发展的世纪，这在20世纪后期表现得尤为突出。原子能、电子计算机、空间技术、基因工程、信息技术以及新型农业科学技术等在生产领域中的推广与应用，极大地提高了劳动生产率，显示了科学技术作为第一生产力的巨大力量。世界历史进入"知识经济"时代，以原子能、电子计算机、空间技术和基因工程的发明和应用为标志，涉及信息技术等诸多方面的第三次科技革命拉开了大幕，从电子、激光、光纤、通信、信息到遗传工程、替代能源、海洋工程、宇航、生态工程等，一系列新兴工业迅速蓬勃发展起来，引起社会发生新的重大变化，意味着人类正在迈向信息化时代。

第三次科技革命使各国经济结构特别是产业结构发生了重大变化，这表现在：农业人口和制造业人口占总人口的比例下降，从事服务和信息行业的人口占总人口的比例上升；产业结构中技术密集型企业（包括微电子、机器人、原子能、宇航等工业，以及现代通信、新能源、新材料等）的发展速度远远超过传统的劳动密集型企业（钢铁、机械和纺织等）；新兴工业区按人才、交通、环境等条件建设；国际贸易中的商品结构和投资重点发生了变化；经济管理思想和管理手段实现了现代化。现在，人类世界正在经历第四次科技革命，新能源、5G技术、人工智能、量子计算和虚拟世界等相关技术，正在将人类带入一个智能科技和万物互联的全新世界。

20世纪后期，自然科学和社会科学也呈现革命性发展的态势。在自然科学领域，基于相对论和量子力学的原子能技术及其产业化，标志着人类历史上一次崭新的能源革命的出现；源于现代电子理论的无线电和微电子技术催生了电子信息产业和计算机的诞生及更新换代，标志着人类在人工智能领域的一次跨时代革新；以分子生物学为核心理论支撑的生物工程和生物产业的发展，为人类利用自然生物资源开辟了更为广阔的领域；航空航天技术则为人类认识和利用外层空间提供了技术支持。

在社会科学领域，马克思主义哲学为人类深化对自然界和人类历史的认识提供了有效的理论指导，人们在反思社会问题和社会矛盾的过程中逐步形成了非理性主义、实证主义和基督教宗教哲学等哲学思潮，信息论、控制论和系统论则为人类确保自身认识的科学性和系统性提供了方法论指导，科学主义和人本主义哲学思潮仍然受到关注。

心理学的发展受到更大的重视，前期兴起的新行为主义心理学、结构主义心理学持续流行，精神分析心理学在20世纪后期则分化为多个支派，20世纪五六十年代还兴起了人本主义心理学派。

科学技术的迅猛发展带来了迅速的知识更新，促成"知识爆炸"时代的莅临。所有这一切都使国际上激烈的科学技术竞争、经济实力竞争变成了日趋激烈的教育竞争，这对20世纪后期的三次大规模教育改革运动的推行以及各国不断开展的教育改革提出了多方面的发展需求。

第二节 三次大规模教育改革运动

20 世纪后期第一次规模巨大、影响广泛的教育改革，是美国在 20 世纪
50 年代后期至 60 年代进行的。1957 年苏联人造卫星上天，给这次改革以极
大的推动。改革的重点在于删除部分陈旧的教学内容，增加大量新的科学知
识，尤其重视自然科学、数学、外语的教学，同时还特别注重天才教育及各
级各类职业教育的扩充，以应付经济发展和高科技竞争的紧急需要。1958 年
9 月 2 日，美国总统艾森豪威尔批准颁布《国防教育法》，为发展教育增拨大
量资金。上述改革重点也都是《国防教育法》要求解决的问题。苏联随后也进
行了以更新教学内容、提高教学质量为目的的教育改革。其他国家在尽快实
现战后恢复与重建、适应国际竞争加剧的过程中，也开展了加强科学教育、
更新教学内容和改变教学方式的多样化教育改革。

20 世纪后期的第二次大规模教育改革是由联合国教科文组织国际教育委
员会《学会生存——教育世界的今天和明天》报告发布（1972 年 8 月）所引发
的。该报告指出，传统的教育体制即封闭的"制度化教育"、教育内容与方法
已不能适应科学技术革命时代和信息社会的需要，建议实施全面的终身教育。
这推动了 20 世纪七八十年代各种形式的成人教育的发展和普通教育改革，推
广了终身教育思想。许多国家颁布了有关加强成人教育或终身教育的法令。

20 世纪后期，第三次大规模教育改革也是由联合国教科文组织推动的。
1981 年，联合国教科文组织举行第 36 届教育大会，将"教育同生产劳动相结
合"列为重要议题之一。在它的影响下，在高等教育领域，教学、科研、生产
一体化被作为重要方针之一加以贯彻。与此相适应，在中等教育领域，普通
教育与职业教育相互融合与渗透成为发展趋势。其目的都是要大大缩短教育
转化为现实生产力的周期，更直接地为社会发展服务。20 世纪 80 年代中期以

后，为了应对日益激烈的国际竞争和迎接 21 世纪的挑战，各国又开展了旨在追求优异教育和提高教育质量的教育改革。1985 年，美国促进科学协会邀请全国数百名知名专家和教育工作者组成全美科学技术教育理事会及五个学科专家小组，分专题研究了美国 20 世纪 80 年代以来教育改革的经验教训，研讨了战后科学、数学和技术领域发生的深刻变化和未来发展趋势，制订了 20 世纪 80 年代后期至 21 世纪初期美国基础教育改革的基本计划以及实现这一计划的具体步骤等。经过一段时间的共同努力，他们完成了《普及科学——美国 2061 计划》。1991 年 4 月 18 日，美国总统布什签发《美国 2000 年：教育战略》；1994 年 3 月，美国总统克林顿签署《2000 年目标：美国教育法》；美国教育部于 2002 年出台《2002—2007 年教育战略规划》。所有这些均可视为美国迎接 21 世纪挑战的教育纲领。1988 年英国国会通过《1988 年教育改革法》，1997 年英国政府发表《学习社会中的高等教育》，也抱有迎接 21 世纪挑战的目的。基于同样目的，法国 1992 年公布《课程宪章》，2005 年颁布《学校未来的导向与纲要法》。1987 年 8 月，日本"临教审"发布《为使教育适应我国社会变化和文化发展而进行的各项改革的基本方针》；1996 年 7 月，日本中央教育审议会又发布名为《面向 21 世纪我国教育的发展方向》的咨询报告。

20 世纪后期，为助推世界经济发展尽快走出战时困境，适应战后世界政治格局的新变化，应对因积极吸纳飞速发展的自然科学和社会科学理论而形成的知识经济时代的挑战，各国政府依据各自的社会政治、经济、文化和科学技术发展的实际开展了各自的教育改革，并取得多方面的成就。

第三节　美国教育

20 世纪后期，世界各国纷纷开展教育改革，以发展本国教育事业。1957

年苏联人造卫星上天，给包括美国在内的世界各国以巨大的震动。"冷战"背景进一步放大了科学技术发展在国家发展与国际竞争中的作用。为迅速改变自身在美苏竞争中所处的暂时劣势，美国以1958年《国防教育法》的颁布为起点，开展了全面的教育改革：革新教学内容，强化现代科学知识与技术的教育与教学，重视"新三艺"即自然科学、数学、外语的教学；重视精英教育和天才教育；政府增拨教育经费，为富有学术潜力的青年人才提供必要的国家资助和优越的学习条件；加强职业教育；提高教学手段现代化水平，强化实验室、视听设备和计算机的建设和运用。

美国20世纪60年代的教育改革围绕中小学课程改革、教育机会平等以及高等教育质量提升三大主题展开。其中，中小学课程改革是在以布鲁纳（J. S. Bruner，1915—2016）等为代表人物的结构主义教育思想的指导下实施的，主张以学科基本结构为中心，注重通过课程与教学发展学生心智，提高学生认知能力，推行发现学习法。在教育机会平等方面，通过颁布实施《中小学教育法》及其修正案、《中小学教育辅助计划》等教育法规，实施黑人和白人学生合校教育政策，并拨出专款推进教育机会平等。在高等教育质量提升方面，政府通过颁行《高等教育设施法》《高等教育法》等一系列教育法规，重申《国防教育法》的教育理念，加强高等学校在科技人才培养、前沿科学知识创新以及拔尖精英人才培养等方面的作用，增加学生奖学金数额，提高高等学校的教育质量，进一步改变了美国高等教育结构，适应了第二次世界大战后美国经济发展对高素质专业人才的迫切需求。

20世纪70年代美国教育改革的主题为"生计教育"和"回归基础"。前者将职业教育和劳动教育的要素贯穿到1~12年级的课程与教学全程之中，旨在引导学生掌握适应社会变化的知识技能，实现知识教育与职业技能传授的结合；后者主要针对中小学基础知识和基本技能教学而言，重点在于加强小学阶段的阅读、写作和算术教学，中学阶段的英语、自然科学、数学和历史等基础科目的教学，注重以基础知识和基本技能的教学切实提升中小学教育质量。20世纪80年代美国教育改革延续教育质量提升这一主题，1983年美国中小学教育质量调查委员会发布报告《国家处在危险之中：教育改革势在必行》，揭开此次教育改革的序幕。报告提出加强中学数学、英语、自然科学、社会科学和计算机课程的教学，提高教育标准，提升教师职业素养和教学能力。该报告成为规范20世纪80年代美国中小学教育改革的纲领性文件，直接指导了这一时期美国中小学的教育教学改革实践。

科南特（James Bryant Conant，1893—1978）是美国科学家和教育家，要素主义教育思潮的代表人物之一。他强调实施通识教育的必要性，通识教育具有非职业性和非专业性特征。综合中学承担普通教育、职业教育和大学预备教育三种职能，就综合中学教育改革提出具体建议。主张推行教师教育改革，以适应美国教育发展需求。

布拉梅尔德（Theodore Brameld，1904—1987）是美国教育家，改造主义教育思潮的倡导者。他主张教育目的即改造社会，学习即达成目标的途径，课程即有意义的统一体，学校控制即民主的管理模式。

科尔伯格（Lawrence Kohlberg，1927—1987）是美国当代著名心理学家和教育家，道德认知发展理论的奠基人。他主张儿童道德发展过程实质是道德认知发展的过程，道德认知发展主要集中于道德判断发展。儿童道德发展过程包括三水平六阶段：第一阶段和第二阶段属于前习俗水平，是以服从、避免惩罚及工具性需要和交换为基础的初级道德判断；第三阶段和第四阶段属于习俗水平，是以义务、好人观念及对于社会法定的规则和权威的尊重为基础的道德判断；第五阶段和第六阶段属于后习俗水平，是以合同式契约、用于裁定冲突的既成程序、互相尊重和分化的正义与权力观念为基础的道德判断。他又提出儿童道德教育的若干实施策略。

克雷明（Lawrence A. Cremin，1925—1990）是美国历史学家、教育家。他

主张进步主义教育构成了美国现代文明史的重要内容。教育历史发展呈现非线性轨迹，教育在美国人共同价值观的形成过程中具有重要意义。美国教育史不仅仅是公立教育机构的历史，也应当是一切教育机构的历史。教育发展的动力是多元的，倡导发挥教育在社会和谐发展与进步中的作用。不同教育机构构成教育生态系统，教育生态系统中的各教育机构之间以及教育生态系统与社会环境之间是相互联系和相互影响的。

马丁·特罗（Martin Trow，1926—2007）是美国教育社会学家。他以高等教育毛入学率为指标，探讨高等教育数量增长与性质变化间的关系，将高等教育发展的历史分为精英、大众和普及三个阶段，提出"高等教育阶段论"和"高等教育模式论"，分析了三个阶段高等教育的不同特征。

第四节　加拿大教育

第二次世界大战结束至 20 世纪 60 年代，加拿大各省公共初等教育实践呈现出"持续进步"与"等级指导"、重视儿童个体差异以及回归"学科中心"三大取向，注重在批判继承进步主义教育传统的过程中积极探索创新，不断提高初等教育的质量。

加拿大中等教育积极推进从精英教育向大众教育的转变。中等学校加强对传统人文学科课程的改革，强化自然科学、数学及文理学科课程内容的比重，强调课程的学术性。1945 年，加拿大联邦政府出台《职业学校援助协议》，为各省创办综合高级中学提供资金援助。1960 年，联邦政府颁布《职业技术培训援助法案》，促进了公立中学的职业教育的发展。

20 世纪 70 年代至 90 年代，加拿大在公共教育领域实施包括教育理念、教育制度和学校运行机制在内的全面改革，探索校本管理模式，开展"选择学校运动"，推进公共教育课程改革。其中，安大略省、不列颠哥伦比亚省和萨斯喀彻温省的课程改革成效显著。各省课程改革的基本趋向是：注重统一课程标准，强调共同核心课程，以更为综合化的课程培养学生的综合素养；科学课程则将重点放在科学、技术和社会的联系上，要求课程真正促进学生学以致用，以应对未来社会不断更新的要求。

第二次世界大战后至 20 世纪七八十年代，加拿大以"软联邦制"为特征的高等教育分权管理体制、以多样性为特征的高等教育体系逐渐形成和完善。加拿大高等教育步入迅速发展时期，大学入学人数迅速增长，公立大学发展得到联邦与省两级政府的合力资助，新建大学在各省出现，大学层次得到拓展，学院体系初步建立，社区学院体系初步形成。

20 世纪 70 年代至 90 年代，加拿大高等教育步入调整改革和平稳发展时期。联邦与省两级政府削减资助导致大学财政紧缩，专项经费资助政策实施导致大学间差距拉大。联邦与各省政府加强职业技术人才培养与社区学院建设，大部分省社区学院体系继续得以发展完善。加拿大社区学院发展模式特色鲜明，其中爱德华王子岛省的荷兰学院"能力本位评价"（Competency Based Evaluation，CBE）模块教学、萨斯喀彻温省的社区学院被拓展为"社区教育空间"均产生了较大影响。

20 世纪 90 年代，加拿大各省继续颁布纲领性文件，推进学院层次的改革。产生较大影响的文件包括：《面向 2000：普通与职业教育学院的发展》（1990 年，魁北克省）、《当代技术：现实世界的现实技术》（1991 年，不列颠哥伦比亚省）、《生活与学习：教育与培训所面临的挑战》（1993 年，新不伦瑞克省）。

迈克尔·富兰（Michael Fullan，1940—　）的教育思想不但直接指导了加拿大的教育实践，而且还产生了世界性影响。富兰关于教育改革的著作有《变革的力量——透视教育改革》《变革的力量：续集》和《变革的力量——深度变革》，集中探讨了教育改革的规律和机制。富兰运用复杂科学原理和非连续性教育理论对教育改革问题进行了深入探讨，尤其对教育变革的目标与动力、变革过程的复杂性及变革的内在机制与系统性等问题进行了系统剖析，揭示了教育变革的非线性和复杂性特征。他主张教育变革要有明确的道德目标，对学校变革的复杂性要有足够的预料和认知；将教育工作者观念的变革视为教育变革的基本动力，认为自上而下地推行改革是很难奏效的。同时，强调在变革中处理好学校、学区与省三级之间互动关系的必要性。

第五节　英国教育

在第二次世界大战接近尾声时，为实现战后经济复苏和重建，恢复昔日的世界霸主地位，英国政府即通过颁布实施《巴特勒教育法》强化国家对教育事业的管理和控制，完善地方教育管理体制，基本形成了现代英国国民教育制度，构建起包括文法中学、现代中学、技术中学在内的中等教育体系。在高等教育方面，1963年《罗宾斯报告》的发布和"罗宾斯原则"（为所有在能力和成绩方面合格且有意愿接受高等教育的人提供高等教育课程）的提出，为20世纪60年代英国高等教育的发展指明了方向，并提供了有力的政策依据。1972年2月《詹姆斯报告》提出实施全新的英国教师教育的"师资培训三段法"，标志着英国教师教育新体制与模式创新的尝试和实施。

20世纪80年代，英国教育改革主要围绕高等教育质量提升和教育体制现代化两大主题开展。1981—1983年相继实施的一系列《雷夫休姆报告》，就高等院校入学途径的多样化、课程结构和课程内容改革、高等教育管理水平的提升以及扩大高等院校学生奖学金和助学金的覆盖面等事务作出具体规定，极大地推动了英国高等教育的现代化水平。《1988年教育改革法》则分别就中小学教育、高等教育、职业教育、教育管理体制改革以及教育经费等作出具体规定，对英国教育发展产生了深远影响。

第六节 法国教育

第二次世界大战后，法国教育改革主要围绕落实 1947 年的《教育改革方案》（又称《郎之万－瓦隆教育改革方案》）进行。方案提出的法国教育改革的六项原则，即社会公正、任何工作和任何学科价值平等、人人均有受教育权利、普通教育是专门教育和职业教育的基础、各级教育免费、加强师资培养，成为指导第二次世界大战后法国教育改革的基本原则。20 世纪五六十年代，法国教育改革将义务教育年限由战前的 6~14 岁延长至 16 岁，并具体规定了中等教育阶段划分——第一阶段中等教育（两年的观察期教育）和第二阶段中等教育（13~16 岁）的四种类型。高等教育改革则依据 1968 年 11 月颁布的《高等教育方向指导法》推进，重点是在法国高等教育领域推行自治、参与和多学科三大原则。

20 世纪七八十年代法国教育改革的重点在于强化学校体制的现代化建设，1975 年 7 月颁布的《法国学校体制现代化建议》就教育管理体制、教学内容、教学方法改革等提出具体建议。在教育管理体制上，建议在小学设家长委员会和教师委员会，在中学设理事会、班级教学小组和教学委员会，提高中小学教育、教学和管理水平。在教学内容上，加强自然、社会环境以及科学基础知识教育。在教学方法上，强调更多采用个别化教学形式和现代化教学手段。为提升法国教育内容的现代化水平、解决法国教育的高淘汰率问题、缩小教育发展的区域差异，20 世纪 80 年代法国政府积极推行"教育优先区"政策，强化早期教育，实施个别教学，开展校外教育活动，提升教师素质，提高教育优先区内教师的待遇，取得较为积极的改革成效。

第七节　德国教育

第二次世界大战结束后，美、英、法、苏分占德国。1949年9月，在美、英、法占领和管制的西区成立德意志联邦共和国。同年10月，在苏联占领的东区成立德意志民主共和国。

联邦德国开展教育改革的主要组织是教育部长常务会议和德国教育委员会。1959年，德国教育委员会颁布《关于普通教育的改革和统一的总纲计划》，就中等学校三分制体制、初等教育和中等教育质量提升等作出规定，还提出设立主要学校、实科学校和高级中学三类中学的建议。有关规定得到1964年《汉堡协定》的确认和深化，协定规定所有学生在接受九年义务教育之后，分别进入主要学校、实科学校和高级中学接受不同形式的中等教育。为完善学校体系和结构，1970年2月，联邦德国教育审议会提出《教育结构计划》，将学前教育纳入学校教育体系，即完整的学校教育系统包括学前教育（初步教育）、初等教育、中等教育、高等教育和继续教育；师范教育自成系统，按其培养目标分别组织和实施。

20世纪80年代，联邦德国的教育改革全面展开：在初等教育和中等教育领域，改革的中心任务在于开发学生智力潜能，强化外语和计算机教育，融通普通教育和职业教育，实施个别教学；在高等教育领域，改革主题涉及强化高等学校办学的多层次和多样化，加大高等学校的教学科研自主权；加强实践和实习教学，提高教育质量。1990年10月德国统一后，则主要开展了联邦德国和民主德国教育体制相衔接和统一的教育改革，并取得了预期的目的。

第八节　日本教育

第二次世界大战后，日本在以美国军队为主的盟军部队控制下宣布放弃军国主义政策，实行和平建设的基本国策。1946 年 11 月，颁布了新的《日本国宪法》，为第二次世界大战后日本的发展奠定了基础。

1947 年 3 月，日本国会公布《教育基本法》和《学校教育法》，贯彻了 1946 年 4 月美国教育使节团第一次报告书的指导思想，以美式资产阶级民主主义取代日本军国主义，为日本教育的改革发展确定了方向。日本教育改革以《教育基本法》和《学校教育法》为法律依据，重点就教育目标、教育内容、教育管理体制以及教师职业责任等开展改革，强调教育需致力于培养和平国家与社会的建设者，政治教育戒绝党派宣传，教育机会平等，废除中央集权式教育管理体制，实施地方分权。

20 世纪 60 年代，为适应经济和社会发展的需要，日本教育改革强化经济与教育的内在联系，将人才培养与不同时期日本教育发展的具体目标统筹联系，相继颁布实施《新长期经济计划（1958—1962）》、《国民收入倍增计划（1961—1970）》、《中期经济计划（1964—1968）》和《经济社会发展计划（1967—1971）》，使该时期的加强科学技术教育、普及强化中等教育、提高研究生教育和本科教育质量以及增加教育经费总额等教育改革事务专注于服务经济发展目标的实现。

20 世纪 70 年代，日本教育改革的重点转向中小学教育和高等教育质量的提升与现代化发展方面。在中小学教育改革上，进一步强调中小学教育的根本目标在于为儿童一生发展奠定基础，推进中小学教育与课程的一体化进程，改善教育条件，采用分组学习、个别教学。在高等教育改革上，依据入学要求、修业年限等实施高等教育机构分类，为就读者提供不同类型的差别化高等教育，推广应用教学机器、小组研讨和实验等教学方法和组织形式，实施高等教育机构的协调一致管理。

20世纪80年代，日本教育改革目标的总体定位为：教育个性化、自由化和国际化发展，培育具有竞争力的专业人才，适应日本社会进步和经济发展需要。在日本"临时教育审议会"和"教育改革实施本部"的指导下，颁布实施《为使教育适应我国社会变化和文化发展而进行的各项改革的基本方针》，强化教育发展需遵循个性发展、国际化、信息化和终身化原则，修订实施新的教学大纲和教科书制度，培育具有开阔的国际视野、自由与自律品格和公共精神的现代日本国民。

第二次世界大战后，日本教育思想的发展大体上可以分为美国军队占领时期、经济高速发展时期、20世纪末以来的时期三个阶段。第一阶段教育思想的主题是教育的民主化；第二阶段在教育思想中出现能力主义和经济至上观，教育民主化思潮涌动；第三阶段出现了一些面向世界和未来的教育改革思想。

第九节　苏联教育

苏联在第二次世界大战后即着手实施《关于恢复与发展国民经济的五年计划(1946—1950)的法律》，并将教育恢复与重建事务纳入该计划，增加教育投资，扩大教育规模。1958年12月，推行实施《关于加强学校同生活的联系和进一步发展苏联国民教育制度的法律》。关于普通教育，强调中学教育的目的在于培养学生掌握适应社会生活的知识和技能，普及教育年限由7年延长至8年。将中等教育分为两段实施：前4年为具有义务教育性质的不完全中学阶段，后3年分别由青年学校(工人青年学校和农村青年学校)、劳动综合技术普通中学、中等职业学校实施。整体而言，20 世纪五六十年代，苏联中小学教育、高等教育和职业教育事业实现迅速恢复和发展，并以培养出大量初级与中级技术工人和技术人员为战后苏联经济发展作出了贡献。

20 世纪 70 年代，苏联普通中学的双重任务——培养学生掌握科学技术知识和生产劳动技能——得到 1977 年 2 月颁布的《关于进一步完善普通学校学生的教学、教育和劳动训练的决议》的确定和强化，强调对学生开展职业选择指导，并依据不同学习阶段的特点让学生参加必要的公益劳动。1984 年 4 月，苏共中央和苏联最高苏维埃通过《普通学校和职业学校改革的基本方针》，提出为更好地实现学生的全面发展和和谐发展，需要对普通教育和职业教育实施新的改革，切实提高普通学校和职业学校的教育和教学质量，实现学生在思想政治、劳动教育、品德教育、审美教育和身体健康教育方面的和谐发展和全面发展。

20 世纪后期，苏联教育思想也有新的发展。其特点一是以辩证的整体观方法论为指导，二是重视教学的发展功能，三是重视教育实验研究，四是密切与邻近科学的联系。苏联心理学家和教育家列·符·赞科夫（Л. В. Занков，1901—1977）对教学与发展的关系问题进行了长期的实验研究（1957—1969 年），提出了发展性教学理论，对苏联教育改革发挥了作用。同时，一些心理学家对发展性教学理论也作出了贡献。20 世纪后期，苏联最著名和影响最大的教育家是瓦·亚·苏霍姆林斯基（В. А. Сухомлинский，1918—1970）。他始终没有离开过教育实践工作的第一线，将一所农村中学（帕夫雷什中学）发展成为世界闻名的模范学校。他勤于思考，以辩证唯物主义的方法论为指导，总结历史和现实的教育经验，提出了个性全面和谐发展的教育理论，对苏联教育发展产生了积极影响。此外，巴班斯基（Ю. К. Бабанский，1927—1987）的教学过程最优化理论也是以普通中学为实验基地、在总结教育实践经验的基础上形成的，在苏联和其他各国引起了反响。阿莫纳什维利(Ш. А. Амонашвили, 1930—　)等人的"合作教育学"理论对苏联教育产生了积极影响。

第十节　印度教育

对于广大第三世界和发展中国家而言，第二次世界大战的结束标志着一个新时代的开启。反抗殖民统治，实现民族独立，发展本国经济，提升国际地位，增强国际影响力，成为第二次世界大战后广大发展中国家建设与发展的中心任务。各发展中国家的教育也在适应第二次世界大战后各国中心任务完成的过程中得到快速发展。

印度在 1947 年 8 月 15 日宣布独立，自此摆脱英国近 200 年的殖民统治。独立后的印度致力于恢复战时遭受严重破坏的社会经济，重新审视并确立教育在国民教育与经济发展中的基础地位。设立大学教育委员会、中等教育委员会和基础教育评定委员会，对战后初期印度的高等教育、中等教育和基础教育进行调查，并提出相应的教育改革建议。依照大学教育委员会的改革建议，20 世纪 50 年代印度大学第一级学位的修业年限从 2 年延长为 3 年，强调农业与工业高级专门人才的培养，增设新的高等教育机构，提高适龄青年接受高等教育的比例。中等教育委员会在调查中等教育现状的基础上，于 1953 年 6 月发布《中等教育改革报告》，内容涉及改革印度中等教育结构与类型、提高中等学校教学质量、改进中等学校组织与管理效率，促使印度中等教育在较大程度上摆脱了殖民地时期的旧式教育体制。成立于 1955 年的基础教育评定委员会在其完成的关于基础教育改革的报告中提出，由 5 年制小学和基础学校实施的基础教育难以适应独立后印度基础教育进一步发展的需要，要求将所有类型的小学都改组成为基础学校。基础学校得到快速发展。

1966 年 6 月，印度科塔里委员会发布了一份名为《教育与国际发展》的报告，就印度教育发展的一般原则、教育制度、课程体系、教师地位、学校结构等问题作出规定，并为 1968 年的印度《国家教育政策》提供了基本框架和主要基础。20 世纪 70 年代，一些教育组织积极参与印度教育改革事务，其中"10 年制学校课程检查委员会"和"全国高级中学教育检查委员会"对印度教育改革实践产生了重大影响。在组织修订《国家教育政策》的同时，"10 年制学校课程检查委员会"认为，学生个性发展意义深远，初等学校和中等学校应通过课程设置多样化满足学生个性发展的需要，为学生提供必要的创造性活动，同时组织学生参加对社会有益的生产劳动，将"有益的生产劳动"建设成为重要课程，强化教育与社会生产劳动的关系。"全国高级中学教育检查委员会"则将提升学生的社会就业能力作为教育改革的重点，设立职业学科课程和"搭桥课程"，引领学生根据自身的职业愿望和学习基础做好升学与就业两种准备，取得一定的改革成效。20 世纪六七十年代印度教育改革成效突出，具体成果为：建立全国统一的"10—2—3 学制"，各级各类教育实现不同程度的发展，师范教育改革成效显著。

20 世纪 80 年代，印度教育改革围绕 1986 年颁布的《国家教育政策》和《国家教育政策实施计划》展开。改革主题包括：完善国家教育制度，构建全国课程框架，推进终身教育发展，提高初等教育的入学率和巩固率，提高初等教育质量，实现高中教育职业化，推进自我教育，发展自治学院，改进高等学校教学方法，提高高等学校教学与教育质量，建立完善的职业教育体系，提高教师地位。

第十一节　巴西教育

巴西教育改革首先围绕 1961 年的《教育方针和基本法》进行，以教育分权管理体制取代中央集权式教育管理体制，设立州教育委员会和州教育厅，负责制定各州中小学教育与师范教育政策与规划，确立教育标准和考试标准，提供教育经费。20 世纪 70 年代，为适应国民经济现代化的发展要求，巴西政府在增加教育经费的同时，对初等教育、中等教育与高等教育分别实施改革。在初等教育与中等教育方面，依据 1971 年的《初等与中等教育改革法》，具体开展了延长义务教育年限、初等学校与中等学校教育职业化、调整非正规教育、加强成人扫盲教育和成人补习教育等改革，巴西初等学校与中等学校教育制度得以确立。在高等教育方面，主要推行了大学入学考试制度、高等教育贷款制度、研究生教育、大学教育教学与科研并重等主题性改革，极大地激发了巴西高等教育发展的活力。

第十二节 埃及教育

埃及教育在 1952 年革命后发生了深刻变化，纳赛尔（G. A. Nasser，1918—1970）革命政府颁布实施一系列法令，重建国家教育体制，规定国家教育体制由初等教育(6 年)、预备学校教育(3 年)、中等教育(3 年)和高等教育（大学 4~5 年或 4~6 年，高等学院 4~5 年）组成，强调教育权利平等。设中央教育行政机构——教育部负责世俗学校系统管理，伊斯兰教事务部则管理埃及独特的爱资哈尔学校系统。

为进一步发展初等教育，1953 年埃及革命政府颁布第 210 号法令，建立统一的小学，后又将初等教育年限由 4 年延长为 6 年，小学为所有儿童提供免费的和义务的初等教育。在广大农村地区，为居住分散的儿童设立单班学校，提供初等教育。这一时期还设立一种名为"预备学校"的免费的中间学校，强调对学生实施双重目标的教育，既为部分有能力接受中等教育和技术教育的学生提供预备教育，也为部分学生就业提供预备教育。关于小学和初中阶段教育的合并，埃及教育管理部门在 20 世纪 70 年代进行了尝试。具体实施办法是将小学和初中阶段合并为一个 8 年制教育阶段，运用现代教学方法，为学生提供阿拉伯语、英语、德语、数学、生物、物理、化学、家政、历史、地理等学科课程教育。

埃及中等教育主要由普通中学和技术中学两类学校实施。前者学制 3 年，为就读者提供学术性的升学准备教育；后者则包括培养熟练工人的 3 年制技术中学和培养技师的 5 年制技术中学两类。为加强对中等技术教育发展的管理，1973 年埃及成立了中央技术教育委员会，并增加对技术教育事业发展的专门拨款。

高等教育部掌握埃及高等教育事务管理权，下设由政府官员和大学校长组成的大学最高委员会，负责就高等教育发展提出咨询建议。埃及高等学校在改革实践中注重满足埃及经济发展对高级专门人才培养提出的需求，注重开展高水平的科学研究，为社会发展提供技术支持。高等教育规模不断扩大。

第十三节　现代教育思潮

20 世纪后期，人类社会发展步入信息时代和知识经济时代。国际经济和科技竞争加剧，知识密集型生产取代劳动密集型和资本密集型生产，对教育研究提出新的要求。教育界创造性地开拓教育科学研究，揭示新时期的教育规律，探讨教育革新的道路，预测未来教育的发展。新的时代日益依靠教育提供各种有力的支撑，而历史上形成的制度化教育越来越显示出其不适应性。20 世纪后期，人类教育理论研究既涵盖宏观教育也涉及微观教育，呈现空前活跃状态。在继承此前教育思想、总结教育实践、吸纳心理学和哲学最新研究成果的基础上，在 20 世纪后期涌现了一批对各国教育实践产生不同程度影响的世界性的教育思想和教育思潮。

一、新行为主义教育

新行为主义教育的心理学基础为新行为主义心理学。作为心理学流派的新行为主义是行为主义的发展。它于 20 世纪 30 年代在美国兴起，曾一度占据心理学研究的主流地位，60 年代极为流行，其后走向衰落。代表人物有斯金纳（B. F. Skinner，1904—1990）、加涅（R. M. Gagné，1916—2002）、布鲁姆（B. S. Bloom，1913—1999）等，他们都致力于人类行为特别是学习过程的研究。新行为主义教育主要包括斯金纳的操作主义教育、加涅的累积学习理论和布鲁姆的掌握学习理论，其核心教育观点包括：教育即人类行为的有目的塑造；人类学习的基本要素包括学习者、刺激情景、记忆内容和动作，学生行为可以运用教学机器加以强化；倡导使用教学机器，开展程序教学。新行为主义教育的基本观点对 20 世纪后期世界各地的教育教学实践产生了直接影响，在深化人类关于教育本质和教学目的的新理解的同时还革新了教学手段，为计算机辅助教学及其他现代化教学手段的运用提供了理论支持。

二、结构主义教育

结构主义教育的理论基础之一是皮亚杰的儿童智慧发展阶段理论和发生认识论。作为瑞士当代著名心理学家，皮亚杰（J. Piaget，1896—1980）自 20 世纪二三十年代开始对儿童的语言和思维进行深入的观察与研究，初步形成了关于儿童智慧发展阶段的理论。皮亚杰通过大量实验研究揭示了儿童认知发展的具体阶段：感觉运动智力阶段（出生至 2 岁）、前运算智力阶段（2~7 岁）、具体运算智力阶段（7~12 岁）和形式运算智力阶段（12~15 岁），提出教育应遵循儿童智力与心理发展的阶段性特点，教育的任务在于发展儿童智力。

以后又在批判吸收现代结构论、生物学理论、控制论等学科研究成果的基础上，创立了发生认识论。皮亚杰致力于儿童思维和智慧发展研究。关于儿童认知结构与智力发展，皮亚杰强调儿童认知是主体通过动作与客体相互作用的结果，儿童的主体动作为一切经验和知识的源泉，智力或智慧本质上是主体对于客体的一种结构性动作。皮亚杰还提出"适应与图式""同化与顺应""平衡与自我调节"等概念，用以解释儿童认知结构的机制和模式。

结构主义教育形成与发展的主要理论基础，则是 20 世纪五六十年代美国结构主义心理学家布鲁纳在结构主义方法论和认知心理学基础上构建的教育教学理论，以及另一位美国结构主义心理学家奥苏伯尔（D. P. Ausubel，1918—2008）的学习理论。布鲁纳提出，人类对知识的追求旨在探索发现知识或材料的结构，认知是个人通过心理内部机制获得知识的过程，包括知识获得、转化与评价。其间，知识可转化为个体经验与智慧，可分为动作式知识、映像式知识和符号式知识。在课程与教学实践中，布鲁纳强调要在激发学生内在学习动机的基础上运用发现法，尽可能早地向学生传授具体的学科理论知识，注重发现并向学生传授学科的基本结构，即重视向学生传授学科的基本概念和基本理论。

20 世纪五六十年代，奥苏伯尔重视从结构的视角解析人类的知识和认知过程，主张教学目的在于构建学生的认知结构，将学习分为机械的学习和有意义的学习，并提出开展有意义的学习的前提条件：学习材料自身具有逻辑意义；学习者具有开展有意义的学习的心向；学习者的认知结构中具有同化新知识的具体观念。为开展有意义的学习，奥苏伯尔还就教学原则——渐进分化与综合贯通、教学方法——接受学习与讲授法、教学策略——先行组织者等逐一进行了深刻阐述，对中小学教学实践产生了直接影响。

整体而言，结构主义教育的基本观点包括：教育与教学应致力于发展学生的认知能力；课程与教学内容应纳入学科的基本结构；向学生尽早传授学科的基础知识和基本理论；教师在结构教学中发挥着辅助者的作用。结构主义教育直接为 20 世纪五六十年代的欧美课程改革提供了理论指导，并引发了现代教学方法的推广与运用。

三、建构主义教育

建构主义教育基于多元化的理论基础，皮亚杰、科尔伯格、斯滕伯格、维果茨基、奥苏伯尔和凯利的心理学和教育学观点均为建构主义教育提供了理论支持。建构主义教育的主要观点包括：学习是一个积极主动的建构过程，学习者依据已有认知结构有选择性地感知外部信息，主动完成知识意义的赋予；知识是个人经验的合理化，知识意义源于学习者新旧知识和经验之间反复的、双向的相互作用；学习者的知识建构是多元化的，并受到当时社会文化因素的影响；教师不再是知识的灌输者，而成为教学环境的设计者、学生学习的组织者、课程的开发者、意义建构的合作者和知识的管理者。①

四、精神分析学派的教育观

精神分析学派是对 20 世纪教育产生了重大影响的现代西方心理学主要流派之一，该学派源自 19 世纪末 20 世纪初弗洛伊德的心理学理论。弗洛伊德（S. Freud，1856—1939）不再注重研究意识、理智等传统的心理学课题，转而注重探讨人的无意识、性、本能、人格和动机问题。基于研究视角的不同，20 世纪 20 年代从精神分析学派中分化出阿德勒（A. Adler，1870—1937）的个体心理学和荣格（C. G. Jung，1875—1961）的分析心理学，二者都注重寻找人类动机的社会文化根源，强调社会环境、人际关系及文化因素对个人心理和行为的影响。在教育问题上，精神分析学派的主要主张包括：教育目的在于

---

① 参见顾明远、孟繁华主编：《国际教育新理念》，277～282 页，海口，海南出版社，2001。

通过引导人的潜意识能力培养健全和健康的人格，使人过上幸福的生活；通过组织游戏、营建良好的学习环境和满足个人内在需要，实现对个人理性能力的陶冶和引导。精神分析学派的一些教育主张对布拉梅尔德、杜威、皮亚杰、蒙台梭利、怀特海、克鲁普斯卡娅、维果茨基等 20 世纪欧美和苏联教育家的教育思想产生了直接影响，并为人本主义教育提供了一定的理论启发。

20 世纪 40 年代以后，美国形成了新精神分析学派。他们更加强调文化、社会条件和人际关系等因素对诱发精神疾病的作用，以及这些因素对人的心理和行为的影响。由于研究的侧重点不同，新精神分析学派又包括人本主义精神分析派、社会文化精神分析派、人际关系精神分析派与精神分析的自我心理学派，它们的研究对儿童教育都提出了一些很有价值的见解。

五、人本主义教育

人本主义教育兴起于 20 世纪五六十年代，并在 20 世纪 70 年代步入鼎盛时期。它以人本主义心理学为基础，兼收人道主义和存在主义哲学的一些观点。人本主义教育兴起的社会历史背景是：第二次世界大战后资本主义生产实现快速发展，物质生活与精神生活之间的关系失衡；知识成为工具，人异化为物的矛盾日益严重；高度发展的科学技术不仅操纵和控制了社会物质生产的一切过程，而且加强了对人的心理、意识的灌输，通过政治、文化等力量奴役人和压抑人的本性，导致了人们内在价值观念的丧失和外在价值标准的瓦解，促使人们转而从内心世界寻求价值目标，期望能"自由选择"行为准则。人本主义教育的兴起还基于特定的教育背景：布鲁纳等人所开展的结构主义课程改革加重了学生的学习负担，使许多学生在学业竞争中失败；进步主义教育思想和实用主义教育思想受到批判后，新传统派教育思想影响加强，而传统的教学模式又阻碍着学生情感与个性的发展，学生普遍不满，甚至以怠课、逃学的方式表示抗议。在这种社会和教育背景下，人本主义教育应运而生。

人本主义教育的主要代表人物包括马斯洛（A. H. Maslow，1908—1970）、罗杰斯（C. R. Rogers，1902—1987）、弗洛姆（E. Fromm，1900—1980）、奥尔波特（G. W. Allport，1897—1967）等，他们主张教育目标在于培养心理健康、能自我实现和富有创造性的人，强调学校必须为学生提供良好的发展条件，学校教育要创造能促进人们学习和成长的良好心理气氛。人本主义教育对 20 世纪六七十年代的美国公共教育产生了较大影响。

六、存在主义教育

存在主义教育的理论基础为存在主义哲学，它初现于第二次世界大战之前，并在 20 世纪五六十年代流行于部分西方国家。存在主义教育的主要代表人物包括布贝尔（M. Buber，1878—1965）、雅斯贝尔斯（K. Jaspers，1883—1969）、波尔诺夫（O. F. Bollnow，1903—1991）、奈勒（G. F. Kneller，1908—1999）等。存在主义教育的基本主张是：教育目的在于促成个人自我价值的实现，帮助个人在认识自我的基础上进行自我选择，并对选择结果负责；教育助力个人认识自己的存在，形成一套不同于他人的独特生活方式；重视采用对话、问答和讨论的方式开展教学。整体而言，存在主义教育具有主观唯心主义、非理性主义和极端个人主义等特征。但作为一种反对传统的现代教育理论，该流派对现代社会及其学校制度的一些弊端的批评以及对教育领域中多方面问题的探讨还是有一定的启发作用的。

七、分析教育哲学

分析教育哲学的理论基础为分析哲学。它萌发于 20 世纪 40 年代，20 世纪六七十年代进入鼎盛时期，主要代表人物包括哈迪（C. D. Hardie）、奥康纳（D. J. O'Connor，1914—2012）、谢夫勒（I. Scheffler，1923—2014）、彼得斯

（R. S. Peters，1919—2011）等。分析教育哲学是将分析哲学的原则和方法应用于教育领域而形成的一种教育哲学思潮，认为教育哲学的根本任务和当务之急在于开展教育概念和教育命题分析，务使教育概念内涵准确、教育命题意义明确。"在分析哲学看来，教育界漫无止境的学说之争，都是由于概念、语言和意义的混乱所造成的。如果教育概念清晰了，意义明确了，教育理论就可以达到科学化，进而促进教育理论和实践的发展。"①因此，分析教育哲学将严格的概念和命题分析视为教育哲学的根本任务。

八、激进主义教育

激进主义教育的主要代表人物有古德曼（Paul Goodman，1911—1972）、伊里奇（Ivan Illich，1926—2002）、赖默（Everett Reimer，1910—1998）、波兹曼（Neil Postman，1931—2003）、温加特纳（Charles Weingartner）等，他们提倡"自由学校"和"可选择性教育"，以"自由学校"教育取代传统的强制性义务教育，建设"非学校化社会"。激进主义教育直接影响了 20 世纪 60 年代的教育实践改革，推动了开放教育运动、"自由学校"运动和"贬抑学校"运动的发展。

九、新马克思主义教育

新马克思主义教育流行于 20 世纪 70 年代的部分西方国家，德国的马尔库塞（Herbert Marcuse，1898—1979）和哈贝马斯，法国的布尔迪厄和阿普尔，美国的鲍尔斯、金蒂斯和吉鲁（Henry Giroux），英国的萨勒普（Madan Sarup）为该思想流派的代表人物。新马克思主义教育的主要内容包括：马尔库塞和哈贝马斯的"社会批判理论"学派的教育观、鲍尔斯和金蒂斯的"经济再生产理

① 黄济：《教育哲学通论》，250 页，太原，山西教育出版社，1998。

论"教育观、布尔迪厄的"文化再生产理论"教育观、阿普尔的"国家再生产理论"教育观、吉鲁的"抵制理论学派"教育观。新马克思主义教育试图运用马克思主义的一些概念和理论解析资本主义社会教育的新问题和新现象,体现了当代资本主义世界教育实践与教育研究的一些新趋势。

十、经济主义教育

经济主义教育初步形成于20世纪60年代,主要包括舒尔茨的"人力投资理论",莱斯特·罗思、史潘斯、陶布曼等人的"教育筛选理论",多林格(P. Doeringer)和皮奥里(M. Piore)的"劳动力市场划分理论"和苏联学者斯特鲁米林(С. Г. Струмилло,1877—1974)的教育经济思想。它主张着力研究和探讨教育与经济的关系,特别是强调教育自身的经济成分及其对经济增长的作用,力图论证和阐述教育对生产力、劳动市场、社会和个人收益等方面的影响,同时也试图指出由于现代教育与经济的关系的新特点而对教育本身提出的新要求。经济主义教育对20世纪后期世界各国的教育决策和教育管理实践产生了重要影响。

十一、终身教育

终身教育产生于20世纪50年代,法国教育家保罗·朗格朗(Paul Lengrand,1910—2003)为该思潮的主要代表人物。20世纪六七十年代,保罗·朗格朗在《终身教育引论》(1970年)中系统论述了终身教育概念和推行终身教育的必要性,后被联合国教科文组织接受,成为战后第二次世界性教育改革的指导思想。终身教育的形成主要是教育理论研究适应现代社会变化速度加快、人口快速增长、科学技术飞速发展以及人类生产生活方式发生巨大变化的结果。该教育思潮打破将教育限定于某一具体年龄阶段的传统教育观念,强调教育过程的统一性、连续性和整体性。在联合国教科文组织的倡导和推动下,终身教育发展成为 20 世纪后期世界性的教育思潮。

十二、欧美新教学理论

为适应 20 世纪后期世界教育教学改革实践蓬勃开展和教学质量持续提高的需要，一些新兴的教学方法和教学理论逐步得以发展和推行，其中产生较大影响的有：保加利亚洛扎诺夫（Georgi Lozanov，1926—2012）的暗示教学法、德国瓦根舍因（Martin Wagenschein，1896—1968）的范例教学理论、美国凯勒（Fred S. Keller，1899—1996）的个别化教学理论和班杜拉（Albert Bandura，1925—2021）的社会学习理论。

20 世纪后期，为适应全球性环境变化、国际经济交往方式革新和文化交流频繁、国内民族文化快速发展以及现代性和后现代性叠加发展的社会现实，为教育改革提供必要的理论指导，先后出现了环境教育、多元文化教育和后现代主义教育等一系列国际性教育思想，进一步丰富了人类教育思想宝库，并直接指导了世界各国教育事业的发展。

20 世纪后期，部分发达国家各具特色的教育改革为教育思想的产生提供了必要的实践基础，使教育思想获得前所未有的发展。一些教育思想与教育思潮对部分国家和地区的教育实践产生了直接影响，如英国布赖恩·西蒙的教育史学思想、阿什比的教育思想，法国布尔迪厄的教育思想，德国雅斯贝尔斯和克拉夫基的教育思想等。

20 世纪后期，一些教育思想集中对部分发展中国家的教育实践产生了较大影响，如印度拉达·克里希南（S. Radha Krishnan，1888—1975）的民族民主教育思想，埃及塔哈·侯赛因（Taha Hussein，1889—1973）的教育思想，巴西保罗·弗莱雷（Paulo Freire，1921—1997）的"被压迫者的教育学"思想。发展中国家教育思想的主题主要是民族主义教育、教育现代化、全民教育以及探讨在国际竞争中处于不利地位的发展中国家如何通过教育发展实现国家富强等。

第十四节　20 世纪后期外国教育发展成就

20 世纪后期，在适应各国政治、经济、科学技术以及意识形态等方面所发生的重大变化与回应各国教育所面临的诸多挑战的过程中，教育事业稳步发展，教育科学研究成果日渐丰硕，国际教育交流合作日益密切，教育现代化和科学化水平不断提升。

一、教育事业稳步发展

受"人力资本理论"与经济主义教育的影响，各国政府将教育置于优先发展的战略地位，不断增加教育投入，重视通过教育培养科技人才，增强国家的经济实力，教育发展与改革的科技与经济取向日益明确。在许多发达国家或发展中国家，除了正规的学校教育规模继续扩大，各种非正规形式的教育更是受到重视，从而获得更快的发展。教育形式更多样化，正规教育和非正规教育、学校教育和非学校教育为更多的人提供了受教育的条件和机会。许多国家还加强了教育与社会政治的关系，谋求教育政治功能的有效发挥。新兴民族独立国家开展爱国主义和民族主义教育，培养年青一代具备维护本国社会制度、对各种社会危机和政治革命作出反应的政治意识。在"冷战"时期，许多国家强化了教育领域中的意识形态斗争。

二、教育科学研究成果日渐丰硕

为增强人类教育事业的有效性和科学性，世界各国普遍强化教育科学研究，并取得丰硕成果。教育科学研究具有更加广泛和科学的理论基础，许多教育观点和理论不仅新颖，而且与教育实践的联系更加紧密。众多教育分支学科纷纷涌现，教育科学"家族"成员急剧增加。在此前的教育社会学和教育心理学的基础上，出现教育统计学、教育测量学、教育评价学、教育管理学、教育行政学、学前教育学、中小学教育学、高等教育学、医学教育学、军事教育学、教育经济学、教育政治学、教育文化学、教育生态学等分支学科，标志着教育科学研究的繁荣。教育科学研究方法也获得重大改进。

三、教育科学化水平稳步提升

得益于 20 世纪后期系统论、控制论和信息论以及心理科学的发展，教育科学化水平稳步提升。在充分利用相关学科最新成果的基础上，教育科学工作者对已有的各种教育观点和理论进行了深入的反思、探讨和整合，提出许多新的教育思想理论，构建了新的教育学科，教育科学取得重大发展。

四、国际教育交流与合作成绩突出

20 世纪后期，加强各国之间的教育交流、发展国际教育合作成为教育界的迫切要求。经过各方面的努力，国际教育合作的范围逐步扩大，合作的形式和方法不断丰富和多样，从而使这一领域取得前所未有的发展和成效，推进了全球化教育和多元文化教育的发展。

本丛书第十六卷《20 世纪后期的教育(上)》、第十七卷《20 世纪后期的教育(中)》、第十八卷《20 世纪后期的教育(下)》论述了 20 世纪后期外国教育的发展历程和成就。第十六卷在概述 20 世纪后期国际社会与教育发展概况的基础上，分别对美国、加拿大、英国、法国、联邦德国、意大利和苏联教育实践变革及其成就进行了阐述，并对相关国家有影响的教育思想进行了阐释，如美国科南特、布拉梅尔德、科尔伯格、克雷明的教育思想与马丁·特罗的高等教育大众化理论，加拿大迈克尔·富兰的教育思想，英国布赖恩·西蒙的教育史学思想和阿什比的教育思想，法国布尔迪厄的文化再生产教育理论，德国雅斯贝尔斯和克拉夫基的教育思想，苏联苏霍姆林斯基的教育思想、赞科夫的发展性教学理论、巴班斯基的教学过程最优化理论与阿莫纳什维利等人的"合作教育学"理论。第十七卷分别论述了日本、澳大利亚、印度、亚洲其他部分国家(泰国、韩国、新加坡、马来西亚、以色列)、拉丁美洲部分国家(墨西哥、巴西、秘鲁)、非洲部分国家(埃及、南非)的教育实践和教育思想，并就该时期世界教育民主化发展、科学化演进以及国际化崛起进行了专题解析。第十八卷则集中论述了 20 世纪后期外国教育思想成果，具体包括新行为主义教育、结构主义教育、建构主义教育、精神分析学派的教育观、人本主义教育、存在主义教育、分析教育哲学、激进主义教育、新马克思主义教育、经济主义教育、终身教育、欧美新教学理论、环境教育、多元文化教育、全球化教育与后现代主义教育。"结语"部分对 20 世纪后期外国教育发展的主要成就作出了具体归纳。

第十一章

20 世纪末至 21 世纪初期的教育

20 世纪末至 21 世纪初，在世界各国国内政治、经济、社会和文化等诸因素以及国际环境的综合影响下，各国在教育体制、教育结构、各级各类教育以及教育思想等方面不断取得新进展，并表现出新特点。

第一节　美国教育

在教育管理体制上，美国联邦政府持续加强对于教育事务的管理和干预：通过颁布实施《不让一个孩子掉队法案》，实施教育管理体制变革；划分联邦和各州政府的教育管理权限和责任，重构教育行政管理体制；分别对学前教育、初等教育、中等教育以及高等教育体制实施结构性改革。

在基础教育方面，提高教育质量，加强科技取向教育；面向更广泛群体，促进教育公平发展；引入市场竞争机制，加速教育市场化发展。

在高等教育方面，加强联邦政府与中介机构和组织对美国高等教育体制变革的影响，推行国际化取向下的美国高等教育体制变革，提高本科教育质量。

在教师教育方面，应对时代挑战，不断提升教师专业化水平，提高教师质量；加快教师教育整体改革以及基于专业和学术关系平衡的大学教师教育变革的进程。

在教育思想方面，总结提升教育实践事务和对其发挥理论指导作用的教育思想，具体包括：大学组织管理、大学自由教育、大学通才教育等高等教育思想；"反思实践"取向、"标准本位"、社会正义本位、当代常识取向等教师教育思想；多元文化教育课程、多元文化教育教学、多元文化教育教师、多元文化教育国际化拓展和转向等教育思想。

第二节 加拿大教育

在教育管理体制方面，引入市场机制，重新分配管理权利，实施基础教育"结构性改革"；重新确定市场和政府在教育供应、分配过程中所依据的政策；引进竞争机制，打破国家对基础教育的垄断，消除公立学校与私立学校之间的鸿沟；鼓励多种办学形式并存，为学生提供不同的服务，保证学生的教育选择权；实施教育经费管理及其改革；加强区域合作。

在学前教育方面，联邦政府通过指导性政策与财政手段、儿童福利制度等支持学前教育发展；学前教育不再仅被视为社会福利政策的组成部分，联邦政府在提供财政资助的同时开始就学前教育发展内容积极与省（地区）政府展开合作；确立学前教育管理机构与行业准入标准。

在初等教育方面，推行以"个性化学习"为核心的教育改革方案，修订"个性化学习"课程标准；提供高质量的教与学；增强教育的灵活性和选择性；设立高标准的学习目标；应用信息技术支持个性化学习。

在中等教育方面，实施课程与教学改革，提高教育质量；修订课程计划，加强阅读、数学和科学等核心课程的教学；减少选修课的比例，强化核心课程教学，确定学业标准这一改革趋势；强化教育质量检测与评估。

在高等教育方面，革新大学入学与招生保障政策；构建质量保障与评估机制；实施学位、学分、教育经费与学生资助政策改革。

在教育思想方面，马克斯·范梅南（Max van Manen，1942—　）的"现象学教育学"阐述了现象学研究的方法论维度和写作中语言意义的重要性，搭建了欧陆和北美与世界其他地区之间、现象学哲学与人文科学和社会科学之间、理论与实践之间的桥梁。

第三节　英国教育

为适应国际化进程深入推进、国内政党政治碎片化、经济发展遭遇瓶颈、社会文化日趋多元以及"脱欧公投"等内外部环境的一系列急剧变化，英国政府在教育行政体制、学前教育、基础教育、高等教育、教师教育等各级各类教育领域推行改革。

在教育行政体制方面，实施中央集权和地方分权相结合，推进中央教育行政职能从政府的"伙伴关系"向服务型政府转变。地方教育当局赋予学校更多的办学自主权，致力于为学校发展提供服务与支持，确保所有儿童都能接受合适的教育。

在学前教育方面，英国学前教育改革持续推进免费学前教育。健全学前教育法律法规，确立"每个儿童都重要"的理念；实施"儿童保育十年战略"，推行《儿童计划：构建更加美好的未来》，颁布《儿童保育法案》；提升学前教育课程质量、完善学前教育机构督导制度；规范学前教师教育标准；增加学前教育经费投入。

在基础教育方面，注重发挥学校办学自主权，推进基础教育课程改革。课程改革目标注重质量、效率与公平，课程内容强调综合化和终身化。在课程结构改革日趋系统化的同时实施课程评价改革，加强基础教育质量的监管与保障。注重基础教育师资队伍建设，完善教师专业标准，强化教师物质保障；实施基础教育财政投入改革，增加基础教育经费，大力资助处境不利的学生，建立公开透明的投入机制。

在高等教育方面，颁布了《2004年高等教育法》和《高等教育与科研法案（2017）》，实施"先上学后付费"以及"差异收费"的支付制度；建构并实施教学卓越与学生成就框架，继续推进高等教育的市场化改革；设立高等教育监管机构；等等。实施高等教育经费改革，提升大学收费自主权，完善学生资助制度，拓宽经费筹集渠道；优化高等教育管理体制，坚持大学自治，优化监管机构，简化新高校准入，开放多元市场，推动高等教育国际化。

在职业教育方面，完善职业教育发展体系，设立职业教育资格与学分框架，改革完善学徒制；保障职业教育教学与课程质量，实施教学模式和教学方法改革，开发多种类型的课程；提高职业教育师资队伍质量，灵活吸引优秀人才进入教师队伍，改革教师专业标准及要求。

在教师教育方面，实现教师培养路径多元化；加强职前教师教育质量保障；研制修订教师专业标准；提高教师待遇，稳定教师队伍；重视新教师入职指导。

在教育思想方面，麦克·扬（Michael F. D. Young）主张对既定的教育范畴和概念进行思考；课程改革作为课程文化资源的配置活动，反映了权力的分配和社会控制的原则；教育要回归知识和教育本身，并提出"强有力的知识"，关注不同阶级的学生对"更好的"知识的获取。

理查德·彼得斯（Richard Peters）是英国分析教育哲学的代表人物，致力于将教育哲学发展成哲学的一门新的分支学科。他分析了"教育"概念，认为教育是培养一种"受过教育的人"的一系列过程，澄清了传统教育哲学对教育、教育目的、教学、训练、"受过教育的人"、教育与人的发展等一系列概念的模糊认识；强调了教育哲学要澄清概念，避免对概念的空洞分析。他提出规范性和有价值的判断，并对教育实践有所帮助。

保罗·赫斯特（Paul Hirst）也是英国分析教育哲学的代表人物，致力于教育理论与实践的关系以及课程目的、内容和组织，德育，宗教教育与美育等领域的研究。他在教育思想上颇有建树，对英国教育制度的建构及教育政策的制定也产生了重要影响。

约翰·怀特（John White）是英国分析教育哲学的又一位代表人物、伦敦学派的第二代传人。他主要探讨各种教育目的之间的关系、教育目的如何在学校课程中得以运用、民主社会中教育目的应该是什么，以及影响教育目的的相关因素。

第四节　法国教育

法国确立了全面提高国家教育质量，全力促进教育公平与社会公正，全面提升国家综合竞争力的教育改革与发展的指导思想。

在学区与学制改革方面，自 2016 年起，配合大区改革，法国教育部设立了与新地方大区相对应的"大学区"。自 1995 年起，法国初中六年级被设为观察和适应阶段，三年级被设为定向阶段。高中教育为中等教育的第二阶段，学制 3 年，包括普通和技术学习以及职业学习两个阶段。

在学前教育方面，为促进 3 岁以下儿童入学，于 2016 年开始在全国将儿童入学年龄从 6 岁降至 3 岁，并出台《母育学校教学大纲》，进一步明确母育学校的角色定位，提升学前教育的教学质量，同时完善幼小衔接制度。

在初等教育方面，推行"教育优先区"政策，使"教育优先区"内涵不断丰富，并逐步形成了"教育优先网络""教育成功网络"等。颁布《重建共和国学校法》(2013 年)，建设公正、高质量和包容的学校，以促进教育平等。

在中等教育方面，为确立国家初中文凭，完善了初中方向指导与课程改革；关注学生学习情境与社会交往，实现小升初阶段、中等教育、高等教育之间的衔接；改革高中课程，建立"新高中"。

在高等教育方面，全面推进"博洛尼亚进程"改革：推行"3—5—8 学制"改革，构建学分互认体系，促进欧洲内部人员和学术的交流等；推进欧洲高等教育区的建立；推动大学自治改革；改革大学与政府的契约关系；推动大学机构重组；高等教育向欧洲与国际开放。

在教师教育方面，打造硕士化的教师培养体系；改革教师资格制度；建立高水平的教师培养模式；提升教师社会地位，完善教师薪酬福利制度，增强教师职业吸引力。

在教育思想方面，以雅克·朗西埃(Jacques Rancière)为代表的解放教育学，以弗朗西斯·安伯赫(Francis Imbert)为代表的体制教育学，以及以菲利普·梅里厄(Philippe Meirieu)为代表的差异化教育学，不仅从理论层面对法国教育事业进行了探究，而且直接影响了这一时期的教育实践活动。

第五节　德国教育

在学前教育方面，扩张学前教育规模和保证学前教育质量。

在基础教育方面，扩建全日制学校，改革中等教育学制，改革教育调控方式，制定国家教育标准，推行全纳教育。

在职业教育方面，推行职业教育 4.0 计划，推进职业教育国际化，再度修订《职业教育法》。

在高等教育方面，推进"博洛尼亚进程"改革，引入高等教育认证，制定高等教育协定，实施卓越计划和卓越战略。

在教师教育方面，制定教师教育标准和《各州通用的对教师教育的学科专业和学科教学法的内容要求》，实施"教师教育质量攻势"项目。

在成人教育与继续教育方面，颁布《德国终身学习资格框架》，实施《国家扫盲和基础教育十年计划（2016—2026）》，制定《国家继续教育战略》。

在教育思想方面，德国鼓励教育科学理论多样化发展，涌现出批判教育学、实践学教育学、历史唯物主义教育学、精神分析教育学、现象学教育学、结构主义和后结构主义教育学、沟通教育学、互动主义教育学、发展教育学等众多教育科学理论。

第六节　俄罗斯教育

在苏联（1985—1991）教育时期，1988 年 2 月，苏共中央委员会全体会议宣布了学校民主化改革的方针，明确了教育改革需要遵循的基本原则：民主化、多种投入、多样性、可选择性、民族性和国家性、区域化、开放性、人道化、人文化、差异性、发展性和活动性、连续性。开展的教育改革实践主要包括：设立"创意性学校"，教育内容人道化和基础化，管理去集权化，教育多样化，引入多层次结构，大学民主化和自治。

在俄罗斯教育时期，1992 年，《俄罗斯联邦教育法》颁布，以法律形式巩固了 1988 年教育改革的原则；制定了国家教育标准；实施青少年德育改革。2012 年，新的《俄罗斯联邦教育法》颁布，恢复国家发展教育的责任，强调教育领域的国家利益。

在教育思想方面，以艾利康宁（Эльконин，1904—1984）和达维多夫（Давыдов，1930—1998）为代表的发展性教学体系受到重视，并得到进一步发展；出现了以维诺格拉多娃（Виноградова，1937—　）为代表的"21世纪的学校"模式等。

第七节　意大利教育

在学前教育方面，创新学前教育机构，推行幼儿教育特别计划和凝聚力行动计划。

在初等教育与中等教育方面，小学单一教师制回归，进行初等教育课程改革（2012年），重构高中体系。

在高等教育方面，实施大学教学体制改革（1990年），新增短期文凭，授予大学更多自主权，推进大学自治进程；推进"博洛尼亚进程"改革（1999年），构建"3+2"学位体系，引入欧洲学分转换体系（ECTS），重置学位课程群。引入"Y"模式（2004年），本科一年级学生参与统一的教学活动，二年级时分流：部分学生接受职业化导向教育，为毕业后顺利就业做准备；部分学生侧重学习文化知识，为攻读硕士学位奠定基础。开展吉尔米尼改革（2008年），削减大学公共经费，改革大学管理机构。

在成人教育方面，创立地方终身学习中心（1997年），设立省级成人教育中心（2012年），实施成人教育创新行动计划（2014—2017年）。

在全纳教育方面，建设辅助管理机制，成立学校残障工作组，由政府专员进行辅助；完善物质资源建设，建设无障碍设施，提供高新技术支持；制订区分性计划与个人教育计划，推行个性化教学计划。

在教育思想方面，一种以意大利北部城市雷焦艾米利亚的社区幼儿园和托儿所的育儿哲学为导向的教育学——瑞吉欧教育学诞生了。该教育学深受洛里斯·马拉古兹（Loris Malaguzzi，1920—1994）影响，主张儿童教育应由父母、教师和公民团体协作开展，认为"孩子是拥有权利的"。教师并非简单的知识传授者，而是学习过程中的协助者、合作者和共同学习者，同时扮演研究者的角色。

第八节　澳大利亚教育

在教育政策与机制方面，注重教育投入和质量提高，强调教育市场化，鼓励创办私立学校，实施择校政策，关注基础教育的公平问题。

在高等教育方面，建立政府与大学之间的新型合作关系，注重高等教育质量保障和科研创新，构建政府、高校和专业组织"三位一体"的国际化高等教育体系。

在职业教育方面，注重落实并践行职业教育与培训为企业服务，力促企业提高国际竞争力；服务民众，促使国民掌握世界一流职业知识和技能；服务社区，致力于建设具有包容性和可持续发展的社区；建立完备的职业教育质量保障体系。行业在整个职业教育与培训过程中扮演关键角色，以确保人才培养真正满足行业发展需要。

在教师教育方面，教师教育政策体现出时代性和渐进性；教师教育改革强调提升教师专业水平，注重强化多方合作。

在特殊教育方面，发挥政府在融合教育改革中的主导作用，制定从教育融合到社会融合的公平导向的特殊教育政策，构建并完善融合教育体系，强调实施基于数据的个性化教育。

第九节　日本教育

在学前教育方面，推行幼儿教育振兴行动计划（2001年），推进幼保一体化、幼小衔接和教育无偿化，开展幼儿教育内容与教育评价改革。

在基础教育方面，丰富学生课外实践活动，减轻学生压力，锻炼学生的生存能力；充实学科课程内容，培养学生开展深入学习和主动学习的能力；贯彻落实"教学与评价一体化"原则，持续推进形成性评价在教学实践中的运用；关注学生情意方面的发展，使用多种评价方式进行评价；重视学生的自我评价。

在高等教育方面，实施以高度化、个性化和活性化为特征的21世纪教育新生计划；开展大学的法人化改革、认证评价制度改革、入学考试改革；建设卓越研究教育基地和专业研究生院；实施课程改革与教育评价改革。在大学设置的认可制度上，实施弹性化的准许设置制度；在大学评价方式上，引入第三方评价，建设多元评价体系；在大学信息公开上，主张大学有义务向民众说明其办学理念、状况和进展等。

在职业教育方面，颁布《今后专业学校教育的应有态势》（2008年），确定中等教育阶段的职业教育发展方向；开设职业教育课程，创设专门项目；更新教育设施。认为大学和短期大学在教育内容上应注意专业性强和专业性不强的学科（大学）之间的平衡、专业教育与教养教育（短期大学）的平衡以及加强与企业合作进行教育等。主张高等专门学校应注意与地方产业的合作，在培养学生专业实践能力的同时，注意加强学生的学习活动，提高学业成绩等。

在教育思想方面，着重就教育"个性化"、终身学习与教育国际化等教育理念进行了探讨。

第十节　韩国教育

20 世纪末 21 世纪初，为适应知识经济全球化、信息化的挑战，为韩国社会发展和经济腾飞培养合格人才，韩国政府就教育行政管理体制、学制、学前教育、基础教育、高等教育和职业教育的发展实施了相应的改革。改革主要围绕教育理念、教育体制、教育管理、教育功能、课程内容、教育评价等方面展开，并取得较为明显的成就。在教育思想方面，则结合韩国教育实践发展的需求，围绕英才教育、终身教育和公民教育进行了深入探讨，为韩国教育发展提供了必要的理论支持。

第十一节　印度教育

20 世纪 80 年代中期以来，为进一步适应并助推印度经济、政治改革和社会发展，印度实施了全方位的教育改革，取得了诸多成果，为其他国家教育发展提供了有益借鉴。

在学前教育方面，组织实施针对处境不利儿童的学前补偿教育项目，明确学前教育的性质和地位，加强中央与地方政府对学前教育的管理，并在财政上不断加大投入。这些政策和措施促进了印度学前教育的发展，推动了印度学前教育的普及和质量的提高。

在基础教育方面，推行《普及初等教育计划》，初等教育阶段的入学率以及教育质量都得到显著提高，弱势群体教育机会和教育状况有了一定改善；实施《普及中等教育计划》，提高中等教育阶段 14~18 岁学生的入学率和教育质量。

在职业教育方面，颁布《国家职业教育资格框架（2012）》，进一步提高职业教育发展水平，满足社会需求。实施《新中等教育职业化计划（2014）》，依托《国家职业教育资格框架》，通过能力本位的模块化课程、资格认证、学分累积和互换，提高各层级职业教育之间的纵向贯通性、职业教育与普通教育之间的横向融通性，从而使整个职业教育体系更趋灵活。

在高等教育方面，推进高等教育大众化，提高高等教育质量，提升教学和科研水平；加强大学教师队伍建设；推进高水平研究大学和科研中心建设，加大引进国外优质教育资源力度，努力提升高等教育国际化水平；关注弱势群体，推动高等教育公平发展，重点支持边远和落后地区高等教育发展，缩小地区间的非均衡性和差异性；中央政府成立专门机构，负责推动落后地区高等教育发展工作。

在教师教育方面，中央政府实施《教师教育的重组与改革计划（1987）》，调整教师教育结构，强化中央和地方政府对教师教育的治理，创建了一批教师教育机构，提供形式多样的职前和在职教师教育，开展教师教育研究。保障和提高教师教育的质量标准和规范，促进教师教育发展；实施《教师教育国家课程框架（2009）》；评估教师专业发展水平；广泛使用媒体技术，开展形式多样的在职教师培训；建设高水平的教师教育师资队伍，保障教师教育课程实施。

在教育思想方面，主要包括吉杜·克里希那穆提（Jidu Krishnamurti, 1895—1986）的教育思想和印度教民族主义教育思想。克里希那穆提是 20 世纪印度著名哲学家、教育家，主张教育的最大任务在于培养一个完整的人。教育的真正目标在于让人获得自由，从而实现"心灵的绽放"。真正的教师应该具有宗教家的情怀——无私、忘我、笃定、坚持，把教育视为自己的天职。真正的教师自然、情愿、发自内心热爱教育事业，并把毕生精力和兴趣投入教育事业。教师的使命是引领学生追寻生命的自由，帮助学生自我认识，成为一个敏感、有智慧、完整的人。

以萨瓦卡（Vinayak Damodar Savarkar）和戈尔瓦卡（Madhava Sadahiva Golwalkar）等为代表的印度教民族主义者，将教育视为推广印度教特性的重要工具，建立各类教育机构，大量雇用印度教徒教师，向学生传授印度教文化，宣扬印度教民族主义意识形态。他们主张印度教徒、印度教信仰、印度教民族和印度教文化是构成印度教国家的四个基本要素，教育要在建立印度教国家的过程中发挥必要作用。

第十二节　以色列教育

在教育管理体制方面，以色列教育部掌握国家最高教育管理权，拥有教育决策、教育政策的制定权和教育内容的决定权。地方教育管理机构则主要负责学校建筑、教学设备提供、维护管理与服务等。

在学前教育方面，颁布《义务教育法》《风险幼儿法》《康复日托中心法》等相关法案，确保学前教育发展获得充足的经费投入；构建0~3岁的早期幼儿教育机构托儿所（日托中心）和3~6岁的幼儿园系统；制订实施全国统一的教学大纲，具体规定学前教育教学内容；重视提升幼儿教师的专业水平。

在初等教育与中等教育方面，构建由国家世俗教育、国家宗教教育、独立教育和极端正统教育组成的学校教育系统；推行学校管理体制改革，强化核心课程教学与改革，实施质量评估体系、"德夫拉特计划"和"新起点计划"，切实提高教学质量；注重开展英才教育、劳动教育和国防教育。

在教师教育方面，强化教师教育制度建设，提升教师教育质量；强化教师教育专项培训，提高培训层次；推行英才教师培养专门化。

在高等教育方面，加强市场经济下的高等教育管理，强化国家对高等教育的管理权限；增加教育经费拨付；提高高等教育大众化水平，完善高等教育结构；构建完善合理的高等学校类型体系，加强高等教育质量评估。

在成人教育方面，明确成人教育的目标，发展语言教育、文化教育、扫盲教育、成人培训和成人大学。

在社会教育方面，注重开展社区教育和场馆教育，提升全民族的文化素养。

第十三节　非洲部分国家的教育

为实现使所有符合条件的人都能接受初等教育，培养有文化的个人和有文化的社会这一教育目标，纳米比亚、尼日利亚和坦桑尼亚等非洲部分国家注重多方面筹措教育资源。教育经费的主要来源有：政府的税收支出，家长向学校支付的费用，企业和社区对学校的捐赠，教堂和宗教团体的资金，个人和企业为私人教育提供的资金，以及外国政府、国际机构和非政府组织的国际援助，等等。改革教师教育，提升教师教学专业水平；更新基础教育课程与教学内容，加强教学评估；改革教学方法，注重体现以学习者为中心；注重实施教育管理的分权化，发挥学校以及利益相关者参与教育事务管理的积极性。纳米比亚、尼日利亚和坦桑尼亚等非洲部分国家还结合本国教育实践发展的需要，开展了各具特色的教育改革实践。其中，纳米比亚的民主教育打破了传统的师生关系，鼓励理解学生现有的知识和技能，鼓励学生积极参与学习过程，通过学习为公民进入民主社会做好准备；尼日利亚的团结教育通过教育传递民族意识和价值观，发挥教育在实现民族团结方面的重要作用，从而建设一个团结、强大和自力更生的国家；坦桑尼亚的自力更生教育注重为每个儿童提供自主、自我发展和自信的基础，培养儿童具备自学、自信和自我进步的意识和能力。

第十四节　拉丁美洲部分国家的教育

以墨西哥、巴西和智利为代表的拉丁美洲部分国家积极推进教育改革，下放教育管理权，构建中央政府、地方和学校三级管理体制，推行尽可能确保全民接受义务教育的教育政策；学制改革兼顾传统文化与现代文明，兼顾民族特征与异族文化。墨西哥实施教育管理体制与各级各类教育改革，探索教育现代化、推进教育公平与高质量的发展之路，教育制度基本定型，为社会现代化的不断推进提供了教育基础。巴西将推进普及教育、提高教育质量作为教育发展的重大战略目标。智利则将保障教育公平、全面提高各级各类教育质量作为教育改革的重中之重。

第十五节　国际组织的教育政策、教育科学进展及教育发展新趋势

第二次世界大战以来，联合国教科文组织、世界银行、经济合作与发展组织以及欧盟等地区性组织积极参与国际教育改革事务，提出富有全球性、前瞻性和基础性的教育主张和教育政策，赋能教育发展，成为世界教育变革的重要源泉和力量，产生了深远影响。

教育学科以及教育科学研究方法也实现了快速发展。一方面，教育学科的精细化和专门化发展导致教育学分支学科和交叉学科持续涌现，为教育科学发展不断注入新的活力。另一方面，基于元理论的元教育学逐步发展。元

教育学主要以教育学的历史与现状、学科性质与学科分类、理论基础与逻辑起点、基本概念与基本命题、形式结构与实质内容、研究方法与方法论、理论与实践的关系等为研究对象，注重从认识论层面对教育学实施反思性和综合性的研究。教育科学研究方法也经历了由量化研究到质性研究再到混合研究的发展历程，混合研究正处于蓬勃发展之中。

在世纪之交，世界教育发展表现出诸多新趋势：信息网络技术得到普遍应用，教育时空、教学方式和学习方式实现根本性拓展和革新；得益于生态文明观和环保意识的强化，生态教育受到各国重视，教育生态系统逐步完善；在经济全球化背景下，和平教育理论和实践日益成熟；在国际化背景下，国际教育交流和合作步入系统化和多样化发展轨道。

本丛书第十九卷《20 世纪末至 21 世纪初期的教育（上）》、第二十卷《20 世纪末至 21 世纪初期的教育（下）》论述了 20 世纪末至 21 世纪初期外国教育的最新发展状况。第十九卷各章分别从教育改革与发展背景、教育体制的基本结构、各级各类教育改革和发展、教育思想与理论四个层面，集中论述了美国、加拿大、英国、法国、德国、俄罗斯、意大利、芬兰、瑞士和澳大利亚的教育发展状况。第二十卷第一章至第七章分别从教育改革与发展背景、教育体制的基本结构、各级各类教育改革和发展、教育思想与理论四个层面，集中论述了日本、韩国、印度、以色列、非洲部分国家以及拉丁美洲部分国家的教育发展状况，第八章至第十章对国际组织的教育政策、教育思想的分化与融合及外国教育发展新趋势做了专章阐述。

结　语

回顾人类教育发生发展的历史，我们可以得出以下几点基本认识：

第一，人类社会生活与生产实践的需要是教育发展的源泉和动力。社会生活与生产发生变化，教育必然随之作出适应性和促进性变革。外国古代、中世纪和近现代教育实践发展均是适应、促进各时代人类生活与生产实践的结果。

第二，回溯人类的教育历史是有价值的。各时代的教育家对教育发展规律的探讨是以对人的身心发展规律的认识为基础的。人的身心发展规律是客观的，具有相对的稳定性。所以，符合人的身心发展规律的教育观、教育思想就表现出超越时空的稳定属性和永恒价值。这就决定了人类的教育实践与教育思想具有鲜明的继承性，研究人类教育发展的历史是必要且有益的。

第三，人类教育是在各民族各地区文化与教育持续不断的交流中实现发展的。在人类历史发展进程中，各种文化、各种教育观接触、交流、碰撞所迸发出的火花，推动了文化、教育实践和教育思想的发展和创新，成为教育发展的动力。古希腊人只用了几百年的时间，就形成了丰富多彩的哲学派别，创建了比较系统的教育思想。这既是他们的民族特点使然，也是他们接受古代东方国家数千年间创造出来的文化科学和教育思想影响的结果，还是在继承教育传统的基础上继续探索的结果。所以，积极吸纳人类所创造的一切教育发展成果和其他优秀文化成果，继承已有的教育传统，既是教育现代化的基本内容，也是民族国家走向富强和繁荣的必经之路。

第四，人类教育发展的历史证明，在教育改革与发展的实践中，解放思想、独立思考、打破成规、挑战权威、突破禁区，坚持基于教育实践的教育思想形成路径与寻求教育思想引领的教育实践发展道路，既体现出教育思想的发展，也体现出教育实践的变革。

第五，人类教育实践的发展从来都不是消极的、被动的，它总是在主动把握具体的社会发展需求，并积极以培养社会所需要的人才的方式回应社会发展需求，进而实现自身的发展。人类教育思想的发展从来都不是孤立的、单线的，而是时刻注意从科学、哲学、心理学、伦理学、逻辑学、社会学、政治学中不断吸收营养，加以必要的改造，以丰富自己的理论。

本丛书是外国教育史专业老、中、青三代相结合进行的多年研究的结果。本丛书的总主编为北京师范大学的吴式颖教授、福建师范大学的李明德教授。副总主编有：华东师范大学的王保星教授、北京师范大学的郭法奇教授、北京师范大学的朱旭东教授、华东师范大学的单中惠教授、清华大学的史静寰教授、北京师范大学的张斌贤教授。

本丛书第一卷主编是郭法奇、岳龙，第二卷主编是李立国、孙益，第三卷主编是史静寰、郑崧、姚运标，第四卷主编是吴式颖、郭健、郑崧，第五卷主编是褚宏启、王者鹤，第六卷主编是杨汉麟、周采，第七卷主编是易红郡、李先军、张弢，第八卷主编是朱旭东、郭芳，第九卷主编是王保星、李福春、王立，第十卷主编是徐小洲、赵卫平，第十一卷主编是贺国庆、何振海、刘淑华，第十二卷主编是单中惠、许建美，第十三卷主编是吴明海、单中惠，第十四卷主编是郭法奇、李子江、杨捷，第十五卷主编是陈如平、姜晓燕、吴式颖，第十六卷主编是王保星、高迎爽、张宛，第十七卷主编是洪明、傅林、陈露茜，第十八卷主编是李明德、杨孔炽，第十九卷主编是朱旭东、孙进、乐先莲，第二十卷主编是王晨、郭志明、姜星海。各分卷由分卷主编负责统稿。本丛书由总主编、副总主编负责审订。

北京师范大学出版集团为出版这套学术著作，给予了经费资助和大力支持。出版集团各位领导均对本丛书的编著出版事宜高度关注，专门成立项目组。策划编辑陈红艳女士参加了本丛书第一次编委会讨论编写提纲，鲍红玉编辑作为项目负责人和其他许多编辑同志为本丛书的编辑加工付出了心血，我们在此表示衷心感谢。